常青藤 从优秀到卓越系列

THE CLASSROOM MANAGEMENT BOOK

卓越课堂管理

[美] 黄绍裘　黄露丝玛丽 Harry K. Wong, Rosemary T. Wong

莎拉·乔达尔　奥瑞沙·弗古森 等 Sarah F. Jondahl , Oretha F. Ferguson

50个卓有成效的课堂教学程序，

从进入教室第一分钟，快速抓住学生注意力，融入课堂

卓越课堂管理

图书在版编目(CIP)数据

卓越课堂管理 /(美)黄绍裘等著；霍琳译.
—北京：中国青年出版社, 2015.4
书名原文：The classroom management book
ISBN 978-7-5153-3136-2
Ⅰ.①卓… Ⅱ.①黄… ②霍… Ⅲ.①中小学—课堂教学—教学研究 Ⅳ.①G632.421
中国版本图书馆CIP数据核字（2015）第024680号

作　　者：[美]黄绍裘　黄露丝玛丽
　　　　　莎拉·乔达尔　奥瑞莎·弗古森等
译　　者：霍　琳
责任编辑：周　红
美术编辑：张燕楠　杜雨萃
出　　版：中国青年出版社
发　　行：北京中青文文化传媒有限公司
电　　话：010-65518035/65516873
公司网址：www.cyb.com.cn
购书网址：zqwts.tmall.com
印　　刷：大厂回族自治县益利印刷有限公司
版　　次：2015年6月第1版
印　　次：2023年6月第6次印刷
开　　本：889×1194　1/16
字　　数：260千字
印　　张：17.5
京权图字：01-2014-6998
书　　号：ISBN 978-7-5153-3136-2
定　　价：88.00元

谨以此书献给……

热爱教学并为每天的工作做好准备；

喜欢挑战并相信每个孩子都能获得成功的教师。

对学生怀着尊重与敬意并渴望得到相同的回报；

在教学过程中充满耐心并关注结果的教师。

有永不放弃的态度和各种教学技巧；

因自己的存在而使学生的生命与众不同的教师。

他们安静地走进来并开始学习

在开学第一天，我站在教室门口迎接学生。我看着他们安静地走进教室，坐下来，开始做热身作业。

与此同时，我看到另外一位老师的班上简直一团糟。在那位老师努力使学生们安静下来准备学习时，我在想，这太浪费时间了！

过了几天，这位老师找到我并夸赞我的学生总是那么棒！

我解释说这并不是学生有多棒，而是程序成就了他们。程序使我有效地管理了课堂，让我变成了一名高效能的教师。

奥瑞莎 · 弗古森 ■ 史密斯堡，阿肯色州

❑ 本书的合著者奥瑞莎，是她所在学区2010年的优秀教师。她是课堂组织的专家并主持技术工作坊。

在学年伊始，一切已经就位

在开学第一天我就跟学生分享了课堂管理计划，并且一直以此为参考。学生们知道在教室里应该做什么，也知道我希望他们如何做事、如何对待他人。因为在开学伊始就制定好了管理计划和程序，学生们对教室中所有事物的运作方式都非常了解。

我的学生没有出现过任何大的行为问题。更重要的是，他们经常会取得很不错的学业成绩。

莎拉 · 乔达尔 ■ 布伦特伍德，加利福尼亚州

❑ 莎拉是本书的合著者，在她任教第一年时，黄氏夫妇走访了她的教室。她当时的课堂管理计划让黄氏夫妇眼前一亮。她是所在学校2014年评出的最佳教师。

献给我的父亲母亲，他们希望我成为一名脑外科医生。而我超越了他们的期望，我成为了一名学者和教师。

——黄绍裘

听听作者黄绍裘博士
及夫人黄露丝玛丽的特别寄语

作者介绍

黄绍裘

美国杰出教育家，加利福尼亚大学、杨百威大学教育学博士，美国中小学教育领域公认最佳培训项目“FIRST教师培训体系”创始人、核心导师，曾获得美国教育界最高荣誉“贺拉斯·曼教育家奖”。他专职从事中小学一线教育18年，教师教育20年，因成功转变许多学校和改变了成千上万教师的生活而享誉全美乃至世界教育界。

他是享誉教育界的“实践派”，他的理论、研究无不基于实践，他找到了成功管理课堂和提高学生水平的零成本方案，他的影响遍及加拿大、欧洲、亚洲、南美洲、非洲和南极洲。

黄露丝玛丽

来自于美国路易斯安那州新奥尔，专职从事中小学一线教育13年，教师教育20年。因其成功的课堂教学能力被选为加利福尼亚州第一批专业指导教师，并多次获得硅谷商业奖和东南路易斯安那大学“杰出校友奖”。

作者介绍

本书的作者都是教师及出色的课堂管理者。

黄绍裘	高中，加利福尼亚州
黄露丝玛丽	中小学，加利福尼亚州
莎拉·乔达尔	小学，加利福尼亚州
奥瑞莎·弗古森	高中，阿肯色州
斯塔西·奥尔雷德	特殊教育及大学指导教师，印第安纳州
罗宾·巴拉克	特殊教育，俄亥俄州
劳拉·坎德勒	小学，北卡罗莱纳州
杰夫·高尔	中学，肯塔基州
卡伦·罗杰斯	高中，堪萨斯州
切伦达·瑟罗亚	高中，阿拉巴马州

很多学生在家时总喜欢跟家里人对着干。而当他们走进我的教室时，发现了一本叫做“如何解决各种问题”的程序手册，这使他们放下了戒备。对于一些学生来说，这种运行有序、毫无混乱的状态在他们的人生中还是第一次经历。

斯蒂芬妮·斯托比 ■ 朗德罗克，德克萨斯州

最好的礼物

我成长于路易斯安那州肯纳一个简朴的家庭，左图中这本书从小到大我读过很多遍，一直梦想着出去旅行，去看看世界，去帮助别人。

一天，我所在河谷高中的校长桃乐茜·唐纳利太太把我从进阶生物学课堂上叫到她的办公室。

在谈话过程中她问我人生的理想是什么，我告诉她我想做一名空姐。

她望着我的眼睛说，“亲爱的，你可以有更大的成就。”

时至今日，我还深深记得在她办公室中的那一幕。我穿着一件紫色的小格子衬衫，绿色的外套，搭配着格子领带。她的话语依然萦绕在耳边。

她是我人生中第一位说我有潜力的成年人。

《我想成为一名空姐》这本书如今放在我的办公室里，提醒着我正在实现自己的梦想——环游世界，帮助别人。大家别误会，我不是在贬低空乘人员。我每次乘坐飞机时，都希望我飞机上的空乘人员都是最高效的，因为我的生命安全在他们手中。

我想与大家分享的是，无论孩子们的种族、性别、出身、文化传统如何，都要相信他们每一个人的能力；肯定他们每一个人的重要性；尊重他们每一个人的潜力。

现在，我邀请你们每个人都发挥自身的潜力去实现梦想，成为你理想中的教师——一位高效能的教师。

黄露丝玛丽 ■ 山景城，加利福尼亚州

为你一生中最重要的职业生涯做好准备

推荐读物

《卓越课堂管理》是《如何成为高效能教师》的姊妹篇，课堂管理是一名高效能教师需要具备的重要特质。

要了解课堂管理与高效能教师专业发展关系的研究背景需要提前阅读《如何成为高效能教师》，重点关注课堂管理单元的内容。

充分发挥这本书的作用

二十多年来，数百万教师成功落实了《如何成为高效能教师》中的理念，并与我们分享了他们的经验。《卓越课堂管理》把他们宝贵的个人经验汇编在一起，为大家提供了做什么及如何做的具体细节，希望你和学生能从中获益。

《卓越课堂管理》的目的在于为教师提供有效的课堂管理技能，有效提高学生学习成果和学习成绩。

这本书不是对付课堂纪律问题的临时应急措施，而是要将混乱、毫无秩序、效率低下的课堂转变成让学生取得成就的学习殿堂。

《卓越课堂管理》共有四个部分

- ❑ **序言**：课堂管理重要性的背景说明
- ❑ **准备**：介绍如何为开学第一天及之后每一天做好准备
- ❑ **程序**：提供50个卓有成效的课堂教学程序
- ❑ **计划**：展示6套开学管理计划示例

全书穿插了教师、校长、家长和管理者的亲身经历，他们都已经把课堂管理和计划的理念运用到了实际工作中。

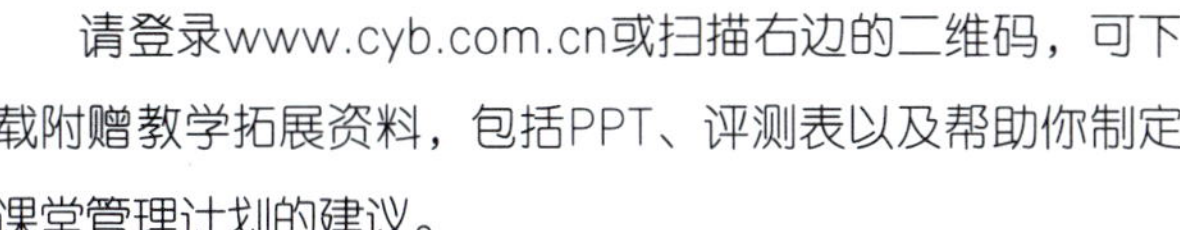

请登录www.cyb.com.cn或扫描右边的二维码，可下载附赠教学拓展资料，包括PPT、评测表以及帮助你制定课堂管理计划的建议。

目录页列出了书中讲授的所有程序。选择一两个用于你的课堂中，通过教学和练习让学生掌握，之后不断强化的同时再选择两个进行学习。重复这个过程。通过使用这一技巧，你会发现你和学生的变化。

❑《如何成为高效能教师》是帮助你透彻理解课堂管理在高效能教师的成长过程中所起作用的经典书目。

THE CLASSROOM MANAGEMENT BOOK

目 录 / CONTENTS

程序：适用于教学

程序：适用于有特殊需求的教室

程序：适用于教师

计　划：为开学第一天做准备

结　语：行动号召

序言：课堂管理的定义

PROLOGUE: CLASSROOM MANAGEMENT DEFINED

高效能成功的教师

教师效能的高低是学生学业成绩的最显著影响因素。

有关高效能教师的研究

效能是通过有效的教学行为实现的。托马斯·古德（Thomas Good）和杰雷·布罗非（Jere Brophy）花费了三十多年的时间研究课堂教学以及教师们为了提高学生学业成绩所采取的教学方法。他们观察了不同年级、学科、学生的构成以及学校的各种教师，三十年来他们的扛鼎之作《透视课堂》再版多次，得出的结论始终如一，那就是高效能的教师都具备以下三大特质：

1. 他们是优秀的课堂管理者。
2. 他们知道如何引导学生学习。
3. 他们对学生的成功抱有积极的期望。

2008年，在古德和布罗非的伟大著作问世三十年后，弗吉尼亚大学的**罗伯特·皮安塔（Robert Pianta）**发表了他对1000所学校的观察报告，他在报告中表达了同样的观点，高效能教师有以下三大基本因素：

1. 条理性支持
2. 教学支持
3. 情感支持

同年，**加州大学洛杉矶分校精神健康中心（Mental Health Center at UCLA）**研究报告指出，三大因素构成了影响问题学生学习的主要障碍：

1. 管理因素
2. 教学因素
3. 支持因素

以上研究结果尽管存在细微差别，但他们都取得了一致的最终结论：

1. 教师的作用至关重要。教师越高效、教学行为越有效，学生的学习成绩就越好。
2. 课堂管理是影响学生学业成绩的基本要素。

高效能教师的三大特质

数十年的研究对“高效能教师”的三大特质做了区分并下了定义。在《如何成为高效能教师》（the First Days of School）这本书中，作者对这三大特质做了很好的解释说明。

1.课堂管理

教师在和谐的教学环境中引导学生学习的一系列教学行为和程序。

2.掌控课程

教师为学生提供指导使其能够理解并掌握某个概念或技能，以达到教学目标或评估标准要求的熟练程度。

3.积极的期望

教师认为会发生哪些事情对学生的成绩和成功产生影响。

课堂管理为创建成功高效的课堂提供了支持框架。在其作用得到充分发挥时，它是无形的；而一旦缺失，其重要性便立即显现。

成果是人创造的

学校的质量永远取决于教师的质量。只有高效能的教师和校长才能创造出高绩效的学校。教学效果的好坏**取决于教师**，而非课程或者其他教育理念。

当教师的效能提高时，学生的成就也会提高。**约翰·古德莱德**在加州大学洛杉矶分校时曾发表研究报告称40年来的教育思潮、课程和革新没有对学生成绩的提高起作用。他的研究结果进一步验证了以下事实：

唯一对学生成绩产生影响的因素是教师的效能。

我看到了效果

有了恰当的程序和每天人性化的实施，我的课堂运行顺畅，工作起来也容易了不少。

这就是我热爱教学的原因——我看到了效果。

我的学生们学有所成。

帕姆·鲍威尔 ■ 博蒙特，加利福尼亚州

❑ 高效能的教师是学生取得成功的关键。

阅读并了解效能与教学四个阶段的关系。

从一开始就要成功

开学两周后我们收到了一封来自田纳西州戴尔斯堡署名**阿曼达·布鲁克斯（Amanda Brooks）**的邮件。此后在她任教一两年期间我们不断沟通。在她任教第五年时，她发邮件告知我们她当选了年度最佳教师。

“当黄教授一家来我们学区做教师职前讲座时，我即将成为一名新教师，心中忐忑不安，对教学一无所知。

当他们用PPT向我们展示一位老师的课堂管理计划时，我被深深地吸引了，并在脑海中迅速构想出我自己的计划。回家后便开始着手设计，直至午夜才完成。

第二天——八小时后——**我第一天的课上得非常顺利，毫无瑕疵，简直太美好了！**

在任教一年后，阿曼达写道：

我第一年的教学结束了，谢天谢地，我上课的第一天让学生们学习了如何遵守课堂教学程序。

我再也不需要为不停重复他们应该怎么做以及为责备他们而浪费时间了。

这使我能够得到作为教师期望得到的一切，并能够为学生们创设一个单纯的学习环境。我需要做的只是简单地教书和关爱我的学生。

在任教两年后，阿曼达写道：

我刚刚完成了我第二年的教学，这是多么精彩的一年！

在这接下来的第二年里，有些学生含着喜悦的泪水离开了我的教室——他们是五年级的学生。

州统考成绩出来了，我们班取得了全校最高分。

我说这些只是为了鼓励老师们**在第一天上课就取得成功**，之后就可以享受全学年的时光了。

如何在第一天及之后每天的课堂上取得成功，是《**卓越课堂管理**》这本书的全部意义。”

课堂管理的定义

课堂管理是教师在和谐的教学环境中引导学生学习的一系列教学行为和程序。

定义

对于课堂管理定义的研究可以回溯到四十多年前。研究课堂管理的所有知名专家，包括《小学教师的课堂管理》及《中学教师的课堂管理》的作者**卡洛琳·艾弗森**（Carolyn Evertson），《有效的课堂管理》的作者**罗伯特·玛扎诺**（Robert Marzano），以及我们在**《如何成为高效能教师》**中都引用了早期研究提出的概念：

“课堂管理是教师在和谐的教学环境中引导学生学习的一系列教学行为和程序。”

丹尼尔. L·杜克，“课堂教学”一文的编者（首次出现在全国教育研究学会1978年年鉴中）

库宁的研究

关于课堂管理的早期研究可以追溯到1970年**雅各布·库宁**的著作中，他当时对一年级、二年级的49个班级进行了观察。库宁的研究结果认为，**良好的课堂管理取决于教师的行为——教师做了什么——而非学生的行为。**

库宁认为，教师的行为可以提高学生的课堂参与度并减少学生不良行为的发生，可使学生获得更多的学习时间。

2 了解库宁提出的“优秀课堂管理者的六个行为”的具体实施过程。

桑福德的研究

德克萨斯大学的**朱莉. P·桑福德**于1984年通过观察得到了高效能课堂管理者和低效能课堂管理者的差别。**高效能课堂管理者更关注教学程序。**看到老师正在安静地处理行政事务，学生们一进教室便立刻坐到座位上并开始从黑板上抄写当天的学习目标和作业。

高效能教师在设计教学程序时会考虑到在口语课上让学生如何谈话，参与讨论，离开座位参与活动，检查并上交作业，以及当作业提前做完了该做什么，甚至下课环节。

在学年伊始，高效能教师会清楚地对其课堂组织程序和期望进行说明，并在之后的几周课堂讲解之后对程序和期望进行回顾和提醒。如果一位教师能在任何课上都可以用清晰、简单的方式进行指导，那么这位教师就很善于组织不同课程之间的过渡。

学生们会被告知目前教学活动剩余的时间将进行什么环节。

教师们在一个教学活动完全结束后才开始另一个，他们会告诉学生教学活动需要准备哪些材料并让学生在上课前就准备好。当他们安排学生做两人或多人小组活动时，教学程序会指导学生如何进行小组合作。

教师的授课方式是以任务为导向、有条理、气氛融洽的。

与此相对，桑福德也对低效课堂管理者进行了描述——对于一节课如何开始和结束、学生小组活动时讨论的内容、如何从老师那里获得帮助以及任务完成后该做什么都缺乏程序。

低效能教师在教学活动过渡上有一定困难，他们常常在一个教学活动尚未结束时就指挥学生开始下一个。他们在学生注意力尚未集中的情况下就发出指令，很少提前将课程安排告诉学生，也很少帮助学生学习合理分配时间。

总之，桑福德把这些老师的课堂描述为“找不到有关程序管理的任何痕迹”。

高效能教师擅长做计划

高效能教师十分善于管理课堂，好的课堂管理不是浪得虚名，高效能教师最擅长制定课堂管理计划。如果教师不认真组织课堂，学生就会代替老师去管理。高效能教师都深知“只有给学生组织、创建良好的学习环境，使之潜能得到充分发挥，才能使学生取得成就”。学生的自信和自律都是被培养出来的，只有在高效能教师的指导下，才能取得明显的学习效果。

有效课堂管理的目的是创造出使学生积极参与的良好学习氛围。

管理良好的课堂 ⟶ 学生参与 ⟶ 高效的学习环境

在管理良好的课堂中，各种活动可以同时进行。学生们认真学习、聚精会神地听讲；他们相互合作、相互尊重；他们行为自律，专心于课堂活动。所有的材料都准备充分并富有条理；桌椅摆放高效有序；课堂沉浸在稳定、积极的学习气氛之中。

计划由程序组成

课堂管理的基础在于由程序组成的管理计划，并用它来达成学习目标。

学生们必须遵守程序来提高取得学业成就的机会。程序也是教学获得成功的基础。程序能简化学生的学习过程，创造出积极的学习环境，引导学生走向成功之路。

❑ 在管理良好的课堂中，学生可以进行多区域或多任务学习，因为他们知道该做什么。

惯例是学生在不需任何提示或监督的情况下重复执行的程序。

观察在管理良好的教室中学生的表现可以发现，因为他们知道课堂运行的程序和惯例，所以他们可以对自己的行为负责。他们正在通过自己的努力走向成功。

你在每天回家时脸上挂满了笑容！

人们渴望程序化

人们希望生活中的每件事都有相应的程序：看电影，在餐厅排队，在工作场所使用指令等。教授学生在教室中需要遵守的程序可以使他们掌握生活技能并减缓教师的教学压力。

有了恰当的程序，教师可以聚焦于教学。学生们也能自觉地完成需要做的事情。在你告诉他们如何正确遵守程序后，学生们就知道该做什么、怎么做了。

玛丽·柯珀拉罗 ▪ 昆士兰，澳大利亚

我每年都迫不及待地想开学

田纳西州派克维尔的坎迪·坎普顿由于在教学中出色的表现荣升为校长。她深深地体会到了拥有课堂管理计划的重要性。

“我第一年的教学经历非常糟糕。我的班上共有32名学生，刚开始我认为知道自己在做什么，因为我能让他们尽量保持安静。然而，到了学年末，我已经筋疲力尽了。

在对这一年进行评估时，我意识到，事实上我并没教会他们什么。于是那年暑假，我阅读并研究了《如何成为高效能教师》。在秋季开学时，我彻底准备好了。我安排好了所有的程序，学生们也积极配合。我简直不能相信它的作用！从那以后，我的课堂变得棒极了！

如今我当上了校长。如果没有这些课堂管理技巧和程序，我是无法成为那么出色的教师的。我热爱我的工作，每年都迫不及待地想开学。”

课堂管理和纪律的区别

课堂管理不是纪律；它们也不是同义词。

两者区别

在教育领域被误用最多的词就是“课堂管理”，很多教育工作者错误地把课堂管理和纪律混淆在一起。当然，课堂上经常出会现行为问题，特别是在缺乏管理计划的课堂上。

课堂管理是教师有效的指导（老师怎么教）和学生有效的学习（学生怎么学）。

课堂管理和课堂纪律有很大的区别。纪律是行为管理。弗雷德·琼斯在他的《教学工具》一书中这样论述纪律管理：

当出现纪律问题时，你管理的是行为，并不是课堂。

二者并不一样

纪律是行为管理，这在**《如何成为高效能教师》**中有一节对此有所论述。

课堂管理是组织，这在**《如何成为高效能教师》**中有两节对此进行了论述。

课堂管理的内容与纪律无关，它强调课堂的**组织性**和**一致性**。

纪律

- ❑ 纪律是关于学生如何表现的。
- ❑ 规章用来限制学生的行为。
- ❑ 纪律计划包含规章。

课堂管理

- ❑ **课堂管理**是关于学生如何学习的。
- ❑ 程序用来确保学生学习的有效性并获得成功。
- ❑ 课堂管理计划包含程序。

分不清它们的区别往往导致部分教师在课堂上遇到问题。有超过80%的课堂行为问题其实是与纪律无关的，只是缺乏相应的程序而已。那些和不当课堂行为作斗争的教师经常会花费大量的时间试图找出解决办法；相反，高效能教师懂得先发制人，通过有效的课堂管理在问题出现之前就将它们化解了。

需要对课堂管理进行计划

课堂上最大的问题并不是纪律，而是程序。

监控和改正程序比制定严格的纪律更容易、更有效。

纪律关注学生的**行为表现**。

规章

- ❑ 规章用来限制人的行为。
- ❑ 尽管规章必不可少，但这会造成对立关系。
- ❑ 当有人破坏规章，就会带来不良后果。
- ❑ 理想状况下，规章是指导方针，而不是一成不变的信条。

高效能和低效能教师对比

低效能教师用纪律来控制学生的每一个动作。

高效能教师教会学生如何对合理的程序负责。

程序则关注学生应该**如何做**。

纪律有奖惩。

而**程序没有**奖惩。

在学生们没有学习程序时，他们在课堂上的小动作会被误认为是“纪律问题”。实际上，学生们只有在明白正确程序是什么时才能对他们的行为负责。**因此，课堂运行有序的高效能教师都有一套课堂管理计划，他们讲授程序并使之变成惯例让学生自觉遵守。**

纪律虽然必要，但结果不一定会促进学生的学习。它只是暂时阻止异常行为发生，更多情况下只是强制学生顺从。虽然很多教师本意并不想强制学生，但由于缺乏课堂管理计划而不得不出此下策。学生受到强制的同时也就被剥夺了成长和学会负责任的机会。当学生学会为自己的行为负责时，他们将终身受益。**用程序来组织课堂能使各种学习活动轻松顺利地进行。学生们在了解教师对他们的期望后也会朝此方向努力。**

❑ 德克萨斯州圣安东尼奥的尼尔·威尔森使用了程序手册，使乐队中的每个人都发挥着作用。

纪律和课堂管理的主要区别

纪律	课堂管理
被动	主动
解决问题为目的	创造效率为导向
有负面后果作为惩罚	增加了学习时间作为回报
要求顺从	要求负责任
阻止异常举动	生成可控的行为

体育运动团队有管理者，公寓有管理员，商店有经理，他们都有相同的责任：

1. 使组织顺畅运行，使组织中的人和物成为相互协作的整体。

2. 有结果产出——赢得比赛，提供服务或创造利润。

这与课堂管理的道理相似：

组织学生们以使课堂作为一个协作整体顺利运行。

以学生学习进步和培养学生的技能和习惯作为结果。

以程序为基础建立一个有效管理的课堂是每一个带新班的教师的首要任务。好的课堂管理不是偶然的，教师必须做好课堂管理计划。

3 浏览尼尔·威尔森的《管弦乐队手册》，看看她是如何通过计划使学生成功的。

预防胜于治疗

据说是本杰明·富兰克林创造了这个说法，“一分预防胜过十分治疗。”它的意思是防患于未然比亡羊补牢更可取。

“干预”是教育领域的常用词汇。当教师介入某一问题并着手开始处理时，被称为“干预”。这个过程有点像进行损害控制或应对灌丛火灾。

由一套程序组成的课堂管理计划会阻止危机的产生并避免在问题发生后才进行后期干预。

有了完备的计划，你就有了一分预防，它的效果远远超过十分治疗！

最糟糕的四个字母单词

设计师、建筑师、采购员、音乐家、艺术家、作家和厨师会从全世界寻找灵感。世界各地不同人们的经历让他们深深着迷。

高效能教师有一个显著特点，他们对其他教师的出色做法充满了好奇心和仰慕之情，无论其他老师教什么年级科目或来自哪个国家。高效能教师有解决问题的前瞻性和本能，能把来自全世界的资源整合到一起，并从中学习领悟。在遇到问题时，他们是会迎难而上“能做到（CAN）”的人，而不是畏缩不前“不能做到（CAN'T）”的人。你的态度和眼界将直接影响你的课堂。正如古老的格言所说，“杯子里是半满还是半空。”这是积极和消极态度的区别。充满希望的乐观主义者相信任何事情都可能发生，失败的悲观主义者则刚刚好相反。有了课堂管理，任何奇迹都可能发生在你的课堂上。

英语中最糟糕的单词就是“不能做到（CAN'T）”。

C-I completely	A-admit	N-that I am not	T=trying
我完全	承认	我没有进行	尝试

成功的关键在于一致性

很多学生失败是因为他们不知应该做什么。

课堂管理产生一致性

高效能教师的成果是从可预测，可信赖和有一致性的课堂中得来的。盈利的商店，提供良好服务的组织和获胜的团队都是因为有一致性。他们值得信赖，你也知道期望它们达到什么目标。

你也许有喜欢的发型师，推销员，某品牌的牙膏或麦片。这是为什么？因为他们可以预测并且值得信赖，更重要的是有一致性。它们可以满足你的期望。

学生也一样，特别是低年级或问题学生。他们需要一个可靠、可预知和可信赖的老师。**高效能教师是一致性的典范。**

学生需要一位符合他们心理预期并对他们所处环境负责的老师，一个不只管这管那还能维护他们的人。**学校必须为他们提供一个安全和受保护的环境，学生能安然置身其中，全无畏惧地学习。**

高效能教师可以在每个人都感到很舒服的情况下使课上的一切尽在掌控之中。教师可以通过为学生制定管理计划而达到这一目标。《卓越课堂管理》的目的就是教你如何制定课堂管理计划。

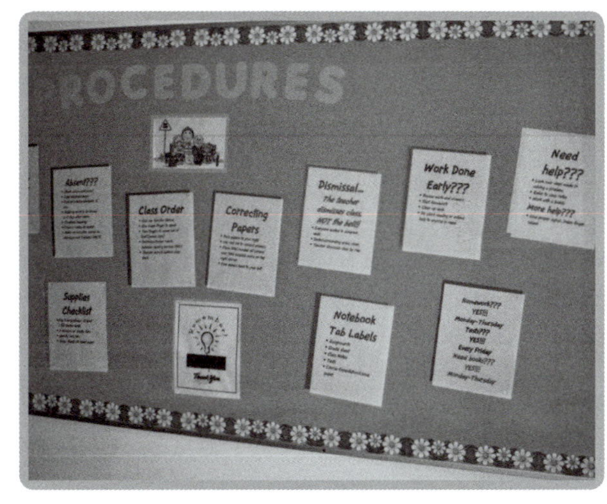

❑ 学生们接受程序。你只需告诉他们程序是什么。

程序创造一致性

在有序的课堂中，不需通过对学生大喊大叫要求他们遵守纪律，认真学习。学生们了解课堂的组织方式，也欣赏老师的管理模式。

课堂上有了不断重复的动作和任务——程序才能产生一致性。一致性让学生提前知道能期待到什么以及如何遵守课堂程序。如果没有一致性，在完成课堂任务时可能会造成时间的浪费。从踏进教室到走出课堂，越多的教学任务限定在程序之内，你就有越多的时间专心于教学。

让学生知道课堂程序对他们的益处非常显著。遵守课堂程序能消除误解，提供可预知性并使学生专注于学习。**学生知道他们能有什么收获也知道将要发生什么。**高效能的教师总是利用开学第一周的时间教学生在可预测的课堂氛围中控制自己的行为。

斯塔西·亨尼斯（STARCY HENNESSEE）在北

卡罗莱那州教书，他分享了在实施课堂程序后学生们的反应。**“他们从来没有听到我这么多的笑声，他们之前一直期待我笑。”**

开学后的第一周必须建立的重要品质就是一致性。

学生们会在一个安全和有可知程序的课堂环境中茁壮成长。

有特殊需求的学生因一致性而成长

罗宾·巴拉克是俄亥俄州帕尔马一所幼儿园的特需教师。家长、班级助教和学生都非常了解课堂结构并能全心投入学习。

“我的班上有很多特殊学生如唐氏综合症，语言障碍，自闭症，严重的行为障碍，精细动作能力和大动作能力迟缓等。早上助理们护送学生们进入教室，学生们脱下外套放进储物柜，然后走进活动中心，选择角色扮演游戏，或在地毯、多媒体桌子上进行活动。

每次只能有一人使用洗手间。在洗手间休息时间结束后，三人一组轮流完成一件艺术作品。其余的学生则可以在各个活动中心自由玩耍。

下午我们围成一圈做一些互动活动，每位学生都坐在地毯上属于自己的固定位置。根据不同学生的需求，有的需要坐在方凳上，折叠椅上或软垫子上。这节课以歌曲“你好，很高兴你来到这里”作为开场，接着唱了“日历之歌”和“很高兴见到你”。

开学前几天我就会教课堂程序并进行反复操练。在特需课堂中，每个学生都有自己的特殊需求。学校配备了很多支持人员满足这些需求，他们之中有物理康复师，语言康复师，职业治疗师，护士，手语翻译等，他们也需要了解课堂程序，以便更好地帮助每个学生完成学习任务。

有特殊需求的学生也能在一致性和程序化的课堂上茁壮成长。日常的程序和惯例加上恰当的实践活动就可以满足各位学生的个性化需求。同时，这些程序和惯例也能给学生们安全感和课堂的可预知性，使他们能更加专注于学习。”

可信任环境的必要性

人们愿意跟他们信任的人学习。

一致性的保障

在学生信任你要讲授的内容之前，必须先信任你。就如同你只会乘坐你信任的司机的汽车、让你信任的医生为你做手术、或从你信任的商店购买商品。因为这些产品或服务的产出是稳妥可靠的，每次都会毫无意外地取得期望的结果。这就是一致性。作为家长，会把自己的孩子托付给一位高效能的教师。

学生们愿意去没有意外情况发生的学校学习，他们信任已经建立起来的学习环境。他们知道每天会发生什么，而这种信任来自于一致性的保障。

在二十世纪八十年代初，**道格拉斯·布鲁克斯（Douglas Brooks）**通过对一些教师在开学第一天的记录，观察了“信任”这一概念。在看回放录像时，他发现，以一些有趣的活动作为开始或直接进入学习主题的老师，在整个一学年里都围着学生转。与此相反，花些时间先介绍课堂的组织方式，让学生了解怎样做才能取得成功的老师，在往后的日子里，都获得了愉快成功的教学经历。**能让学生知道将要发生什么的课堂才能取得学生的信任。**

聆听的价值

有些班上有不同种族的学生，比如美国原住民、阿拉斯加原住民、亚洲人、还有一些拉丁美洲人，“等待时间”可以反映出他们的文化。他们喜欢听别人的话，包括成年人及父母。他们在只有教师一人滔滔不绝的课堂上无法产生很好的回应。

聆听是最有效、最有说服力的策略。聆听是建立联系和信任的最佳方式。

幸福是一致性

一致性越强，我的班级就越充满快乐。

学生表现得越好，我也就越开心。

莎伦·迪普 ▪ 俄亥俄州

一致性产生信任

你能够为学生塑造的最重要的原则之一是保持一致和可预测性。

很多学生来自于杂乱无章、不可预测的家庭。这些学生可能会产生孤独和被遗弃感，他们期望和同龄人保持同样的进度。他们渴望稳定、有方向、有目标的生活。他们信任能为他们提供安全、持久及帮助的老师，并在他们的培养下学习、成长、取得成功。

获取学生信任最简单的办法就是帮助他们取得成功。研究表明为学生提供这样的环境有助于提高成绩。你在和你的学生沟通如何进行课堂管理计划的同时也是在向他们传达你做为教师的能力。课堂管理计划能表现出你的关爱和能力，学生们相信你的决定能帮他们取得最大的收获。

教课是教师的主要职责，学生来上学是为了学习。你在课堂上所建立的一致性对学生所产生的信任和能学到多少东西有着直接的关系。

《卓越课堂管理》将帮你胜任甚至超越成为一名高效能教师的目标。

每个学生都取得了进步

莎拉 · 拉根（Sarah Ragan）说，“没有课堂程序，我就迷失了方向，我所教授的任何东西也都没有意义了”。

莎拉是一名“第一条款”（TITLE I是一项联邦资助计划，提供正规课堂以外的额外教学）教师，因此她任教第一年的开学时间相对较晚。她饶有兴致的观察了其他新任教师的课堂，并且想从他们的实践中学点什么。但很不幸的是每位新教师在第一天上课时都力不从心。

“无一例外，这些教师的学生们都忙于学习以外的玩闹，无休止的铅笔大战，走廊恶作剧，高分贝噪音等。我暗下决心我不能也这么糟糕。我在大学时曾读过《**如何成为高效能教师**》，那天在回家后我便写下了**“我的开学第一天剧本”**。

当开学时，莎拉讲解了课堂程序的目的及学生应负的责任，并确保每一个班级成员都明白如果能并肩学习就一定会取得成功。从那天起，莎拉的学生从未有过出格的行为，**有了这些程序，莎拉的课堂井然有序**。

不再有行为问题

莎拉很自豪地分享道：上课再也不会被打断，学生们都明白我希望他们努力学习也很享受这个过程。学校甚至安排我去教那些问题学生。在我的班上，没有出现过任何行为问题。这些学生都希望到我的班里来，他们也搞不清楚为什么要这样做，但我知道原因。

“我的课堂是经过精心管理的，所有的事情都是有计划的，我也是有备而来，他们信任我的课堂。”

准备：在开学第一天到来之前

PREPARATION: BEFORE THE FIRST DAY OF SCHOOL

在开学之前做准备

课堂管理在开学第一天到来之前就开始了。

准备　再准备

提前准备很重要，要不惜一切努力。运动队有热身训练营，演员有彩排，学校也有紧急情况预演。**高效能教师总是在不停地进行各种准备。**

极致的准备是件好事。高效能教师和他的学生们分享课堂计划，这样能让学生们理解各自在课堂管理中的角色并且能在实施过程中负起责任，同时也能明白自己在课堂管理中的重要性。

如果你粉刷过墙壁，你就会知道提前的准备工作比实际刷墙费时更多。准备工作做得不好，就会影响粉刷效果甚至还可能会返工。多花点时间做准备工作，这样在新学年上课铃声响起之前，你的学生就有课堂程序可以遵守，这就预示着一学年的成功。

制定计划

不仅要为开学第一天制定计划，而要为每周每月每年，甚至从现在起的未来十年制定计划。

先预测，然后计划，要预测到每一个可能发生的状况并为其制定计划。

不要浪费时间空想该怎么做，一定要制定计划。按计划行动，你将会很惊奇地发现你取得了多大的成功。

大多数人不做计划。这就是能轻易击败他们的原因。

为学生创设带有文化一致性的课堂环境，使学生保持相同进度的同时最大程度利用课上时间。

一名橄榄球教练带着比赛计划去打比赛。比赛计划是从比赛手册里的一系列打法中起草出来的。教练不会等问题出现时再舔着手指去翻比赛手册，希望从中找出“可能”会起作用的打法。

何时开始做计划

在第一天开学之前就要开始为成功的学年做计划。一系列的任务要提前成竹于胸。有了很好的组织和充分的准备，就会大大降低焦虑和不确定性。准备不充分则会导致以下后果：

1. 学年中的每一天都会浪费时间
2. 开学前几周，教师会产生疲劳和挫败感
3. 不知道在开学前几天应该讲什么
4. 学生们心中混乱和困惑

想象你走进一个诊所，坐在休息室，那里杂志扔了一地，旧台灯里的灯泡烧了，电话一直响个不停，头顶上播放的音乐一遍又一遍地重复，而前台接待正无精打采的用手机闲聊天，对房间里所有的一切毫不在意，甚至都没跟你打招呼。

你很可能是最后一次踏进这家诊所，因为你还有其他家可选。学生们却别无选择，他们被分配到一个班，再从一个班到另一个班，他们期望你就是那个为了他们而做好准备的人。

有种说法说“第一印象往往最深刻”，确实如此。**学年的第一天也是本学年中最重要的日子，无与伦比的重要。**你要在这一天向学生展示你能教会他们，并且期待他们从进入教室那一刻就准备好开始学习。

开学前要准备些什么

你开学前的准备对于你本学年的效率是一个绝好的晴雨表。

1. 制定课堂管理计划

高效能教师在开学前就会制定一份课堂管理计划。这份计划包含课堂程序并能够保证课程顺利进行。

程序告诉学生在教室中应该怎么做。课堂程序需要进行讲解、演练、强化直至成为惯例。课堂管理计划包括以下程序：

- ❑ 如何进入教室（程序1）
- ❑ 上课铃响的时候做什么（程序3）
- ❑ 如何完成家庭作业（程序9）
- ❑ 铅笔损坏了如何处理（程序17）
- ❑ 学生提前做完了作业该做些什么（程序22）
- ❑ 如何吸引学生的注意力（程序13）
- ❑ 去哪儿找补交的作业（程序8）
- ❑ 如何收试卷（程序19）
- ❑ 如何处理个人规范（程序50）
- ❑ 如何离开教室（程序5）

在开学前，要设计好在开学第一天将你的计划分发共享的途径。

2. 制定一份班级纪律计划

尽管管理良好的课堂会减少课堂纪律问题，但高效能的教师懂得先发制人，并能通过计划阻止课堂不良行为问题的发生。班级纪律计划包括以下内容：

这就是我聘用的教师

在我面试教师候选人的时候，我会要求“告诉我你的课堂管理计划。”

百分之九十九的面试者会告诉我他们的班级纪律计划。

只有百分之一的面试者会谈及课堂程序。这就是我要聘用的人。

华盛顿的一位校长

❑ 学生要遵守的课堂规则：

课堂规则时刻约束着学生的行为。课堂规则简短易记，把它贴在显眼的位置以便每位学生都能看到。课堂规则明确了正面和负面的结果。

❑ 学生能为之努力的奖励：

奖励即正面的结果。班级和个人奖励能够激励学生努力学习、集中精力做到最好。

❑ 破坏课堂规则的惩罚：

惩罚即负面的结果。惩罚一定要简单明确，这也有利于教师更容易强化一致性。

给每个学生分发一份班级纪律计划。告诉学生要妥善保管、随时参考。

请参照《如何成为高效能教师》中的相关章节，了解如何制定一份班级纪律计划。

3. 对学生有正面、积极的预期

研究表明对学生有正面、积极的预期并能为学生达到此预期给予必要支持的教师取得班级优异成绩的概率更高。

对学生不抱期望的教师同样得不到学生的回报。这就是那些常常因学生表现差而感到沮丧的教师。

相反，对学生有正面、积极预期的教师很少对学生失望。有着明确目标的学生更容易满足教师的期望。列出你对学生的预期并把它张贴出来。同时也列出学生可以对你有什么样的预期。

学生可以对教师的预期：

❑ 提供高质量的教学

❑ 提供额外帮助

❑ 创设积极的学习环境

❑ 对实践活动给予肯定

❑ 评估分数公平合理

❑ 尊重学生

❑ 非常公平

❑ 每天尽到最大努力

海因茨先生（Mr. Heintz）的责任说明

我，作为你们教师的岗位职责：

1. 尊重你们并关爱你们每一个人
2. 为你们提供有序的班级环境
3. 提供必要的班级纪律
4. 提供合理的激励制度
5. 向你们传授知识

你们，作为我的学生的责任：

1. 尊重我并关心我
2. 按时上课
3. 团结合作不破坏程序
4. 认真学习并完成作业（成功=努力）
5. 学习并掌握所学内容

❑ 以上是吉姆·海因茨（Jim Heintz），亚利桑那州的一位高中教师，张贴出的学生可以对他的预期以及他对学生的预期。

教师对学生的预期：

❑ 准时

❑ 进入教室准备认真学习

❑ 带上所有必需的课本及用具

❑ 工整地完成全部作业

❑ 遵守课堂程序

❑ 遵守张贴的课堂规则

- 保持积极的态度
- 认真专注听讲
- 每天尽最大努力

教师对学生的预期会对学生的课堂收获乃至一生的成就产生巨大的影响。

4. 做好欢迎学生的计划

如果在开学前就能拿到花名册，就给学生和家长分别寄一封信。让他们知道你已经为成功的一年做了准备。

在给学生的信中，把他们需要在开学第一天带的东西列出来，并且解释清楚学生们能期待在第一天学到什么，在第一周能学到什么。

在给学生家长的信中，告诉他们你已经为这个学年准备了一整个夏天。告知家长如下信息：

- 对一年的展望
- 你的时间计划
- 你的联系方式
- 学校的联系方式
- 班级网站地址

告诉家长将要到来的学年会是振奋人心的，并邀请他们参加家长开放日活动。

在开学第一天计划以下事项：

- 在黑板上写下你的名子，办公室号和你所教的学科
- 站在门口面带微笑地欢迎你的学生
- 检查学生的课程表，保证他们走进正确的教室
- 介绍你自己并确保学生坐到了自己的位子上

堪萨斯州奥拉西的凯伦·罗杰斯在开学第一天到来之前就已经准备好了课堂管理计划。

5. 准备第一天的备忘录

规划第一天的日程和第一天的致辞。搞明白应该在上课的第一时间给学生们讲什么。

在备忘录里应包括以下内容：

- 你的名字及发音
- 学生们应该怎么样称呼你
- 你的工作经历

路易斯安那州门罗的一位教师，达瑞尔·克拉克在开学第一天及之后每一天的早上都会迎接学生的到来。

4 了解一下凯伦·罗杰斯为了使新学年有个成功的开始使用了什么样的方式提醒自己。

- ❑ 你如何在一整个夏天为本学年做计划

6. 课堂是如何组织的

课堂程序会使每个人取得成功。

准备一个“开学第一天信息包”。

准备一个信息包让学生带回家给家长查看。信息包对那些不能来参加开放日的家长会有所帮助。信息包内应包含：

- ❑ 一封介绍信
- ❑ 班级制度
- ❑ 家庭作业规定
- ❑ 班级联系人名单
- ❑ 学校用品清单
- ❑ 需要签字确认的回执

请保留这些签字页以便在今后家长会讨论等场合使用。

7. 准备课程计划

准备开学前十天的课程计划。这十天的课程安排与本学年其他的课程有很大差别。**你在开学前两周的主要任务是讲授程序并使之成为班级的惯例，这样在余下的时间你就可以全心投入教学了。当然，这期间也要包括对课程内容的讲授，但是重点还是让学生了解程序。**

为学生的课堂学习准备一些活动。课上的每一分钟都非常宝贵。

前十天的计划包括以下部分：

- ❑ 介绍并讨论课堂管理计划
- ❑ 讲解、演练、强化管理程序
- ❑ 与教学内容相关的课程和活动

8. 准备一份日程

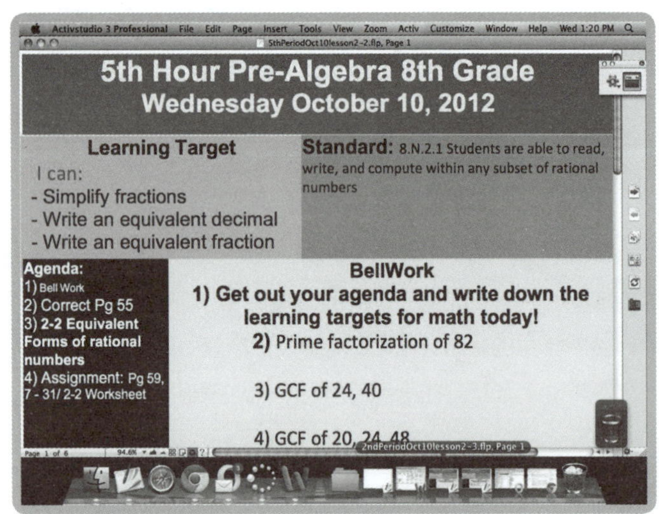

❑ 在教室内设定一个固定区域每天挂起这个日程表，使学生们能够看到并参考。

日程包括一天的计划——列出一天中你将和学生一起做的事情。通过这份日程学生可以了解跟你在一起时能学到什么。日程的基本组成部分有课程安排、热身作业及课程目标。很多教师也把日期，家庭作业和重要的发言及提醒列在其中。

9. 准备一个热身作业

准备一个简短和容易完成的开学热身作业，当学生们走进教室就把这个热身作业发给他们或者把它列在日程表中。热身作业使学生们一踏进教室就进入学习状态。开学第一天的热身作业可以包括以下内容：

- ❑ 老师对课程进行了充分的组织和准备。
- ❑ 学生们一进入教室就应该进入学习状态。
- ❑ 大家在一起的每一分钟都是宝贵的学习机会。
- ❑ 在热身作业中预设新学年的目标。

10. 组织课堂

在为开学做准备时，进行课堂组织是为了保证有良好的学习环境。

❑ 排好课桌，让每一个学生都面朝前方很清楚的看到你。为让学生能自由出入教室留够空间，过道也要宽松一些。

❑ 开学第一天要准备些公告板。一块板用于展示学生的作业，另一块板展示课程主题并标明课程的单元和等级。公告板可做成激励性的也可以做成指导性的，尽量把它做得丰富多彩，但内容不要安排的太紧密，这样会使学生分散精力。

Bellwork
1. From 2:18 p.m to 9:09 p.m
2. From 8:42 a.m to 4:15 p.m
What is the appropriate customary unit of measure for:
3. the height of a fence
4. the weight of a Lab puppy
5. the water in a pool
Change the units (P.292)
6. 5 ft = ____ in. 7. 3T = ____ lbs.
8. 14 pts = ____ qts 9. 18 ft = ____ yds

❑ 在锡塞顿中学，热身作业（opening assignment）也叫bellwork，每节课前都会将它张贴出来。

计算机课的热身作业（Bellwork）

1. 找到你的座位
2. 把书放在一边
3. 登陆计算机（记住，有时候这需要花费一些时间）
4. 当铃响后要准备好学习
5. 保持安静认真听老师讲课

> **明智地利用时间**
>
> 我如果要花8小时砍倒一棵树，
> 那么我就会花5小时把自己的斧子磨锋利。
>
> 亚伯拉罕·林肯

❑ 在教室中把重要信息张贴出来。

- 程序
- 规章
- 预期
- 紧急预案
- 火险紧急出口
- 上下课时间

❑ 开学第一天安排座位

你要带着一份详细的计划开始第一天的教学。根据这个计划推进全天的进程。**你为学生做好准备，学生也会为你做好准备，你们一起努力，将会有成功的新学年。**

5 了解有关开学第一天备忘录的更多例子，并在开学第一天到来前为自己准备一份。

一份完整的“开学第一天任务备忘录”

莎莉·鲁兹（Sally Lutz）是佛罗里达州的一位十年级的精读教师，她在开学第一天使用一种任务表的格式，每当完成一项任务，就从任务表中将其划去。

✓在教室门口欢快热情地向学生打招呼，和他们进行眼神交流，如果知道名字，就直接叫他们的名字。

✓和他们分享自己的信息、预期和教学理念。在白板上把每节课的座位表挂出来，在学生进入教室时引导他们根据座位表就坐。

✓把课堂日志放在学生桌子上（班级分为四组，在白板上写出相关要求。这在整个学年的周日志和每日热身作业里都能找到。

✓学生们看完热身作业后快速点名。

✓告诉学生们，你希望他们在铃声响起时已经坐在位子上了，否则将被记为迟到。

✓迟到记录被放在门边上的小篮子里并被编入学生档案。迟到三次以后，他们将会被转交给教导主任，然后被留下接受教育。铃响时跑进教室是不允许的。教室是经过精心布置的学习场所。如果学生因迟到或缺勤而未能完成作业，需将补交的作业放在指定位置。

✓以下是第一周的周日志提示

- ❑ 你好，鲁兹老师，我的名字叫＿＿＿＿＿＿＿＿＿＿
- ❑ 我的课程安排是＿＿＿＿＿＿＿＿＿＿
- ❑ 我的兴趣爱好是＿＿＿＿＿＿＿＿＿＿
- ❑ 我的综合评价测试（FCAT）成绩不理想，因为我＿＿＿＿＿＿＿＿＿＿
- ❑ 在这个班上，我希望能够学习＿＿＿＿＿＿＿＿＿＿
- ❑ 我家的地址＿＿＿＿＿＿＿＿＿＿
- ❑ 我家的电话号码是＿＿＿＿＿＿＿＿＿＿

- ❑ 我有/没有驾照（任选其一）
- ❑ 我喜欢的课是____________原因____________
- ❑ 我最不喜欢的课是____________原因____________

✓ 要求学生在日志的封页要写上姓名和课时。学生要以填空补全句子的形式完成。相关提示要逐字从白板上抄写下来，因此要使用永久记号笔。要将如何拿到和如何交回这个课堂日志的相关要求张贴在教室里。

✓ 日志要放在一个特殊的位置，什么时候取回和什么时候上交将有固定时间。（写完扔进废纸篓里是不行的）

✓ 告诉学生完成的家庭作业和课堂作业都分别放在哪个箱子里。

✓ 在公告栏上写上课堂程序（而非规章），学区着装标准，班级物品以及教学大纲。

✓ 在账册上有用图像说明的班级物品列表。

✓ 向学生介绍这两个公告板，其内容可以包括照片和学生成果简报或任何有价值的学生信息。

✓ 向学生介绍课堂管理以及其运作程序，并固定下来。比如在指定的柜子里会有编号的架子用于放学生的用品，材料等。

✓ 把课程大纲课堂程序和班级物品清单分配到以上架子，以上每一项材料的编号都要用不同颜色的纸张打印。

✓ 在固定的位置放置一块白板，用来写日期、作业及如何上交。

✓ 介绍词汇墙及其功能。

✓ 告诉学生记号笔、白板笔、板擦、胶水、剪刀、打孔器及铅笔刀的存放位置，并告诉他们应如何取得和替换这些物品。

✓ 每组选出一位学生按照白板上列出的当天所需物品清单，专门负责每天拿取所需的物品。

✓ 如果当天需要用到钢笔或铅笔，学生也可以向鲁兹老师借用，但需要保证归还。

✓ 介绍“I. O. N. U”（I Observe No Unfriendliness. 我要保持友好）制度。这项制度源自提姆·桑德斯的著作《讨人喜欢的因素》。

✓ 重申放学程序。放学铃响并不一定意味着放学，只有获得鲁兹老师允许后才可以。铃响后不得聚集在门口，要坐在座位上等待老师宣布放学。

✓ 放学前要快速打扫一下教室卫生。地上不能有纸屑、所有物品放归原位，桌椅也要摆放到原来的位置。

✓ 准备一个资料夹放置临时变动材料。提前告诉学生你的预期，如果需要对计划进行变动，要于当天在班上进行说明。

课堂管理计划的必要性

课堂管理计划可以为教学提供一个安全、积极、一致的学习环境。

目标意识

课堂管理计划会使班级产生目标意识，会帮你在班里形成成功、一致及取得成就的文化。你就像一根坚实的柱子把学生们联系在一起。

很多学生的生活中充满了不确定性、缺乏安全感。**他们想清楚地知道将要发生的事情**，不希望出现意外状况或无序状态。**很多学生学业失败的原因在于他们不知道该做什么。**他们渴望安全、可预测的学习环境；他们喜欢组织良好的班级，没人会对他们大喊大叫；他们知道接下来要做什么、怎么做，并在这个环境中进行学习。

如果你没有课堂计划，那么学生就会替你做计划。高效能教师会用开学前两周的时间教学生如何在可预测的课堂环境中控制自己的言行。他们都有课堂管理计划，并在整个一学年都按照计划进行。

以计划开始

高效能的教师都以一份计划作为一学年或每天的开始。**本书介绍了构成这份计划的教学程序、技巧、策略、方案等。请从中选择适当的内容形成一份你自己的有效课堂管理计划。**

缺乏有效组织的课堂很快就会陷入混乱和不稳定状态。没有了积极的课堂气氛，学生们就无法融入其中。当学生们产生了放弃心理，他们就开始给自己以及包括教师在内的其他人找麻烦了。

在管理良好的课堂，每个人的压力都很小。你很难从表面发现背后课堂管理计划的艰苦准备工作，但这份计划的确在无形中发挥着作用。课堂气氛积极和谐、课堂安排目的明确。这就是一位高效能教师的班级，也是我们这本书的目的。

❑ 伯尼·阿里多已经准备好开学第一天的计划

学生希望了解并接受课堂程序

高效能教师的课堂管理计划由各种程序组成——这是完成各种行动的方式。每次你想要做什么事情，总有一个或一系列程序引导你去完成。

她的计划让她成为一名“恪守规矩”的老师

卡拉·摩尔（Kara Moore），22岁，俄亥俄州的一位新任教师，在任教第一年就取得了很大的成功。在上岗第一天，她说，“我准备好了。我做了一份计划，我的学生将知道我是怎样一位‘恪守规矩’的老师。”

然而，开学前一周，校长通知她去教另外一门不同的学科，在不同的年级，不同的教室，不同的楼层。

没有问题。她搞定了，因为她制定了一份课堂管理计划。

课堂程序让学生们的学习时间最大化。

比如，点名、第一天学生注册、轮流发言、依次完成任务等，都有固定的程序。如果缺乏适当的程序，就只能浪费宝贵的时间先学习如何去完成这些任务了。

要让你的学生了解课堂程序的好处。这些程序可以减少混乱，提升可预测性，让学生全身心地投入学习当中。

如果没有让学生为之负责的课堂程序，也就培养不出有责任心的学生。

学生们接受这些程序。只需让他们知道程序是什么。

学生内心渴望程序

克里斯蒂·米切尔（Christy Mitchell）和**格蕾丝·安·考博恩**（Grace Ann Coburn）作为新任教师在北阿拉巴马大学参加了一期**格雷格·瑞斯纳**（Greg Risner）主讲的关于

课堂管理的课程并取得了成功，因为她们在这期间完成了自己的课堂管理计划。她们已经准备就绪并在等待第一份工作的到来。

她们说她们的计划就是由**各种程序**构成。她们为所有事情都编制了程序并贴出来进行讲授和展示。在程序的管理下，她们班里所有的事都变得井井有条。“学生们从开始到结束都非常清楚我们的期望，**他们的内心渴望这样的体系和管理。**”

很多学生来自非常特殊的家庭和生活状态。正因为这种杂乱无章的生活，他们非常向往一个有组织有体系的课堂。一个有序的计划将帮助学生们更有效地利用课堂时间，提高学习效率，因此老师有更多的时间专注自己的工作——帮助学生们取得进步。

承建商根据图纸正确搭建房屋；会议日程使每个参会人员都按计划进行；地图作为方向指南帮你安全的从一个地点到达另外一个地点。

在开学第一天就准备好你的课堂管理计划能确保你的课堂一直处于通向成功的正确轨道之上。

制定一份课堂管理计划

制定一份计划，无论以什么形式。

用程序进行规划

课堂管理计划由一系列实践和程序组成，这些内容能确保在一个有效的环境中使教学发挥作用。它是一个课堂操作手册，也是一份学习如何逐步掌控课堂的指南。

课堂管理计划是可以根据需要随时修改的动态文件。计划的内容可根据课堂情况变化的需要不断增减。高效能教师就象是服装设计师，平面设计师，电子工程师，他们通过不断改变自己的设计来吸引新观众和客户的眼球。每次面对新的学生群体，你的管理计划都要顺应新的变化去增加学生成功的机会。

研究表明，15%的新任教师在第一年后就不再修改管理计划，50%的教师在工作5年后就不再修改管理计划。但是高效能教师在教学很多年之后仍然为学生和自己的成功而对管理计划进行不断的再设计和修正。

每天都要规划你的工作，并且在你的计划上下功夫。然后随着时间的推移对它进行不断的改进。

需要问自己的问题

想象一下并问自己“我需要设计什么样的计划才能创设积级的学习氛围”不要问诸如“我应该用什么科技手段”，“我要采用什么软件”，“我要注入什么教育理念”之类的问题。

相反，要问自己

1.“什么样的计划能创造出我喜欢上课，学生也喜欢学习的安全有序、高产出的环境？”

2.“学生要怎样做我才能教得轻松，学生也能学得会呢？”

这些问题的答案是你课堂管理计划的核心。

课堂管理无关纪律，而是关于如何组织课堂使老师成为一个指导员，学生在指导员的指导下学习成长。

每个老师的管理规划不尽相同。高效能的教师会提前预设一个他们理想中的课堂，所以组织良好的课堂才会存在。他们知道形成积极学习环境所需的条件，并通过实施课堂管理计划使学生学有所获。

一份中学课堂管理计划的开端

凯西·特雷尔（Cathy Terrell），是堪萨斯州艾尔多拉多中学的一位西班牙语教师，她说“在第一节上课铃响之前学生们都安静地坐在了自己的座位上，开始学习。我知道开启新学年的最佳方式是制定一份详细的计划以及一份备忘录，写上自己将在开学第一天所要说的话和所要做的事情。学生喜爱我的课堂，这是因为我根据程序、指南及活动准则实施教学，并取得了更加有效的授课效果。”

凯西开学第一天的计划

在班级门口——课前

- ❑ 向每位学生问候
- ❑ 给每位学生发一张欢迎卡片，上面标有其座位位置
- ❑ 告诉孩子们认真阅读并遵守黑板上的提示
- ❑ 告诉学生他们每节课需要使用的文件夹的位置
- ❑ 用投影仪把开学任务投射在屏幕上，说明文件夹中讲义等材料的位置

开始上课，欢迎学生

- ❑ 用PPT将课堂程序展示一遍
- ❑ 让学生根据幻灯片中的插图猜测我有哪些特点
- ❑ 问问学生有哪些人在哪些方面与我有共同之处
- ❑ 聊聊我对教学的热爱
- ❑ 讨论教室管理准则
- ❑ 说明进入教室的程序（也就是他们早上在进教室时使用的程序，通过参考张贴在教室的“海报”强化这一程序）
- ❑ 介绍热身作业的计分方式，展示信封的书写格式。
- ❑ 学习校级规章制度，具体条款列在教室内张贴的海报上。
- ❑ 为学生拍照，告诉他们这张照片将贴在作业“关于我的一切”上面，这将帮助我记住他们的姓名、长相、及其他的信息。
- ❑ 说明放学程序，在下课之前带着学生过一遍这个程序。

凯西的“开学第一天计划”仅仅是她课堂管理计划的一部分。良好的组织、充分的准备以及对计划的详细讲解为她赢得了一学年宝贵的授课时间。

告诉其他人如何做计划

戴安娜·格林豪斯（Diana Greenhouse），德克萨斯州约书亚的一位教师，2005年开始从教时就制定了课堂管理计划，在那一学年末，她说道"这一学年是多么不可思议！当我回顾这一年取得的成绩时，真是激动不已。我的学生学有所获，我热爱课上的每一分钟。而这一切都开始于我的那个计划。"

在任教的第四年初，她被邀请开设课堂管理工作坊教授学区内的新任教师如何制定课堂管理计划。任教第五年，她被任命为校长助理。目前，她还在工作坊培训学区的新任教师，教会他们如何在教学生涯伊始就取得成功。

戴安娜的课堂管理工作坊大概只有28张幻灯片：

为开学第一天做准备

- 整理材料，安排、装饰教室
- 想象成皇室即将莅临！
- 使事情井井有条
- 通过示范开学准备言传身教
- 开学第一天备忘录

充分的准备是教师效能的首要决定因素

制定开学第一天的备忘录

- 学生7:20开始进教室
- 活动安排在桌子上
- 姓名牌
- 学生名单在"剪贴板上"
- 让你的父母确认放学后的接送情况……有一张表格需要他们填写，如：

您的孩子将如何回家？

学生家长

姓名　接送日托服务　几路公交　结伴？

建立程序

- 开学后的2～3周非常关键
- 第一周介绍班级程序
- 明确期望
- 运用程序取得一致性
- 将程序用PPT演示出来
- 让学生分角色表演出所学程序
- 进行必要的排练

高效能教师在开学第一周教学生如何在班级环境中控制自己的言行（开学第一天）

需要记住的要点

- 准备开学第一天备忘录
- 欢迎学生，记住他们的名字，庆祝开学第一天
- 建立程序确保一致性
- 一定明确你的期望
- 你可是学校了不起的人物！

6 看一看戴安娜·格林豪斯为新任教师准备的完整PPT。

创设良好的教室环境是教师在开学后前两周的首要任务。教师通过为教室中的各种行为建立程序达成这一任务。随着这些程序不断被自觉执行，逐渐变成了班级惯例，一致性的文化就慢慢建立起来了。这就好比学骑自行车，刚开始有人告诉你怎么骑，但是一旦你学会了，你会跨上自行车，不假思索地骑走了。

你的学生也会对一致性的计划给予回应。你的程序变成了惯例，变成了学生的习惯，他们会毫不犹豫地“照章办事”。你甚至都不用呆在教室，学生们知道做什么，遵循着他们的习惯——这就是制定课堂管理计划的益处。

感谢这份宁静和谐

安吉拉·海拉切塔（Angela Hiracheta），德克萨斯州塔夫特的一位教师，入职前两年的任教经历苦不堪言，对于如何改变当时的状况毫无头绪。在学习了如何制定成功的计划之后，她现在变得非常快乐，对教学充满了热爱。

“在入职前两年，我完全没有头绪，简直要疯掉了！我当时非常肯定地认为教书根本不适合我，每天都漫无目的绝望地挣扎。我不知道究竟哪儿做错了，因此也无法将教学中的问题表达出来。

之后我学习了‘如何制定课堂管理计划及具体程序’，从此那种混乱无序的状态完全消失啦！

目前我的第三年教学刚刚结束，我现在可以诚实地说，我盼望下一个学年快些到来！我学会了如何调整自己、如何组织班级。是课堂管理计划使我学会了这些。

之前我总是对自己教学生涯的未来缺乏信心，但是现在我渴望能更快提高我的效能。

在形成了惯例和固定程序后，我的时间比以前充裕多了，我有更多的时间去教学、去了解学生。

感谢我一直以来渴望的这份宁静和谐！我甚至有时间在周末挑灯细品一本好书或看一部电影——这在以前是多么罕见、多么奢侈的事情。

这就是我制定课堂管理计划的原因！”

展示你的课堂管理计划

开学第一天是一学年中最重要的一天。和学生们分享你的计划，让他们了解这一年中可以期待些什么。

展示你的计划

你有了一份详实的计划，里面具体列出了实践内容及程序，它将帮助你度过满载收获的一年。现在，是时候实施这份计划了。展示计划的途径很多，**你的展示方式将决定学生对计划的理解和强化程度。**

如果你的学生还不识字，你可以通过谈话的方式使他们理解。对于那些大一点的孩子，很多老师都会复印课堂程序并分发给学生，这样在教师讲解的时候学生可以看着手中的材料加深理解。越来越多的教师都开始做以下三件事：

- ❑ 通过可视图像介绍课堂管理计划
- ❑ 给每位学生发一份复印件
- ❑ 在教室张贴相关提示

你需要确定向学生展示课堂管理计划的最佳方式。

在向学生展示你的计划之前要进行排练以增加信心，也能使你更清楚地知道自己写了什么、如何去做解释。学生可能会因不理解要求你做进一步的阐明，你对计划展示的准备工作越充分，你就越清楚自己在做什么，今后的变动就越小。你满满的自信会告诉学生，你已经为他们的成功做好了准备！

口头讲授程序

在有些班级，如一年级和某些特教学校，需要采取口头的方式讲授程序。伯尼·阿里多（Bernie Alidor），在佛罗里达州彭萨克拉的幼儿园任教。他采取一种自称为“改良模式”的方法讲授班级程序。他不仅仅是对课堂程序进行介绍，他还会为孩子们表演出违反程序的夸张滑稽短剧。

比如，如果孩子想去厕所，程序中要求孩子伸出两个手指。他为了教孩子学习这一程序，故意上蹿下跳，不断挥手大喊，“我要上厕所！”或“我

要用洗手间！”孩子们都被他夸张的表现逗乐了。

之后他问孩子们是否有更好的办法征求老师的同意使用洗手间。通常会有至少一个孩子想出“伸出一个手指头”的主意，伯尼很自然地将这个提议改成他所希望的“伸出两根手指”。

以下是伯尼“改良模式”的具体步骤：

- 表演出错误的程序
- 让学生提出更好的程序
- 示范正确的程序
- 让学生们做个别示范
- 让全班同学示范

伯尼采用这种方式教授学生大多数程序。当然，让所有学生掌握全部程序仅用一天的时间是不够的，他在开学第一周每天都会把这些程序一遍一遍复习。第一周结束的时候，大部分学生已经知道了该做什么、什么时候做、如何做。他们也明白了只要按照程序做，他们一天都会很顺利。

将程序贴在课桌上

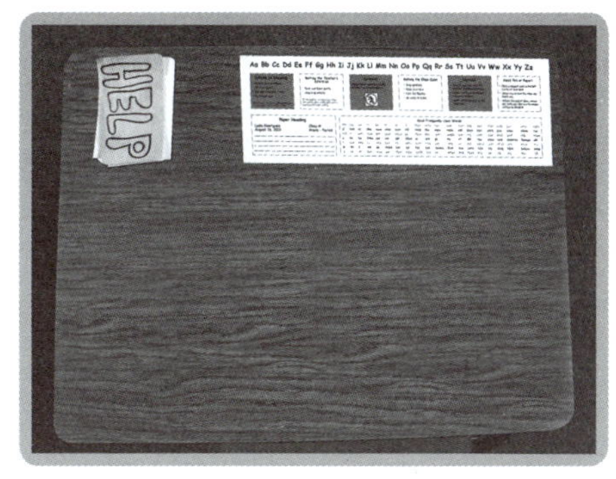

德克萨斯的教师艾丽西亚·布兰肯西普（Alicia Blankenship），将一些程序贴在了学生的课桌上。学生第一次进入教室的时候，这些程序可以起到指导作用。在接下来的课上，**艾丽西亚向学生介绍了这些程序。**这些程序变成惯例之前就得到了强化，在**没有任何提醒和提示的情况下让学生加深了印象。**

艾丽西亚的程序之一是一张装在信封袋里的“帮助卡”。学生在需要她

什么是管理？

管理是对你受托的组织、项目或工程进行控制、计划、监控、指导的行为过程。教师的责任是将课堂管理成学习场所，而不是训练出只会服从指挥的学生。

为了使管理行之有效，需要选择某种适合的计划或制度。很多老师都败在这一点，他们根本没有计划或制度。这导致了他们的班级缺乏秩序、随意性强，学生们茫无头绪地坐在消极的学习环境中。

管理包括三项主要行动：

1. 管理包括计划的制定。课堂管理计划为将要做哪些事情提供了路线图。
2. 管理包括计划的实施。教学程序确保了每个人都知道要做什么。
3. 管理包括计划的评估。评估的结果可以告诉我们计划实施的效果以及是否有必要再次讲授。

高效的课堂管理者按照这三个步骤行事，并使其持续循环，不断提高课堂管理水平。

没有课堂管理计划，也就不会有不断提高的持续循环，这就是很多失败案例的根源所在。

帮助的时候会拿出这张卡，放在袋子外面，继续学习。**这样做的关键在于避免学生分散精力。**

当需要帮助的时候，没有人挥手、也没有人大喊大叫。学生们还在继续学习。当老师走过来提供帮助，“帮助卡”又会被重新放回信封中。寻求帮助变成了一对一的互动过程，完全不会打扰班上其他的学生。

在“帮助卡”旁边，艾丽西亚在课桌上贴上了其他的一些重要程序，作为每日的提醒。

- 如何进入教室
- 如何获得老师的注意
- 禁止走动
- 保持课堂安静
- 放学应怎么做
- 需要用钢笔或铅笔怎么办

在这些程序下面，附上了一份通用的作业抬头格式。她还加上了常用词列表供学生写作时参考。

需要不断更换教室的老师可以选择使用塑封的课堂管理程序。当学生进入教室的时候，他们取走一份放在自己的桌子上。下课后，学生将塑封页放回指定位置。

放在桌子上的程序

印第安纳州霍巴特的教师苏·摩尔（Sue Moore）在课堂程序中插入了图片，放在学生课桌的亚克力架子上或教室周围，不断提醒学生如何遵守程序。

Aa Bb Cc Dd Ee Ff Gg Hh Ii Jj Kk Ll Mm Nn Oo Pp Qq Rr Ss Tt Uu Vv Ww Xx Yy Zz

Entering the Classroom

- Come in without talking.
- Sit down quietly.
- Get out homework, if any.
- Do the bellwork.

You are tardy if you are not seated and working when the tardy bell rings.

Getting the Teacher's Attention

- Raise your hand quietly.
- Keep it up silently.

If the teacher has not come after one minute, place a help card on your desk and continue working.

Movement

Please remain seated until the teacher requests movement.

Getting the Class Quiet

- Stop speaking.
- Raise your hand.
- Face the Teacher.
- Be ready to listen.

Dismissal

- Stay in your seat until the teacher dismisses the class.
- Make sure the area around your desk is clean.
- Walk courteously out of the classroom.

Need Pen or Paper?

- Place a request card in the left corner of your desk.
- When you receive the item, say thank you.
- Before the end of class, return any materials that are to remain in class to the M.M.

Paper Heading

Lydia Rodriguez　　Class #
August 26, 2013　　Grade - Period

Most Frequently Used Words

the	you	are	be	by	we	an	if	then	make	two	way	been	long	may	little	back	just	great	right
of	that	as	this	word	when	each	will	them	like	more	could	call	down	part	work	give	name	where	too
and	it	with	have	but	your	which	up	these	him	write	people	who	day	over	know	most	good	help	mean
a	he	his	from	not	can	she	other	so	into	go	my	oil	did	new	place	very	sentence	through	old
to	was	they	or	what	said	do	about	some	time	see	than	its	get	sound	year	after	man	much	any
in	for	I	one	all	there	how	out	her	has	number	first	now	come	take	live	thing	think	before	same
is	on	at	had	were	use	their	many	would	look	no	water	find	made	only	me	our	say	line	tell

苏在程序中插入图片并把它们打印出来放在架子上。以下是苏张贴在教室周围的部分程序：

洗手的程序

1. 打开水龙头
2. 喷一次洗手液
3. 冲洗双手
4. 按两次按钮取得擦手纸巾
5. 关闭水龙头并将用过的纸巾丢入垃圾桶

餐厅使用程序

1. 请低声讲话
2. 保持餐桌区域干净
3. 不要离开自己的座位
4. 如果需要帮助，请举手

铅笔刀使用程序

1. 把铅笔放入铅笔刀
2. 数到5
3. 回到自己的座位上

早间程序

1. 走进教室
2. 完成“午餐盒”程序
3. 将资料夹放在放在邮箱里
4. 向两位朋友说”Hi“
5. 坐到座位上，保持安静
6. 开始学习

铅笔更换程序

1. 将一支用钝的铅笔放在白色的筐里
2. 从绿色的筐里取一支削尖的铅笔
3. 回到座位上

将程序写在纸上

珍妮特·魏恩贝格（Jeanette Weinberg）在弗吉尼亚州的约克城任教，在第二学年结束后被选为“年度优秀教师”。她把程序写在纸上卷成卷放在柜子里以备使用。每当需要给学生重复讲解或复习这些程序时，她就会从柜子里把写有相关程序的纸卷拿出来使用。

将程序贴在墙上

有些教师将程序贴在墙上或公告栏中作为一种温和的日常提示。在必要的时候，教师会向学生指明在课上应该怎么做。

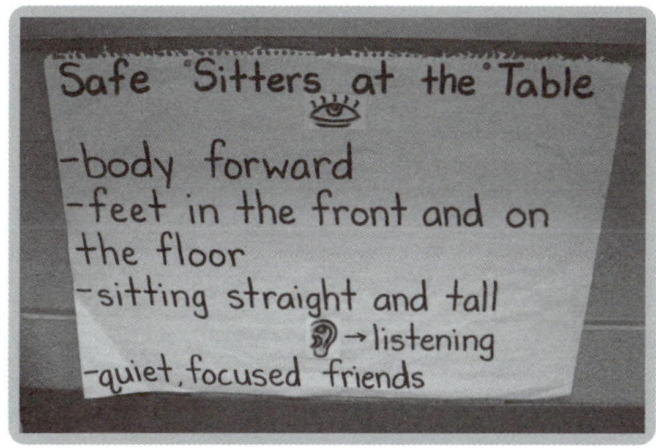

程序之歌

艾利克斯·梶谷（Alex Kajitani）曾是2009年全国四大杰出教师之一。他把自己的能力归功于能帮助学生们学会和实现有效的课堂管理策略。

艾利克斯是一名非常杰出的数学教师。他用RAP（说唱）来教授数学概念。“数学RAP”

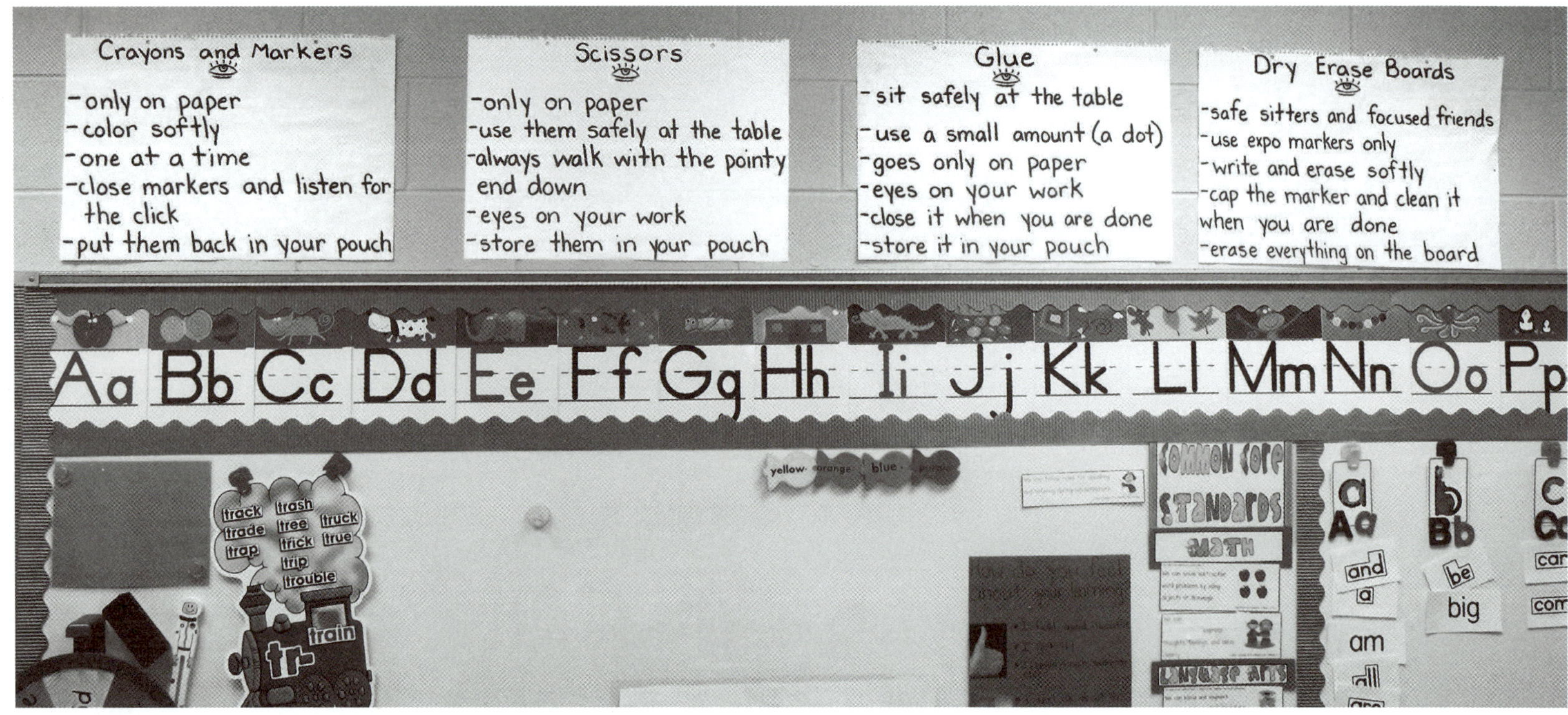

❑ 克利斯登·韦斯（Kristen Wiss）把程序挂出来以提醒学生们在课堂上每天都应该做什么。

的效果非常明显是因为它使学生感觉学习数学很“酷”。因为他的学生喜欢RAP，他也把教学程序写成RAP来教授，他称之为“惯例旋律”。

每天在课堂上都会练习这首歌，只用几天时间学生们就能记住，就象是RAP歌曲一样。

艾利克斯说他的“惯例旋律”很大程度上增加了课堂任务时间和产出。一旦有学生不能履行程序，其他同学就会从“惯例旋律”中引经据典提醒做错的学生该怎样做。一首首RAP变成了艾利克斯帮助学生自我纠正和节省课堂时间的管理工具。

有一天他正要走进教室，听到一个同学正在跟另外一位同学聊天：“嘿，我们每天在这个课堂上都做一样的事。”艾利克斯听后非常得意并露出了满意的微笑。他知道自己的学生们已经把课堂程序记得滚瓜烂熟。课堂程序已经变成了学生们的日常习惯。

PPT 中的程序

莎拉·乔达尔用PPT来展示她的课堂管理计划。为了便于学生理解，她让学生志愿者上台帮忙示范课堂程序。这能使她的学生知道每一个步骤看起来和听起来是什么样子。

为了加深学生对程序的记忆，莎拉把每条课堂程序都概括成短句，她称之为“程序简介”。这一摞“程序简介”上面都打了三个孔，这样便于学生将其放入活页夹中。开学第一周，学生们找到这包“程序简介”，以便在使用前对所选程序有个初步了解。

教室外排队程序

学生在课间、午餐后都需要在教室外排队进入，他们应学会有礼貌、有秩序地排队，不能出现四处乱跑、推推搡搡或不按规矩排队的情况。他们需要整齐地排成一列等候进入教室。

热身作业程序

每天早上，当学生们把他们的“考勤星”放到规定的篮子里后，

说唱“程序之歌”

哦耶，抬头看看几点，
又到了我们“每日惯例”的时间。
我知道该做什么，每件事，每一天，
又来到梶谷老师的课堂，我们要照他说的去办。

第一声铃响，我走进教室，安安静静，
老师站在门口，笑脸相迎。

铅笔已经削好，笔记本已经放平，
我知道这是程序，我应该履行。

第二声铃响，我准时坐在座位上，
准备好一天的学习，IQ值要飙升。

从热身练习开始；看看桌上的作业，
老师已经批改完，他对此印象深刻。
他举起双手示意全班安静，
没人说话，耶，你可别想犯错。

铅笔已经削好，笔记本已经放平，
我知道这是程序，我应该履行。
我说铅笔已经削好，笔记本已经放平，
我知道这是程序，我应该履行。

热身，作业，记笔记；
如果觉得困惑，举起手来问问题。
记完笔记，做活动练习；
呦，这是“程序之歌”，我从不怀疑。

还剩两分钟就要下课，我该收拾了。
地板上的垃圾；呦，要捡起来。
第一声铃响，梶谷说“Goodbye。”
当你知道了程序，时间过得飞快！

铅笔已经削好，笔记本已经放平，
我知道这是程序，我应该履行。
我说铅笔已经削好，笔记本已经放平，
我知道这是程序，我应该履行。

我们明天再见！

艾利克斯·梶谷

7 跟艾利克斯·梶谷一起唱“程序之歌”并从歌中查找相关程序。

就应坐到座位上开始安静地进行课前热身作业。学生应该安静独立地完成，之后交给老师进行批改。学生做热身作业时，教师要检查出勤情况、查看家长送来的便条及其他管理工作。

莎拉与学生共同阅读，讨论这些程序，并指出每一个程序中什么可以做，什么不可以做，这些步骤加深了学生们对莎拉全年的课堂运作计划的理解。

高效能教师擅长随机应变

这几位来自弗吉尼亚州的体育老师不在传统的教室里上课。他们没有PPT，告示板，也没有墙壁来张贴任何东西，他们更不善于编RAP，但他们同样有创造性地向他们的学生展示程序。他们把程序做成活动挂图摆在在体育馆地板上。当学生们走进体育馆，他们就看到挂图上的欢迎词和指示：换上运动服然后开始走步。

高效能教师并不机械地袭用其他人的计划和程序。**他们是思考者，善于从随机应变中取得成功。**

使用适合你的课堂和学生风格的格式做一份你自己的课堂管理计划，使之适应你独一无二的环境。

我每天都哭泣

我是一月份开始工作的。我替一个老师代课，他寒假后再也没回来上班。我从没走进过那样的课堂，没有一个学生在学习。

简直太乱了！完全没有条理或规章。前任老师允许学生们肆意妄为，学生们在周五练瑜伽，每人可以喝两升苏达水，还可以嚼糖果和零食。

我母亲也是一个老师，她告诉我必须要制定计划，并强调准备计划的重要性。第一天，我浏览了我的程序并进行了彩排。学生们当时象看傻瓜一样看着我。

我一直沿用这个程序，直到四月份终于看到了一些改观。在那个阶段，学生们使出浑身解数，甚至给校长写了请愿书要求开除我。我告诉他们我决不放弃，尽管每天放学后我都偷偷的哭。

最后，在那一学年结束时，一些最顽劣的学生也感谢并紧紧拥抱了我。如果我没能理解程序的真谛，我今天根本不可能还能站在讲台上教书。

霍利·博内西 ■ 坦佩，亚利桑那州

8　莎拉提供的信息正是很多课堂中讲授的基本程序。

用 PPT 制作一份计划

教师是幻灯片的演示者，而非幻灯片本身。

PPT 能够促进沟通

PPT是一种软件程序，教师们通常用它将教学内容视觉化以辅助教学。一个PPT文件包括一系列文本、图片、视频、动画或音频的幻灯片。幻灯片通过投影仪或放映机等工具演示出来，相关信息随着幻灯片的播放逐页显示。

用PPT演示的目的不仅仅是为了播放幻灯片。更重要的是为了强化你讲授的内容，为了达成这一目的，幻灯片必须有效传达某一信息或任务。

幻灯片一定要简洁，并能帮助学生理解你所要讲授的内容。有效的幻灯片对你所表达的内容有辅助作用。学生们要么看你的PPT要么听你讲，他们不能一心二用，两者同时进行。设计糟糕的幻灯片要么是文字太多，要么设计太复杂，这会引起学生们的困惑，无法集中精力听讲。

幻灯片中应该填进你想说的话，**但不能只是照本宣科。**如果你的幻灯片文字冗长，你在学生眼里就会是只嗡嗡叫的大蜜蜂，没人会听你的。你的幻灯片应该用来强化你所讲的内容，学生的注意力应该始终都在你身上。**幻灯片并不是老师，你才是老师。**

❑ 只有一张图片和寥寥数语的幻灯片更适合传递信息。

避免内容拥挤

记得当年投影胶片曾风靡一时吗？教师和演讲者把页面写满文字打到投影屏幕上。很不幸，这种做法被移植到了PPT演示上——幻灯片上全是文字连白底都看不到。

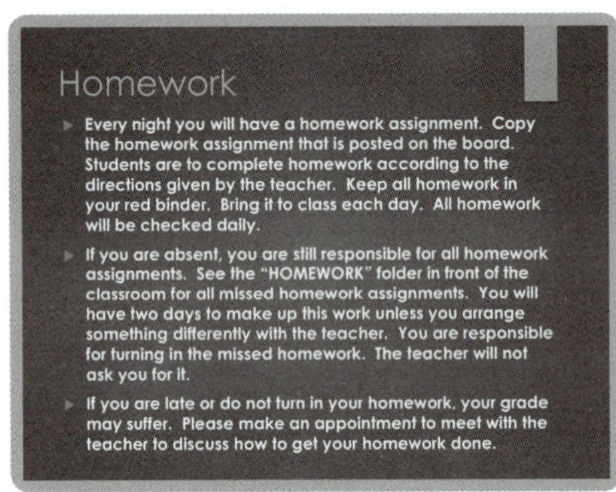

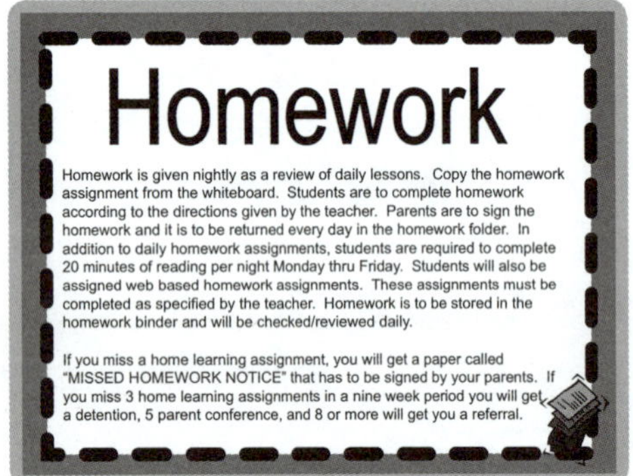

❑ 不留空白、拥挤的幻灯片会把观众吓到。

当代的学生不是生活在以文字为基础的时代。这些学生被有着艳丽图象和诱人声音的多媒体所包围。当你在创作PPT时，要进行形象化的思考。

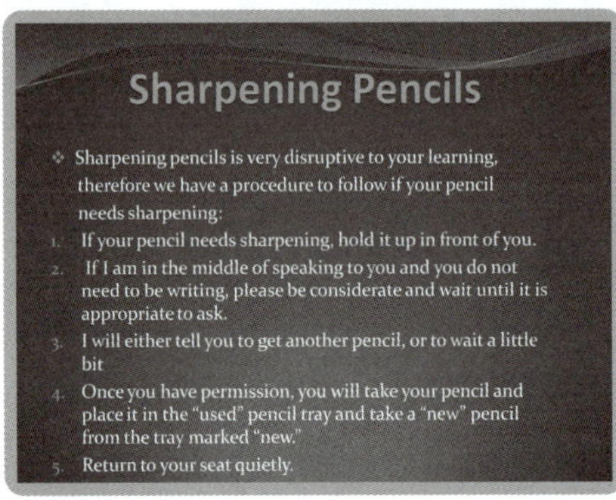

❑ 左边是一张冗长拥挤的幻灯片，右边是改进后的幻灯片，表达的意思是一样的。

屏幕是一个可视媒体，人们看电视是为了看到图像而不是为了阅读文字。要把PPT的空间看成是视觉媒体而不是以文字为主的页面。

避免文字过多和拥挤的幻灯页面，要注意以下几点：

1. 开门见山
2. 用某些手段渲染一下重要内容
3. 尽量保持简单

一张好的幻灯片具备哪些特点

一张好的幻灯片有以下特点：

1. 语言尽量简洁
2. 图片要为主题服务
3. 文字和图片能够提升你的讲解效果

文字过多的幻灯片将降低其视觉辅助的作用。如果你的幻灯片里都是长长的句子，学生们会在你开始讲解之前就读完了；而你也有可能由于要读这些句子而长时间背对学生，使师生之间无法同步。你也因此失去了与学生互动的机会。

如果你想要采取朗读的方式，那就不必使用幻灯片了，直接给学生发放复印件效果会更好。如果幻灯片中内容很多且容易理解，那这就不是一张幻灯片了，而是一份文件。直接把文件复印后发给学生就可以，何必大费周章用投影展示呢？

指向句子的开头

当你演示幻灯片的内容时，要指向句子的开头。你要时刻记着我们班里有很多孩子正在学习英文，他们的母语有可能是从右往左念的。

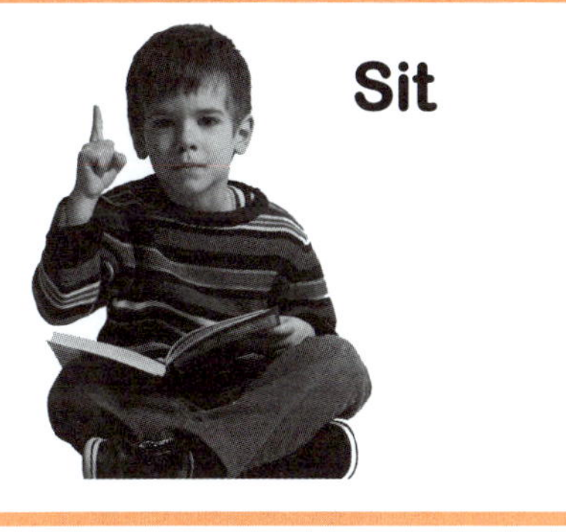

❑ 一张图片胜过千言万语，在表达意图时图片往往比语言更加有效。

失败的PPT

一个失败的PPT可能存在下列致命错误：

1. 有复杂的图表
2. 有各种电子表格
3. 使用过多分散精力的动画
4. 使用过多项目编号
5. 文字拥挤
6. 讲解时，逐句朗读

合理的字数

字数越少越好。有时候，一句话甚至一个字都是多余的。

考虑如何使用图片进行视觉描述。教师可以把有关“就坐”程序的幻灯片设计得非常生动、有效。

幻灯片的中文字字号一定要不小于30号。每张幻灯片不超过四个句子或短语是最理想的。避免使用过多的项目编号，否则将“败在编号上”。

要有选择性。不要在每张幻灯片上加载过多的信息。如下面的幻灯片“我们的早间惯例”，学生在看到这张幻灯片后可能会去读上面的文字而不听教师讲解。究竟学生是否掌握了这一程序，教师也无从知晓。

相同的信息可以用相对更容易理解的形式分享给学生们。每一行对应程序的一个步骤。教师可以使用这样的PPT来辅助程序的教学。

将文本间隔开

与其让一页PPT上到处充满冗长的项目编号或很多要点，不如考虑添加动画将标题或内容逐条显示。

关于动画的使用方式目前存在两种不同的观点。一部分人认为最好“让幻灯片的内容一次性出现——让观众对整体先有个了解”；这些人在演示文稿时通常喜欢参考前一页的内容，进而说明各项内容之间的关系。

Our Morning Routine

- Enter the classroom quietly and find your seat (with your name tag).
- Immediately take out the homework materials from the night before, which are listed on the whiteboard, and have your homework out and ready to be checked.
- Quietly begin the morning bellwork. (Do this in your yellow spiral notebooks.)
- If you complete your bellwork, you may get your group book basket and silently read.
- During bellwork your group will be excused to put your backpacks in your cubbies and complete the attendance/lunch chart.

Our Morning Routine

- Enter quietly.
- Take out homework materials.
- Begin bellwork.
- Complete the attendance/lunch chart.

讲解在前，演示在后

要牢记你是一位教师，你是PPT的演示者。在你讲解之后再用幻灯片演示。

讲解在前
演示在后

通过这种方式，学生就能够在听完您的讲解后观看幻灯片了。当播放幻灯片时，您还可以对所讲主题进一步聚焦或对所讲程序进行排练。

❑“背包和外套要放在教室的固定位置。每个钩子下面都贴有不同学生的姓名。”

❑ 这张幻灯片表达的意思是，“把每门课的作业放在架子的隔板上。”

另一部分人则认为“各项内容逐条出现的效果更好，这样观众可以更加关注你正在讲解的要点。”

瑞克·艾尔特曼（Rick Altman）《为什么大多数PPT都做得很糟糕》（Why Most PowerPoint Presentations SUCK）的作者，比较倾向于一次性呈现整张幻灯片的内容。**然而，在使用项目编号时一定要注意避免一张幻灯片使用过多；句子和短语一定要简洁。**

使用真实的照片

PPT是视觉软件，因此您可以仅用图片来传达您想要传递的信息。

用照片来向学生具体说明某个程序是什么，它有哪些含义，效果非常好。

幻灯片中最佳的视觉资源就在你的教室里。拍一些教室的照片插入幻灯片。学生们在认出自己的同学和教室时会非常兴奋；你也能通过谈论幻灯片中的学生以及你们共同取得的成就建立信任感。

背景和颜色

幻灯片的设计并不在于那些花哨的装饰，而在于能有效地沟通。这意味着你的信息要清晰易懂——尤其是对那些还在学习语言的孩子。

幻灯片的内容过多并不能起到很好的效果。越拥挤就越让人觉得混乱。留出些空白能让观众在视觉上有呼吸的空间并能突出对比。

两种绝佳的背景和色彩方案是白底黑字或黑底白字。明显的黑白对比能让观众把注意力集中在你要讲解的问题上。你要记住一点，颜色影响情绪。黑色代表庄严，白色使人有轻快之感，红色令人兴奋，蓝色给人安静的感觉，绿色则比较温和。

决定你幻灯片效果的并不是背景或颜色，而是你能否简洁地把你的信息传达给观众，知道这点非常重要。

在做幻灯片时，要根据学生的年龄选择不同的色系——低年龄的孩子喜欢鲜艳、令人振奋的颜色。当然，你也可以选择能够体现你个性或不同色系的颜色。比如，一位体育老师在给高中孩子授课的PPT中使用了学校的代表颜色。

在PPT中使用数码照片

在拍摄照片时要保证光线充足。避免面部或主要物体上有阴影。

如果照片太暗或太亮，你可以选中照片并点击工具栏中的“亮度”和“对比度”按钮进行调节。

如果插入的照片尺寸太大，可以通过拖拽照片四角的控制点进行调整；不要拖拽照片的四边，这样会因比例失调而造成照片变形。

使用“裁剪”按钮去掉照片中多余的背景。你可以将裁剪后的照片进行放大，使中心内容更突出。在裁剪照片时你可以拖拽四边，但要小心，这将会去掉照片中的一部分而不是调整其大小。

程序5：
作业上的姓名和学号

1）姓名和学号都贴在了桌子上。

2）把姓名和学号写在作业纸上。

3）开始写作业。

我所不能忍受的事

“我所不能忍受的事是有人把自己的信息放在每张幻灯片上”，《幻灯片：是门学问》（Slide：ology）的作者南希·杜瓦特（Nancy Duarte）说道。

有些老师喜欢把自己的名字放在每张幻灯片上，甚至还加了版权符号。这个做法过于以自我为中心，学生们知道你是谁——我们至少希望他们知道。这会使幻灯片显得异常拥挤——如果你实在觉得有必要，就在PPT首页或最后一页添加上个人信息吧。

避免使用过多动画

PPT中有项功能称为“添加动画”。

演示者可以通过添加动画移动文字、显现主要内容，还可以插入音频和视频。

让幻灯片像小鸟一样舞动或像火箭一样快速飞入确实会很吸引人。然而，幻灯片的任何一个变化都会让学生分心。有自闭症或多动症的孩子在看完这样的幻灯片之后容易变得亢奋不安，要避免过度使用。

你可以这样做：

- ❑ 用不同的颜色强调重要的词或短语
- ❑ 插入一幅图片或视频片段
- ❑ 一页只放一个标题，使所讲内容更容易被理解

千万不要试图炫耀你的PPT技巧，使用不恰当的动画通常会：

- ❑ 毫无价值、漫无目的
- ❑ 让学生分心
- ❑ 让学生感到吃惊

提升你的PPT使用效果

无线翻页笔可以让你在教室的任何位置为PPT翻页。在电商那里有不同品牌的货品售卖。这种设备可以使你在班上来回走动，随心所欲地切换幻灯片。

如果你不熟悉翻页笔的使用方法，切换幻灯片可能会影响学生听课。

- ❑ 如果你需要不断转过身去进行翻页，学生的注意力会从幻灯片转移到你身上。
- ❑ 你寻找按钮或图标想翻到下一页，也会影响他们的注意力。
- ❑ 避免打断已经和学生建立的沟通转而去专注软件本身。

专业的演讲者总是在自己和观众间放一个视频监视器，这样方便演讲者自己把注意力集中到观众身上。电脑显示器也要同样摆放。把显示器放在你和学生之间，或者把它放在你眼角余光能看到的地方。要对你的演示了然于胸，不要把电脑屏幕当拐棍。如果你对演示并不太熟，花点时间提前彩排。

在演示期间，要小心用翻页笔点击翻页。要一直拿着翻页笔，这样你就不用去找它。专注于你的学生，你的学生同样也会专注于你。

把概念付诸行动

斯蒂芬妮·斯托比是2012年的德克萨斯州年度优秀教师，在德克萨斯朗德罗克教书。她使用PPT演示文稿和学生们分享她的课堂程序。像其他高效能教师一样，她也一直寻求改进的技巧和方法，以便能更大程度地对她的学生施加影响。斯蒂芬妮根据我们的建议重新加工了她的PPT。她说“这令我非常高兴，PPT对孩子们来说更清晰简洁了！”

下面这些是她之前的PPT和改进之后的PPT对比。

看一看他人分享的更多幻灯片。

认真组织你需要演示的幻灯片

你在开学第一天需要演示的PPT至少要有五项基本内容。每项内容至少要用一页幻灯片来说明。

1. 自我介绍并以热切的期望欢迎学生们的到来。
2. 对班级情况进行简要介绍。
3. 解释什么叫做“程序”。
4. 每一条程序用一页幻灯片说明。
5. 最后用一页幻灯片写上你对学生殷切的期望。

1. 自我介绍并以热切的期望欢迎学生们的到来。

欢迎来到尼尔森太太
三年级教室！
在这里你每天都会开启
新的冒险，
每天都会有新发现！

2. 对班级情况进行简要介绍

3.解释什么叫做“程序”。

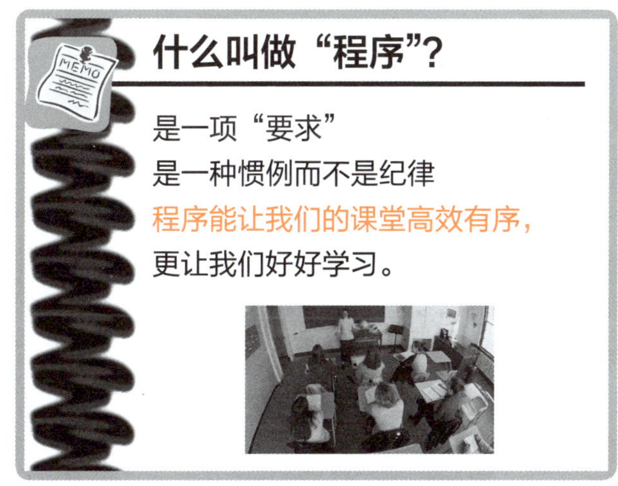

4. 为每个程序准备一张幻灯片。

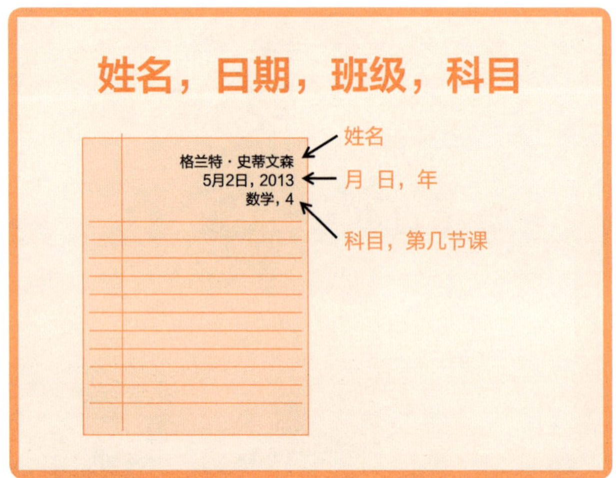

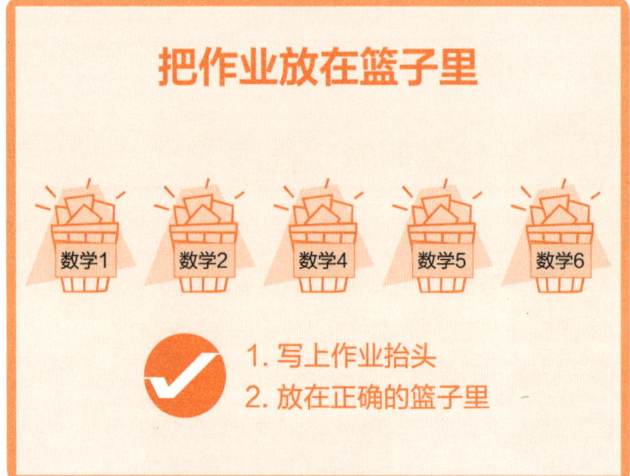

5. 用一张幻灯片写上你的期望。

请记住：

我相信大家的潜力，

也希望你们自己也相信这一点！

祝愿大家度过非常美妙的一年！

贝利太太

10 了解一下凯伦·罗杰斯在为学生介绍完课堂管理计划后是如何检查学生的理解程度的。

PPT帮了我的忙！

我的PPT给学生留下了第一印象，使他们感到了我的真诚以及课堂管理的专业性。

PPT使我变得有条理，我知道需要为开学第一天做哪些准备。它使我准备时保持专注并帮助我将实施计划进行核查。

计划和程序使我们有了毫无意外的良好开端。学生们在每天踏入教室时，也希望知道具体该做什么。

凯西·特雷尔 ▪ 埃尔多拉多，堪萨斯州

从“勇士”到高效能教师

卡其姆·西切克（Kazim Cicek）把教师生涯前三年的自己称为“勇士”——学生打他，他也打学生。他差点因此而退出教学生涯。

卡其姆说，在职前培训时，“我从未听过‘课堂管理’或‘程序’的概念”。幸运的是，在第四年初，他从一张传单上看到“如何成为一名高效成功的教师”研讨会的广告。他当时琢磨，反正这研讨会去了也不会损失什么；而且他当时在跟学生的战斗中正处于劣势。

研讨会上，当卡其姆听我们讲到“课堂管理”这一主题时，感觉顿悟了。

卡其姆回到家花了四天的时间做了自己的课堂管理计划。这个计划基于他在研讨会上学到的案例，他准备在开学第一天试试效果。

课堂管理计划拯救了他的教学生涯。现如今，卡其姆已经是有着十年教学经验、快乐、成功的教育者了。

我们把卡其姆的课堂管理计划分享给全世界的教育者们。这有可能是世界上被复制次数最多的PPT了。

数年后，在我们的敦促下，卡其姆对原有PPT进行了修改，减少了文字、增加了他学生的照片。

他两个版本的PPT有着相同的内容。重新设计的目的在于让学生把注意力从幻灯片上转移到教师身上。

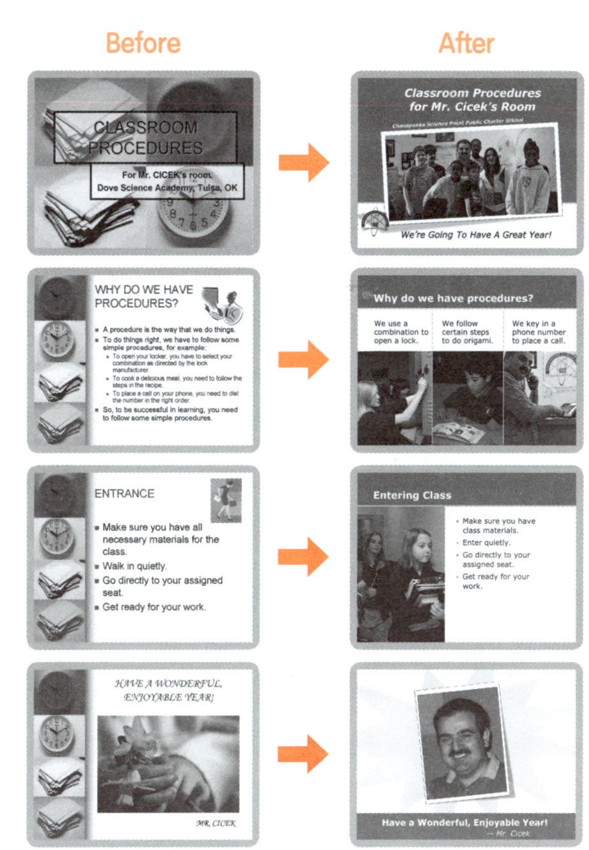

如何进行程序教学

关于程序的教学方式也有章可循。

一定要将程序付诸实践

高效能教师有一套详实的课堂管理计划和日常例程。**管理良好、运转顺利的课堂取决于教师讲授程序的能力。**程序能为学生的学习提供高效、有序的环境。

我们可以通过以下步骤创设一个安全、有序、高效的班级：

1. 为每项课堂活动设计一套程序。
2. 在教授程序时使用三步法。
3. 不断练习，使程序成为惯例。

❏ 尼基·莱罗塞（Nikki LeRose）是印第安纳州韦恩堡的一位职前教师，她的学生在展示他们对程序的喜爱。

如果讲授课堂程序如此简单——正如本书将提到的那些案例那样——那么为何还有很多老师还是会在课堂上一蹶不振呢？

我们经常听老师们抱怨，“我告诉学生们怎么做了，说了一遍又一遍。但是我这些学生就是不听话。”

解决方法很简单：程序是需要练习的

比如，在讲授紧急情况程序时，仅仅告诉学生怎么做是远远不够的。

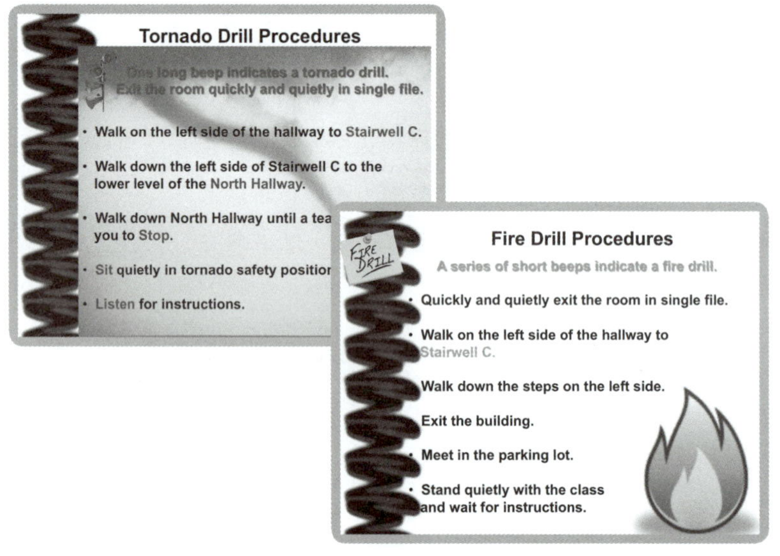

❏ 奥瑞莎·弗古森（Oretha Ferguson）在学生开始进行实际演习前，将紧急程序简要地写在PPT上。

需要让他们进行练习。这就是为什么我们要细分为消防演习、遇袭紧急演习、飓风演习等。

仅告诉学生做什么是远远不够的。这也是很多家长抱怨孩子不听话的原因，无论他们重复多少遍。他们根本不了解有经验的教练和音乐教师会怎样处理这件事情。

所有的程序都要经过练习

去卡内基音乐厅表演是很多艺人的梦想。当学生们问“怎么才能去卡内基音乐厅表演”的时候，音乐老师们的答案千篇一律：练习、练习、再练习。仅仅重复告诉学生做什么是不起作用的。

去向有经验的教练或音乐教师请教方法吧。教练会先让队员们进行比赛，音乐教师会先让学生们一遍一遍排练歌曲。比赛或音乐会结束后，他们马上又开始练习。

有些教练和音乐教师带领的团队成绩总是很优异，他们能把个人能力一般的队员们组织成一支出色的队伍，赢得各种奖项。他们是怎么做到的？秘诀是：练习、练习、再练习。

同样，一些老师把课堂管理得井井有条，正是因为他们知道程序的讲解和练习方法。因此，学生们在这些老师的激励下能取得不俗的成绩也就不足为怪了。**班级管理成功的要诀在于如何教授程序。**

开学伊始必备知识

一些老师说关于课堂管理的那些章节是《如何成为高效能教师》一书中的核心部分，已经被证明非常有效果。

《卓越课堂管理》中的很多内容都涉及到了开学初的工作。

如要全面了解程序的背景和讲授方式，请参阅《如何成为高效能教师》中关于课堂管理的部分。

理论与实践的差别

在理论中，理论和实践没有太大差别。而在实践中，差别明显。

约吉·贝拉（Yogi Berra）■ 史上最好的棒球接球手

讲授课堂管理程序的三个步骤

有些老师未能有效讲授程序的主要原因在于他们仅仅是把程序告知了学生。要教给别人知识，你要示范、解释、举例说明、发起讨论和提问、请学生做展示，然后进行学习效果评价。

关于程序的教学方式也有章可循。所有的程序都可以用三个简单的步骤展开。更重要的是，要一步一步来。“讲解”、“演练”和“强化”是这本书中提到的所有程序的讲授方法。

讲解

- 阐述、解释、示范、演示程序。

演练

- 学生在你的监督下对程序进行排演、练习。

强化

- 再次讲解、演练和强化程序直至学生养成习惯，使之成为惯例。

高效能教师如何使用“三步法”

讲解

为学生解释和示范程序，可以考虑让几个学生对程序进行角色扮演。播放以前班级遵守程序的视频。有些教师会将所选程序设计成小品。

要声情并茂地向学生展示程序。有些学生需要亲身体验一个正确完成程序时的感觉，所以当演示和示范程序的步骤时，要大声宣讲。

不要认为你的学生知道你想让他们做什么或者他们能够自己“领悟”，留出讨论提问和解释说明的时间。

演练

将学生分成小组进行练习，这被称为引导性练习，之后让他们进行自主练习，这被称为独立练习。当学生们练习程序的时候，要对他们进行观察。通过观察来确定他们做得是否正确。

不要提问以避免尴尬，有些学生不会回答类似的问题，诸如“有没有人不知道该怎么做？”

或者，“还有别的问题吗？”

如有程序没有被正确执行，那么就要重来。要谨记程序并非规则。你仅需要做到好的教练和优秀的音乐教师所做的那样——重新比赛或再唱一次。作为一名高效的教师，你需要一遍一遍的排演程序。

学习程序就好比学习一项技能，有一些学生需要大量的练习才能正确和自动的使用这项技能。学生们可能会在以下方面遇到问题：组织，次序，听讲，集中精力。对于这些学生，要让他们一直不断练习直到能正确的演示为止。

强化

在你观察学生练习程序时，要特别留意那些走神的学生和不听指令的学生。你要通过口头通知和肢体演示的方式告诉他们你希望他们怎么做。通过提示和鼓励引导他们。如果学生第一次未能领会程序，应避免表现出失望的表情。一些学生需要比别人更多的练习。高效能的老师很有耐心，并且了解通过多次讲授来达到强化效果的必要性。

要对认真按步骤学习程序的学生予以表扬。要对学生的具体行为或做法予以肯定，而不仅仅是给予泛泛的表扬。让学生知道他们具体什么地方做的好。比如，“马文，我看到你进教室后把书包放到了合适的位置，”而不是只说一句“干得不错，马文。”

练习的诀窍

正确练习能有理想收获，
草率行事则草率收场，
不练习则一无所成。

高效能的教师

我们的《如何成为高效能教师》一书中记录了如何使用“三步法”的程序。参考阅读《如何成为高效能教师》的178页。

如果学生不执行程序怎么办

在你讲授程序的时候，学生不按你说的做怎么办？还没轮到他们发言就开口提出他们的看法怎么办？

这个问题最常见的解决办法就是：

所有的程序都要进行练习

这就是有些教师未能成功建立程序的主要原因。他们只是告诉学生做什么，而不继续进行第二步和第三步（演练和强化）。一旦你因未进行后

练习

我们表现最好，做得最完美的工作就是我们经过长久练习，了解最透彻的工作。

梭罗 ▪ 美国作家诗人哲学家

程序

对成功的规划

演练和强化

学生到来之前精心组织

不需要任何花费

会为将来教与学赢得额外时间

别等到明年；现在就开始

将在学生的生命中写下重要一笔

多加练习

将造就充满良好学习气氛的班级

程序起到作用，成功将属于你

两步而失败，那么还有两个选择：

1. 变换程序步骤，重新讲授
2. 将程序变成规定

如果将程序变成规定，你还要想出违反规定的惩戒措施。这个办法一定要慎用，否则你将花大力气去监督违规和服从情况，而不是跟学生一起为学习程序共同努力。

强调设立班级程序的目的是为了让每位同学都知道该做什么。学生们不喜欢过多意外或被蒙在鼓里。有了程序，学生们就拥有了阳光、安全、稳定的学习环境。

如果有学生拒绝执行程序，千万不要大声指责，否则效果会更糟。要沉着有耐心。

告诉学生程序不是规定。即便不按程序行事也不会受罚。可以问学生“你做过兼职工作吗？跟我说说你工作中的一件事吧。有没有什么程序让你很好地完成了工作？”

如果该学生没有做过兼职，那就让学生告诉你打开衣帽柜的程序吧。

如果你的学校没有衣帽柜，那么就问学生“你拨过电话吗？想跟对方通话时，你都需要怎么做呢？”

用学生自己的答案来证明程序不是命令——它们是为完成某个任务所需的步骤。

纪律是有对抗性的。**程序不具备对抗性并能让你把精力集中在如何让学生更好地学习以取得学业成功上。**

11 读一下这个简单的对话，了解教师在讲授程序时使用的词汇。

如何表扬

有一位特需教师，班上有一些患有自闭症的学生，她极为关心学生，课堂却一团糟，她说不知道究竟是哪里出现了问题。她认为自己从不吝啬赞扬，每次都会说“做得不错！”。然而，每次在她“表扬”完某个学生之后，班上的其他同学都会不断重复“做得不错，做得不错，做得不错”。这位老师不得不一次又一次让班级安静下来，让学生重新回到学习中。

要避免使用这些一般表扬性的、不包含任何个性差异的课堂用语，比如“干得不错”，“好孩子”，“做得漂亮”。当孩子们听到这些词的时候，他们不知道老师究竟想表扬谁。

其实对学生做出肯定还有更加有效的办法，在本书中，你将看到很多“正面肯定”的说法。“对学生的做法表示感谢和认可”，并且“肯定其作为”（可以参考《如何成为高效能教师》这本书中提到的“表扬和鼓励学生的做法”。这部分是芭芭拉·克罗鲁索（Barbara Coloroso）和卡罗尔·维克（Carol Dweck）所写。

当你肯定一个做法的时候，学生就会明白你在具体指哪项任务或行为。你是在肯定他们的成绩，鼓励他们恰当的行为。

“安琪拉，你把所有的单词都拼对了，我知道你还能再做一次。”表扬的同时要报以微笑并等待学生的回应。在学生再次完成任务后，对她说“谢谢”，如果可能的话，去拍一拍学生的后背或者击掌祝贺。

“同学们，感谢大家轻手轻脚走路，不打扰其他班级上课。”

我不在教室，课堂秩序井然

特里·舒尔茨（Terri Schultz），俄亥俄州自由镇区的一位教师，她经历了让每位教师都会脊柱发凉的教学事故——代课老师没有按时来上课。幸运的是，特里也体验了每位老师都渴望的情景——在没有任何老师的教室，课堂秩序依旧。

“课堂程序在我的班上产生了效果，让我在学生、家长、领导和同事面前感觉更自信。有一天我生病了，第二天要在家休息，因此找了一位代课老师替我上课。然而，我的学生们去上第一节课的时候，代课老师并没有到。

学生们把惯例作业拿出来开始做。当大部分学生完成后，一位学生走到教室前面，拿出‘参考答案’带领大家把正确答案过了一遍。之后，该学生按照课程表的安排让同学们拿出语法作业，并带领同学们核对了答案。

这节课又过了20分钟，仍然没有教师到场。这位自我委任的学生代表写了一张通行条给另一位同学，让他去办公室查看一下教师的情况。

当办公室的老师得知这件事后，非常紧张不安。校长随那位学生亲自跑到我的班上。他后来告诉我，当他进入教室时，学生们在一位“领导”的带领下整齐地坐在座位上学习那节课的语法。校长找那位学生要来替代教学计划，并准备离开教室。

那位学生却说，校长先生，您能把教学计划还给我吗？我还没有讲完呢。

程序和组织管理让我和学生更加明确了自己的权利。我们都清楚地知道该做什么。自从使用程序后，从未出现过学生不满等问题。”

开学第一天和之后每一天如何开始

教师的问候能产生积极的班级气氛并能够提高学生的参与程度。

每天问候学生

你的课堂管理计划已经准备好，PPT已经做完，座位也已经安排就绪。你怀揣小鹿满怀期许地站在那里，新的一学年即将到来。给学生形成第一印象的时间只需要7～17秒，因此，你做什么、怎么做至关重要。

站在教室的门口向每位学生打招呼。面带笑容，伸手示意的同时，要充满真诚和自信地迎接他们，“欢迎你来到我们班！”一学年中每天都要这样。

你的微笑、握手、温暖的问候可能会成为学生一天中唯一的积极互动。你每天跟学生打招呼拉近了和学生的距离，你也会更加关爱他们。

表达问候和被他人问候是一项生活技能。在你拜访朋友、客户、登机、进入宗教场所、看医生等场合都会收到他人的问候。问候是对未来的自然铺垫，为接下来的事情做好准备。

学生们在进入教学楼和教室时收到的问候会让他们在一整天乃至一整年都充满希望。

在充满问候的学校，那些死规矩和强制性措施越来越少，更重要的是，学生们更加专注于学习。

❑ 这是高中教师凯伦·罗杰斯（Karen Rogers）在迎接学生时，教室走廊的布置。

❑ 在德克萨斯州爱丁堡的罗伯特维拉高中门厅的入口处，悬挂着“走过这个大厅你们就是世界上最优秀的学生与老师”的标语。

迎宾小领导

在纽约**斯塔滕岛公民领导学校**，当小学二年级的学生进入教室的时候，他们看到一位老师和一位同学在向他们打招呼。

每天都有一位同学和老师共同迎接大家的到来。

洛丽塔·安德森（Loreta Anderson）是一位幼儿园教师，她说每学年伊始，每个班的主管教师都会找一个学生作为当月的“迎宾小领导”。老师们为选出来的孩子们示范“迎宾小领导程序”。老师们通过跟“小领导”们握手欢迎他们来到学校来示范该程序。之后再由“小领导”们做展示，并在接下来的欢迎活动中不断加深理解，进一步改正不足。

随后当同学们开始陆续进入教室时，老师与“小领导”站在门口，并伸出右手与进门的同学分别握手，并问候“早上好！”

关于问候学生的研究

肯塔基大学的R. 艾伦·奥戴（R. Allan Allday）对他在《如何成为高效能教师》中读到的门口问候技巧进行了两项研究：

1.教师问候对学生学习注意力的影响

2.教师问候学生对学生参与当前任务速度的提高

两项研究均中，观察者均在一段时间内记录了学生的学习注意力是否集中。

在有老师在门口问候的班级，学生的参与程度从45%提高到72%。学生们都开始完成当前的学习任务，未出现任何纪律问题。

在第二项研究中，收到门口问候的学生与未收到问候的学生相比，能更快参与当前学习任务。

艾伦·奥戴说，在他大学所教授的课堂管理课上，他首要的任务是改变教师的行为，因为教师的行为（是课堂上最难改变的）会直接影响到学生的行为。

收到问候的学生也回答道“早上好！”

这个程序要在开学之初就建立，并一致至整个学年。每个月的“迎宾小领导”都要进行轮换。

成功的信念

布罗克顿高中有4200名学生，是马萨诸塞州最大的高中，也是全美规模最大的高中之一。校园内有九座教学楼，大小相当于一艘航空母舰。然而这所学校的学生都感到非常舒心愉悦，因为他们每天早上都会得到问候。

校长苏珊·扎肖维兹和一位老师每天早上会守在学校的四个入口中的一个迎接学生，数年来一直坚持这样做。她所在的学校，曾被《波士顿环球报》评为学业成绩最差的高中之一，有着高达33%的辍学率。然而，如今这所学校已经摇身变为拥有97%升学率的全国知名高中。

苏珊·扎肖维兹（Susan Szachowicz）校长和查尔斯·罗素（Charles Russull）老师站在门口准备为来上学的孩子们送上问候。

布罗克顿曾将“每个学生都有失败的权利”作为其学校文化，学生也因此而屡遭失败。现如今，其学校文化变成了“每个学生都有权利取得成功”。当学生们每天迈进校门、收到问候的同时，也被这种文化影响着。

欢迎走进你的未来

戴瑞尔·克拉克（Darrell Cluck）是路易斯安娜州门罗市的一位中学教师，他在迎接学生进入教室时会说，“欢迎来到我们班，欢迎走进你的未来”。他也请学生每月轮流站在门口迎接同学，他的班级气氛欢乐友好，很少出现纪律问题。

一则古老的犹太名言

当你用温暖的笑容和友好的言语向他人送去内心的问候时，
他世界里的一切变得很美，
哪怕只是一瞬间。
他会拥有一种存在感，
他存在于这个宇宙中，有人认可，有人肯定。
有人关心他。

戴瑞尔每天热情地欢迎学生的到来。

相互需要

当我们寻求相互联系时，我们重新使世界变得完整。当我们发现彼此之间有多么重要的时候，我们看似分别的生命从此变得有意义。

玛格丽特·惠特利（Margaret Wheatley）■ 美国作家　管理咨询师

学生们都面带微笑，因为他们获得了安全感，可以在充满信任和尊重的气氛中互动、学习。

每个班，每一天

在北卡罗莱纳州罗利市的**库姆斯中学**，一位学生每天都会跟老师一起站在门口迎接同学们的到来。同学们每周轮流上岗，老师会教他们如何问候、如何握手、如何回应。这个传统已经在库姆斯中学稳定下来，每一个班，每一天，年复一年。库姆斯中学一度是所在学区最差的学校。现在它以优秀的学术和个人领导能力而闻名。这一切都是从每天每堂课的问候开始的。

一个问候表达了“我非常高兴你来到这里”。

你的影响

有些学生没有吃早餐就出门了，也有的是忍受家庭的不和谐或穿越邻近小混混们的地盘，受够了他们在街头或公交车上的欺负，然后再经过学校的金属探测器走进学校。

你是不是那种不按时到岗，疏于管理自己和自己的课程，让学生们眼巴巴干等你开始上课的那种老师？你的手忙脚乱就为学生们能学到什么定下了大的基调。

或者你是一位有条理的教师，已经为学生准备了学习内容和活动，让他们一进教室就能参与其中？亦或是在早晨迎接学生时，是一位充满关爱、冷静、沉稳的老师？你的沉着坚定已为接下来的事情定好了基调。

你可能是学生在人生中遇到的第一位成熟、可靠的成年人。

你可能成为指引他们走向灿烂明天的灯塔。

社交媒体的影响

社交媒体缺乏实体上的交流。无论是发微信、点赞、发博客或是加关注，和学生互动的还是一块屏幕，而不是一个能够同情，安慰，关爱他们的人。

高效能教师最突出的特点是和学生保持日常的联系，让学生了解教师可以帮助他们成长。

每天沟通

和学生的日常沟通非常重要，你必须在课堂这个大环境内进行。高效能教师在每堂课上都会和每个学生进行至少一次有意义的互动。他们只需要在正常的教和学的过程中完成上述沟通。

大卫·金斯伯格 ■ 学术督导

12 学生想真正了解你以及这七个问题的答案。

都在“万能袋”里

除了开学第一天在门口迎接学生之外，新墨西哥州阿蒂西亚的金姆·斯克罗金（Kim Scroggin）在每位同学的课桌上准备了一份特殊的欢迎礼物。她精心准备的东西爱心满满，减轻了孩子们的紧张情绪。这一天结束的时候，孩子们就会知道他们的老师是和善、可以信赖的。

学生们的课桌已经为开学第一天做好了准备。每个学生的姓名和学号已经写在了桌子上方公交车形状的贴纸上。（学生们将在所有的考试、作业中使用该学号。学号都是按顺序排列，因此金姆很容易发现谁没有交作业。）

生日蛋糕形状的贴纸是为数学课上学习绘图的活动准备的，同时也可以了解大家过生日的时间。

桌子上还有一个写有姓名和学号的文件袋，用于存放当天完成的作业。（开学初期过后，学生们将学习如何把作业放到讲台旁边篮筐里的相关程序。）

“猜猜我是谁”是一张折叠好的纸，将用于大家相互认识的活动。（学生们要写出关于自己的三条提示——爱好、假期活动、体育运动、家庭、宠物、电影、书籍——然后把姓名写在纸的背面。把所有写好的纸放在篮子里，每位学生选择一张，向全班念出纸上所写内容，其余的同学猜测这描述的是谁。）

黄色的贴纸“来击个掌吧”用来讲授如何集中注意力的程序。（更多相关内容请参考“新学期刚开始”部分。）

“万能袋”中共有11种物品，它们会引导学生学习如何待人接物。每样物品背后都附有一张纸，上面写明了这样物品的含义。

欢迎你来到新的教室！

“万能袋”里的物品都有特殊的意义哦，试试看吧！

棉球意味着在这间屋子里你会听到关心的话语，会有温暖的感觉。

贴纸是告诉你我们所有的人将在未来的一年里手牵手，互相帮助。

橡皮筋是提醒你要学会拥抱。

硬币的含义是你非常珍贵且与众不同。

星星代表着要保持阳光的心态，努力做到最好。

纸巾是提醒你在别人伤心的时候要学会安慰。

牙签则意味着你要学会从同学和自己身上挑出优点。

创可贴是让你学会治愈朋友和自己受到的感情伤害。

金色的丝线告诉你是友谊使我们心连心。

橡皮意味着我们每个人都会犯错误，知错能改就好。

“救生员”提醒你如果你需要有人倾诉，可以随时来找我。

我们将共同度过美好的一年！

爱你们的

斯克罗金太太

学生们会在开学第一天把“万能袋”中的物品拿出来逐个讨论。当金姆告诉学生们，他们可以充分信赖她和同学们的时候，她跟学生之间的联系已经建立起来了。

程 序

PROCEDURES

程序：开学第一天

程序：适用于学生

程序：适用于教室

程序：适用于教学

程序：适用于有特殊需求的教室

程序：适用于教师

程序 1

创设课堂惯例

通过早间或课堂惯例，学生们将学会自主学习。知道在课堂上做什么的学生将取得学业成就。

1、脱掉外套，锁进柜子或挂起来
2、把书和文具从书包中全取出来
3、穿上鞋套
4、安静的走进教室
5、拿出两支削好的铅笔以及课本
6、把写完的家庭作业上交

解决方案

课堂惯例的建立将会为以后的学习打下基础。

在每天早上是否能成功履行惯例决定了一天的学习效率。

这个程序能创造以下机会：

1. 学生从刚进入教室就被赋与了职责
2. 学生们通过遵守惯例避免了授课时间的浪费
3. 教师也被解放出来可以站在门口迎接学生的到来

背景

惯例是在不需要提醒的状态下自动被执行的一个过程或行动。早间惯例就是要学生们自觉做好上课的准备。要为每节课或每天开始时设立惯例，这样学生们在进课堂的第一时间就开始学习。一节课开始的信号不是上课铃或老师的指令，而是学生们通过自觉执行惯例开始上课。这个过程就像是倒车出库之前要看后视镜一样自然。

准备上课的惯例和准备每天的课程一样重要。学生们开始上课时不再需要时间预热，因为他们在踏进课堂的那一刻就已经准备就绪了。高效能教师用精心准备的计划作为一节课的开始。教师要把握好一天的学习进度，使学生在铃响的最后一刻还处于学习状态。

程序步骤

建立早间或班级惯例。惯例使我们的日常生活变得有规律。可以用一些例子来说明惯例是我们生活中重要的一部分：音乐家和运动员在演奏或比赛前都需要热身。热身能防止受伤、使精力集中，有助于取得更好的表演或比赛成绩。

同样，**学生了解了惯例就能够使他们为一天或一节课的学习做好准备。**

在小学班级，以下是典型的惯例：

- ❑ 安静地走进教室。
- ❑ 脱掉外套并挂好。
- ❑ 把背包或书包里的课本和学习资料拿出来。
- ❑ 准备好两支削好的铅笔、课本和学习资料。
- ❑ 把完成的作业上交。
- ❑ 阅读一天的学习日程。
- ❑ 开始做课前预备作业。

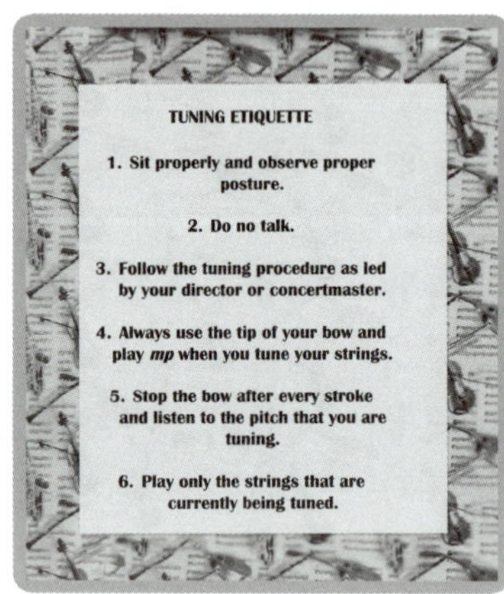

TUNING ETIQUETTE

1. Sit properly and observe proper posture.
2. Do no talk.
3. Follow the tuning procedure as led by your director or concertmaster.
4. Always use the tip of your bow and play *mp* when you tune your strings.
5. Stop the bow after every stroke and listen to the pitch that you are tuning.
6. Play only the strings that are currently being tuned.

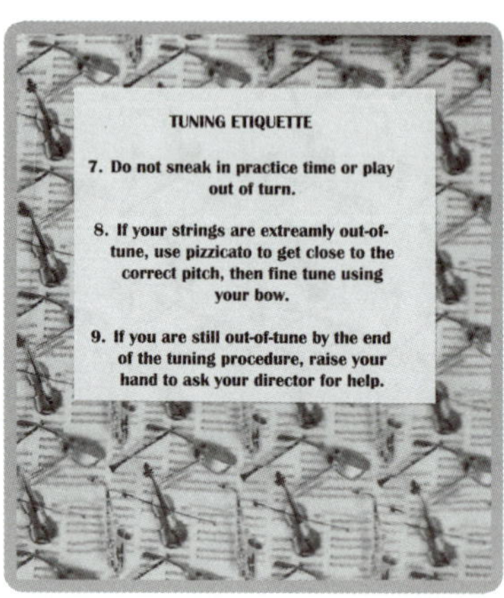

TUNING ETIQUETTE

7. Do not sneak in practice time or play out of turn.
8. If your strings are extreamly out-of-tune, use pizzicato to get close to the correct pitch, then fine tune using your bow.
9. If you are still out-of-tune by the end of the tuning procedure, raise your hand to ask your director for help.

❑ 尼尔的调音惯例常被贴在墙上提醒学生如何做好上课准备。

尼尔·威尔森（Nile Wilson）在她的管弦乐课上给高中生们制定了一系列惯例。

我们的管弦乐课惯例

- ❑ 尽快去取乐器、音乐资料夹和铅笔。
- ❑ 预备铃响时坐到座位上。
- ❑ 在班长的带领下做热身练习。
- ❑ 根据提示给各自的乐器调音。
- ❑ 进行视唱练习。
- ❑ 等待指导教师下一步的指令。

讲解

向学生介绍早间或班级惯例。可以发起讨论帮助他们理解，比如为什么人们在锻炼之前要做拉伸运动，为什么厨师在烹饪菜肴之前要先准备好食材等。告诉学生他们应在每天早晨上课之前做哪些惯例活动为进入学习状态做好准备。

教学生学会独立

让学生尽量学会独立是我很重要的职责。一旦学生自己履行“开始学习”的惯例，我就有足够的时间为那些对前一天所学内容有疑问的学生单独答疑。

瑞尼·托米塔（Renee Tomita）■ 橡树溪，伊利诺伊州

❑ 来自墨西哥科组梅尔岛的教师阿耶萨·康切拉（Ayesa Contrera）每天早晨让学生在正式开始上课前做7项准备。

演练

示范早间惯例是什么，应该怎么做。让学生志愿者示范惯例，并且把每一步具体是什么说出来。

让全班同学走出教室，从走进教室开始，引导他们一步一步练习惯例。对做对的学生给予肯定，做错的学生进行纠正。

强化

第二天，在门口迎接学生的时候提醒他们早间惯例并引导学生开始实践。最好能把惯例贴在教室门口，直到学生都已经熟记于心。

如果学生没能按惯例执行，那么带领全班重新练习一遍，反复练习直至所有学生都熟悉掌握。

早间准备程序

我是纽约州艾斯利普教一年级的一名教师。每天早上学生一进教室就开始了早间准备程序。学生们从书包里取出课本及用品，从文具袋中倒出便签和午餐费等，然后放在信箱下面的筐里。便签放在我的便签筐里。

午餐钱，零食钱或牛奶钱放在相应的筐里，如要孩子们还有闲钱，他们就放进信封里，封好，写上他们的名字并也放在正确的筐里。午餐和零钱都放在后排的柜台上。

背包都放在衣帽钩下面一个大的塑料大桶里。衣帽钩上都标有孩子们的姓名。**如果孩子们遵守了这些程序，他们就不用在放学前的任何时间去翻背包。**

学生们一旦完成上述任务，他们会拿到他们的早间作业，这通常是一张写有简单指令的纸，可以独立完成。学生们可以向他们的同桌寻求帮助并一起安静地完成这些任务。当他们完成这些作业后，可以边阅读边等老师开始上午的课程。

当学生们在做上面的作业的时候，我会安静的查点考勤，然后把考勤交给当天值日助手送到大办公室。助手同时也取回课间牛奶。

值日助手也会选一个助理。值日助手当天做课堂上一切服务性工作，包括跑腿，排队，查日历，读早晨通报，操练字母拼读歌等其他当天任务。**值日助手根据姓名字母表顺序选择。**这样做省去了制作工作清单的时间，学生们有规律地轮流上岗。

校长在这个时候会拿着对讲机过来巡视。学生们会停下手头的工作开始背诵效忠誓言，同时也一并背诵了校训。我们的班训也是根据校训的内容设立的，学生们每天通过背诵强化记忆。

程序和惯例实在是太重要了。很多人不相信年幼的孩子会遵守程序和惯例，**而这点在我的班上得到了证实。**我在晚间见面会上跟家长和监护人也强调，所有的孩子在班里都能够遵守程序和惯例，就像在家里一样。

毛瑞 · 恩康利（Maureen Conley）■ 波西米亚，纽约州

程序 2

日程

公布日程有助于学生了解他们当天的学习任务。这能防止使学生分心的意外情况发生，能使学生和教师都集中注意力，使各个学习活动衔接顺利。

<table>
<tr><td colspan="2">高尔先生
2月28日，星期三</td></tr>
<tr><td>现在要做的事
请在纸上写（要上交）
1. 请写出至今为止我们学过的三个罗马皇帝。
2. 请分别描述这三个皇帝的做法对罗马帝国产生的影响。</td><td>今天的安排
1. 完成当前的任务。
2. 讨论/复习当前的任务。
3. 罗马共和国/帝国韦恩图解（一节课）。
4. 对比美国政府与罗马帝国。</td></tr>
<tr><td colspan="2">今天的目标
比较和对比罗马共和国、罗马帝国和当代美国政府的异同。</td></tr>
</table>

解决方案

学生一进教室你就可以让他们立即进入学习状态。把日程张贴出来能让学生提前了解一天的学习活动安排。学生会清楚地知道将要学到什么、什么时候开始学习、为什么要学这些内容。

这个程序避免了如下问题：

1. 学生因无所事事而在教室里走来走去。
2. 学生不停地问“我们今天要干嘛？”
3. 各项学习活动衔接不顺畅。

背景

教师在开学伊始要建立的最重要的细节是一致性。学生不希望有意外或无序的状况发生。把日程张贴在人人看得到的地方，让学生确切地知道这一天从头至尾将要发生的事情——他们将做什么，什么时候做，以及当天的学习目标和重点关注的内容。

在公司，员工们不需要上司的提示就能开始工作，因为他们知道有哪些任务需要完成。

日程包括一天的课程安排，热身作业和课程目标，让学生明白要学什么、什么时候学及为什么学。看完日程后，学生也就有了学习责任感。

1. 日程让学生变成了自动学习者，他们一进教室就开始进入学习状态。
2. 日程让学生有了自学能力，他们不会再问“我们今天要干什么呢？”这样的问题。

上课铃一响，你的首要任务不再是检查考勤，而是让学生开始学习。

日程由三部分组成。每一部分对增加学生的学习时间都极有帮助。

1. 课程安排

2. 热身作业

3. 学习目标

在拥有惯例和一致性的有序学习环境中，学生们学习的劲头十足。公布出的日程上将一天的科目和活动按照时间顺序排列，教师和学生全天都能以此为参考。这能使各个学习活动衔接顺利，避免教师和学生分散注意力。

如果没有公布日程，学生们在进入教室后会漫无目的地走来走去，直到老师宣布“铃响了，请大家就坐并保持安静。”学生们会很快想到，老师希望他们做的就是“就坐并保持安静”，不久他们就会提出“我们今天要干什么呢？”的疑问。

在制定日程时，你也可以不明确写出每项学习活动具体的开始和结束时间。学生有时候会不停看表，提醒你到时间开始下一项活动了。然而，有时候必须要写上每项活动的起止时间。比如，学生要在特定时间参与的活动，如去图书馆、

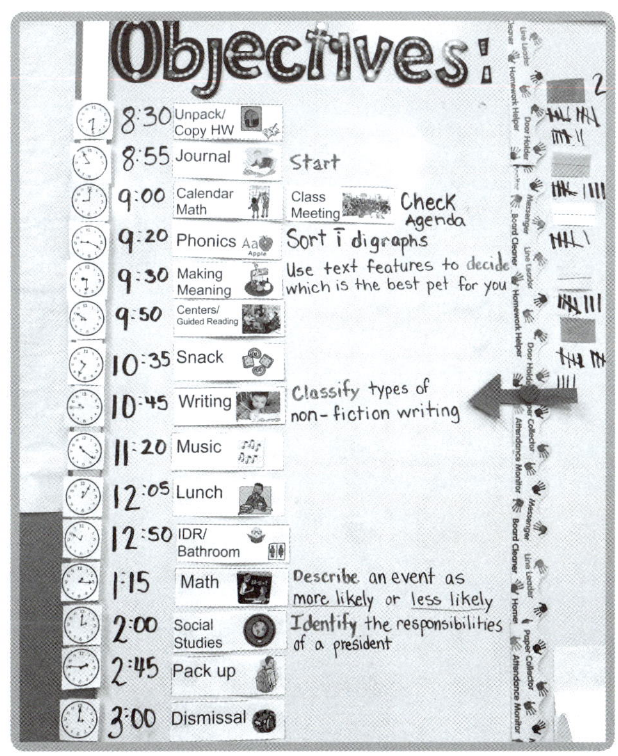

❑ 写日记或默读是老师们让学生进入学习状态时最常用的热身学习活动。

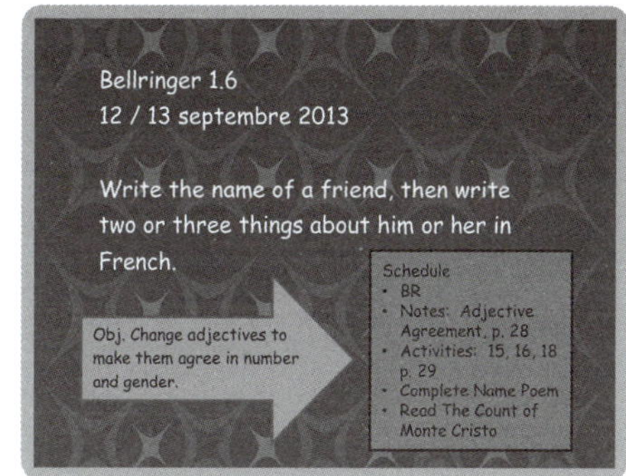

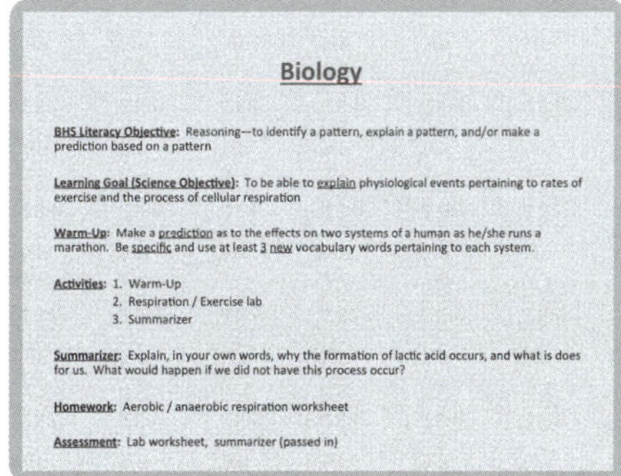

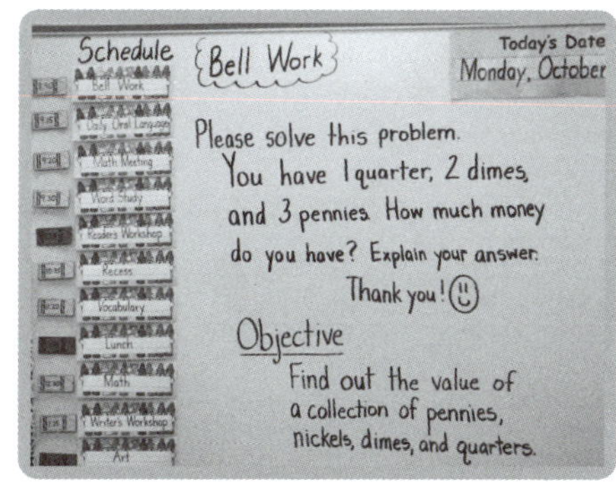

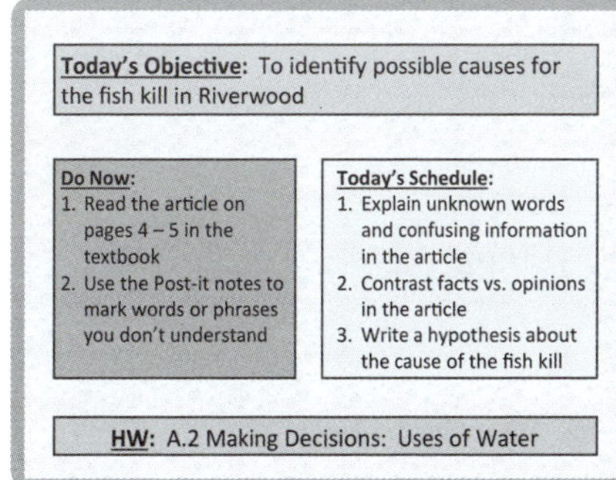

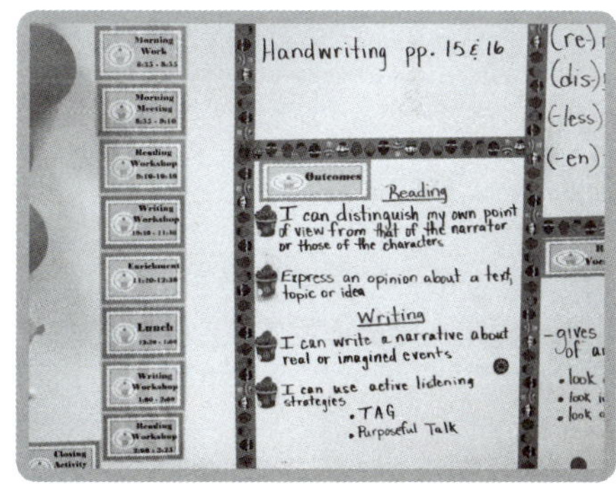

❑ 这些日程的案例分别来自不同的年级，但都有三个共同组成部分：1. 全天或一门课的课程安排；2. 学生一进教室就开始做的热身作业；3. 当天的学习目标

如果在巴特勒太太的班上，我会知道该怎么做

老师们在为一个将被开除的学生开内部会议，这个孩子在过去一年中麻烦不断。校长转过头问那个孩子“我们作为老师还能做些什么你才能有所长进？你不争气，让我们都觉得很失败。我们还能有什么别的办法吗？”

这个孩子看了一眼在座的老师们，说：“如果你们都能像巴特勒太太那样，我想我会成功的。我知道每个人都觉得她很严厉，但我在她的班上从来没找过麻烦。我从一进教室就知道该做什么。她几乎每天早上一来就给我们做小测验。她还公布日程安排，这让我们立刻进入学习状态——就像我在做兼职时那样。如果所有的班都能这样安排，那么我会知道该怎么做。”

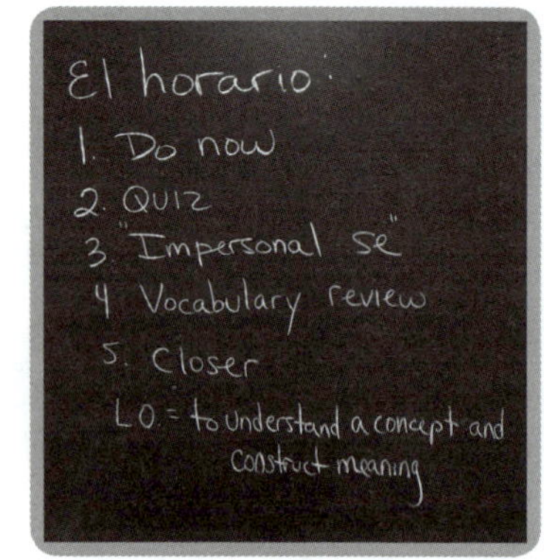

参加学校演出或全校大会等。

你可以根据学生的需要在日程上添加日期、课时、科目等内容。

学生也可以参与日程惯例工作。

在小学里，负责擦黑板的值日生会把当天的日程擦掉。学生们走后，参考第二天的课程计划将第二天的日程公布出来。

在高中班级，“白板小技师”可以在已有白板模板上把第二天的日程替换上去。

程序步骤

在开学第一天把当天日程公布而且以后每天张贴公布相应的日程。在教室里规定一个固定的位置用于公布每天或每节课的日程。告诉学生们在刚踏进教室后就去指定地点查看日程。

讲解

给学生介绍会议日程，毕业计划，剧院剧目表或一些能体现先后次序的事件安排。用这些实例来说明类似的日程会贴在教室里，这样学生们就会知道能期待些什么。

展示给学生如何阅读日程。告诉他们先浏览一下时间表，看下每个科目都要学些什么，然后开始热身作业。

告诉学生在热身作业之后，老师会对全天的课程安排进行详细讲解。**学生每天的第一项学习活动往往是完成热身作业。**

在对日程进行详细讲解时，按照时间顺序将全天的科目和活动读给学生，对特殊的活动要特别强调，让学生对新内容有所期待。

演练

让学生在门口集合练习进入教室的程序。引导学生开始按照班级惯例执行，尽可能提醒学生看日程，特别提醒他们注意课程安排、学习目标和热身作业。

重点强调每天会在学生进入教室前公布当天的日程，每天在同一位置都会有更新。因此，告诉学生不要再提类似“我们今天要干什么呢？”的问题，只需要他们参看日程。

看完日程后立即进入热身作业环节，在这个过程中，教师要进行检查。

强化

全天的教学活动都要以日程为参考。

在开学的第一周，由一项教学活动向另一项转换时，提醒学生关注日程。这能强化学生对日程的意识，让他们明白所有的教学活动都是以日程为依据的，不会有意外状况发生，只有稳定的惯例。

要特别指出在本班教师不在教室的情况下，学生也能根据日程安排向代课教师解释该做哪些工作。

日程是生活中的一部分

为什么要在教室里公布每天的日程呢？如果学生问你这个问题，就告诉他们，日程包括课程时间表、热身作业和学习目标，是我们每天学习生活中至关重要的一部分——无论我们有没有留意到它。

日程：会议有会议日程；体育比赛有比赛日程。

时间表：机场大屏幕上都有飞机起飞和降落的预计时间；电视节目也有固定的时间档；电影院也有放映时间清单；医生也有固定的坐诊时间。

热身作业：公司职员一到座位上就开始工作；演员一看到幕布升起就开始表演；音乐家们一看到指挥的下拍就开始演奏。

目标：在法庭上，在审判刚开始就已经声明案件审理的目的；在登机前飞机的目的地就已经明确。

一年之计在于春，一日之计在于晨

在网球比赛中，每一分有两次发球权。第一次发球失误后，还有机会进行第二次发球。

在田径赛场上，如果选手抢跑了，会得到警告，但是还可以回到起跑线重新开始。

然而作为老师，只有一个开学第一天。你在这一天的表现直接影响到你在未来一年的成败。对这一天合理的规划会为你全学年获得理想的课堂管理效果打下良好基础。

同样，学生在每天早上的表现也会影响其一整天的学习。每天都有一个良好的开端，预示着这一学年将充满收获。

Departures

Departing To...	Carrier	Flight		Time	Status	Gate
Atlanta	DELTA	DL	1684	10:30 PM	On Time	18
Boston	jetBlue	B6	472	9:10 PM	On Time	5
Las Vegas	SOUTHWEST	WN	2473	8:35 PM	Now 9:55PM	21
Los Angeles	SOUTHWEST	WN	365	9:35 PM	Now 10:00PM	20
New York-JFK	jetBlue	B6	174	10:29 PM	On Time	5
Ontario	SOUTHWEST	WN	350	9:30 PM	On Time	23
Phoenix	SOUTHWEST	WN	3240	8:55 PM	Now 9:40PM	24
Portland	SOUTHWEST	WN	1062	9:35 PM	Now 10:20PM	22
Reno/Tahoe	SOUTHWEST	WN	906	8:25 PM	Begin Boarding	22
San Diego	SOUTHWEST	WN	171	9:25 PM	Now 10:15PM	19

拥有更多时间帮学生取得好成绩

莎伦·迪普（Shannon Dipple）是俄亥俄州的一位教师，她的学生从进入教室的那一刻起就知道该做什么。通过讲授、示范和练习，这些程序已经被学生熟悉掌握，因此，学生每天早上仅用两分钟的时间就可以完成这些程序。

“从学生进入教室的那一刻，他们就开始完成早间惯例。他们打开书包，上交作业，报名订午餐，提交给教师返回的信件，削铅笔，开始早读。他们从进门那时起就开始向着我所期望的结果努力，他们知道我想要什么结果而不存在任何侥幸心理。他们也学会了该怎么做来满足我的期望。”莎伦说。

典型的一天从一项数学热身作业开始。提前完成的学生继续挑战更有难度的题目，在莎伦的课堂上，绝对不会浪费时间。

莎伦制定的程序让她的课堂更加有效，避免了杂乱无序，使她拥有了更多时间帮助学生取得成绩。

这个班级惯例已经被固定下来，每天执行。

“每一刻都很珍贵，所以每一刻都要纳入程序。”莎伦说。

除了有更多时间帮学生取得成绩之外，莎伦还开办了一个网站www.primary–education–oasis.com分享她二十多年来的教学理念。

程序 3

热身作业

在管理良好的课堂，学生一进教室就开始做热身作业，不需要教师的任何敦促。把每天的热身作业公布出来，可以让学生很快进入学习状态。

解决方案

将热身作业公布出来意味着使学生一进教室就开始学习，也就是在铃响之前就做好准备。

这一程序创造了以下条件：

1. 上课时间最大化
2. 使学生对全天或某节课的学习内容负责
3. 为全天或整节课营造了良好的学习环境

背景

在学校的每一分钟都应该得到充分利用。学生如果能在进入教室后马上开始完成热身作业，为全天的学习状态打下基础，他们的学习效率会很高。

热身作业比较简短，学生不需要教师的帮助就可独立完成。以下可作为热身作业的参考：

- ❑ 完成前一天未完成的某项任务
- ❑ 键盘训练
- ❑ 书写训练
- ❑ 数学每日复习
- ❑ 每日口头语言练习
- ❑ 日记
- ❑ 默读任务
- ❑ 研究活动

热身作业量不大。其内容往往是复习课程材料、某一个概念的应用、前一节课内容的延伸或思维训练。时间也相对简短，一般用5～10分钟完成。

热身作业要在学生每天进入教室之前张贴在学生容易看到的固定位置。

热身作业经常用bellwork，warming up或beginning game来表示。你可以从下列词语中选择一个最适合你的

- ❑ 热身作业
- ❑ 晨练作业
- ❑ 敲钟题
- ❑ 现在就做

“欢迎作业”棒极了

德克萨斯波洛克的教师珍·霍珀（Jenn Hopper），把她的热身作业定义为“欢迎作业”。一次“欢迎作业”的内容是让学生描述出什么是“欢迎作业”。

四年级的学生杰西卡，认为欢迎作业棒极了因为：

1. 总是公布在黑板上
2. 她总知道该做什么

当它成为班级文化的一部分后，学生就会认可并接受这一固定惯例了。

热身作业不需要打分。打分会让学生感到焦虑，尤其是在每天伊始，要尽量避免。

失去的课上时间是再也无法弥补的。想象一下，你要用掉课上的前五分钟来点名、收作业、回答问题，为全天的学习做准备。一学年下来，足足有三天的教学时间会被永远浪费掉。

同样，在一天有五个课时的初高中，一学年会有一个月的时间被浪费——再也无法弥补。

在学校的每一秒钟都很珍贵，让学生在一进教室就开始学习能使你的教学时间最大化。

程序步骤

每天在学生进入教室之前，把热身作业公布在固定的位置。学生能够轻而易举地找到并开始他们一天的学习。在开学第一天要讲授热身作业的程序。

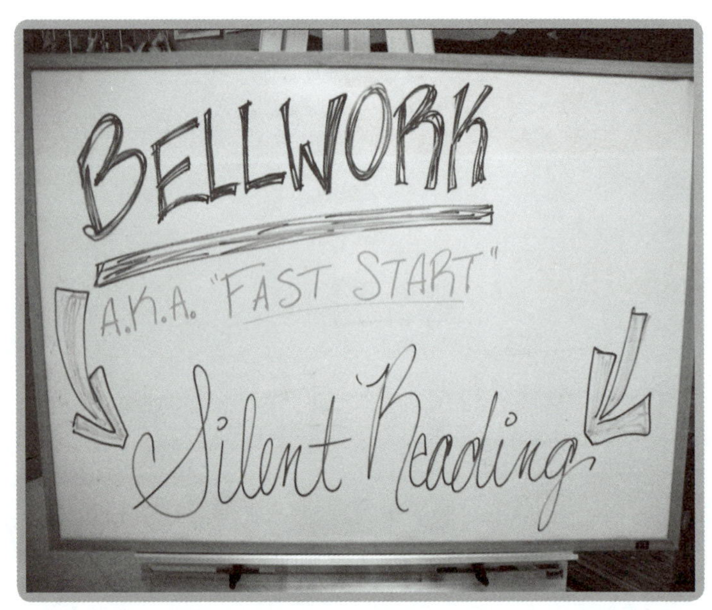

❑ 当天的热身作业已经公布出来，学生一进教室就可以开始了。

讲解

学生一进教室，就告知他们从哪里可以看到第一份热身作业。让学生坐到座位上开始完成这项任务。

告诉学生热身作业要独立完成，有关要求都已经在任务下面标出。

在学生开始做任务时，可以告诉学生今后每天他们都可以在相同的位置找到当天的热身作业。

任务要求中明确学生在任务完成后是否要上交或放在桌上用于课上核对讲解。

我的教学中最出乎意料的效果

在我的教学实践过程中，“热身作业”产生了最出乎意料的效果。

它对我的班级产生了方方面面积极的影响。我班上从来没有学生迟到，也没有调皮捣乱的学生。

我在学校任学习主管一职，常跟老师们分享我的日常程序在班级管理上产生的效果。我所在教师小组的很多老师都采用了我的管理程序或热身作业的做法。

在当了17年老师和4年校长助理后，我见证了“热身作业”从高中科学班传播到其他各个学校的过程。

马克·路易斯（Mark Lewis）■ 百年高中，卡尔加里，阿尔伯塔

演练

当学生在完成第一份热身作业时，对他们正确遵守程序予以表扬。

在学生第二天进入教室时，提醒他们一坐下来就马上开始完成当天的热身作业。

在对学生进行观察和指导时，对那些正确遵守程序的学生提出表扬。

强化

观察并对学生热身作业的完成情况予以评价，对学生每天能正确执行程序表示感谢。

如果有学生在完成程序时遇到困难，则单独为他提供帮助。带领学生重新熟悉热身作业的步骤，第二天询问该学生是否需要帮助或是否能独立完成程序。持续关注该学生直到他能独立完成程序。

把热身作业放在一天结束之后

如果你班上有三分之一的学生比其他人提前离校三十分钟，你将怎么弥补他们失去的时间呢?

伊丽莎白·珍妮丝是密歇根州的一位教师，她把热身作业放在了一天的最后，而不是一开始。

她说：“我颠倒了热身作业的顺序，放学后留下来的学生开始做第二天早上的热身作业。回家早的学生会把任务带回家，为第二天做准备。”

“如果不是这个程序，我每天就如同窃取了学生三十分钟的学习时间。”

热身作业减少了行为问题

作为一名行为特殊教育（ESE）教师，我努力使每天的学习任务惯例化，保证学生学习过程的稳定性和可预测性。

每天一早我会站在教室门口向每位学生送上清晨的问候。欢迎他们走进教室，提醒他们要做的‘热身作业’已经放在桌上，这为全天的学习创设了很好的氛围。当学生们低头做作业时，我就有时间去了解谁在学校或家庭中遇到了困难。

我发现让学生一进教室就开始专心完成规定的任务，有效地减少了学生的行为问题，使学生获得充满收获的一天。

布莱克·杰曼（Blake Germaine）■ 西布林，佛罗里达

开课前的三项任务

理查德·杜贝（Richard Dube）在田纳西州查特怒加市教七年级和八年级。他每天开课前会让学生完成三项简短的活动。这三项活动分别是：名言名句、热身活动和一道益智题。

理查德·杜贝的学生每天由三项活动开始他们一天的学习。他们用不到十分钟的时间学习语言文字、复习学过的内容以及开动脑筋。这些活动按以下顺序进行。

1. 名言名句

一进教室，学生就在笔记本的空白处写上黑板上给出的每日名言名句及相关内容。以下要求会在开学前几周教授给学生，直至变成惯例。

至少要写三至五个完整的句子

不能写“我不知道”或“我不明白”之类的话

可以是：“我认为这句名言的意思是……”

可以是：“我赞同这个说法，因为……”

可以是：“对于这个说法我不确定，因为……”

可以是：“我认为这是用来做……的比喻”

可以是：“我不确定我是否理解，但我认为它的意思是……”

可以是：“我觉得它与这节课内容相关因为……”

2. 热身练习

在完成名言名句练习后，学生们开始进行屏幕上给出的热身练习。

答案会通过课堂讨论的形式呈现，学生自行核对。之后学生将做过的热身练习放入活页夹，并搁回固定位置。

3. 每天一道两分钟益智题

热身作业的最后一项活动是一道两分钟的益智题。它可能是逻辑、数字、单词等题型。答案也是通过课堂讨论的形式给出，学生完成后将其归入活页夹。

在完成这三项任务后，学生们变得非常安静，即使需要交流，也是带着“尊敬的语气”轻声说话。

13 理查德分享了他在课前活动时最喜爱使用的一些名言名句。

7TH GRADE QUOTE
"IT IS THE FUNCTION OF THE CREATIVE PERSON TO PERCEIVE AND TO CONNECT THE SEEMINGLY UNCONNECTED."
—WILLIAM PLOMMER

8TH GRADE QUOTE
"FLAMING ENTHUSIASM, BACKED BY HORSE SENSE AND PERSISTENCE IS THE QUALITY THAT MOST FREQUENTLY MAKES FOR SUCCESS."
—DALE CARNEGIE

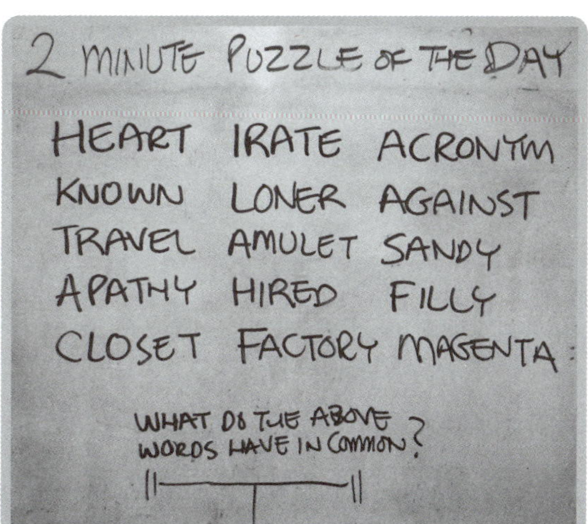

Measurememt Warmup
3/23/10

1. What is the base SI unit for distance?
2. What is the base SI unit for mass?
3. What is the base SI unit for density?
4. Density refers to the relationship between an object's ____________ and it's ____________.
5. Fresh water has a density of ________ gram / cubic centimeter.

程序 4

查点考勤

任何年龄的学生都有能力完成任务，前提是你要教给他们。教学生为自己班上的同学点名会使你有更多的时间在门口迎接学生。

解决方案

任何的班级管理工作都不能占用授课时间。**查点考勤、统计午餐人数都可以在学生做学习准备活动的时候完成。**非言语的办法比传统的点名方法更加有效，而且丝毫不耽误学习时间。

这个程序可以解决一系列问题并为学生创造以下条件：

1. 使点名过程与其他热身作业一体化
2. 让老师的授课时间最大化
3. 培养学生的责任心

背景

老师叫到每一位同学的名字，这位同学答“到”作为回应——这是我们熟悉的典型的课堂点名情形，然而这种方法占用了学习的时间。每天的任务都安排的满满当当，特别是那些班级管理事务，一件接一件。如果教师能将管理事务简化，他们就能把更多精力集中在最重要的职责上——教书。教师可以通过建立程序，让学生自己负责查点考勤而达到这一目的。

查点考勤的方法有很多，通常在这个过程中还可以顺便收集一些其他信息。这个程序的目的是把所有相关的管理事务化零为整，避免占用学习时间。你可以根据班级的具体情况对此程序进行修改，使你和学生能在最短时间内把点名的任务完成。

程序步骤

莎拉·乔达尔（Sarah Jondahl）在她的班上使用这个程序进行点名和午餐统计。当被赋予责任的时候，小孩子们都表现得非常积极。

为了帮助孩子们学习自己点名和统计午餐人数，你可以为每位学生制作一张姓名卡。在卡的正面写上学生的名字，背面粘上魔术贴。把粘有魔术贴的姓名卡贴在覆盖有织物的公告板上或放在学生的小柜子上。

准备两个篮筐，其中一个贴上“在家用餐”的标签，另一个贴上“在校用餐”的标签——你可以根据实际情况进行调整。

把篮筐放在柜子、桌子或书架上，整个学年都要放在这个固定的位置。

开学第一天可以用传统的方式点名和统计午餐，同时教授学生新的程

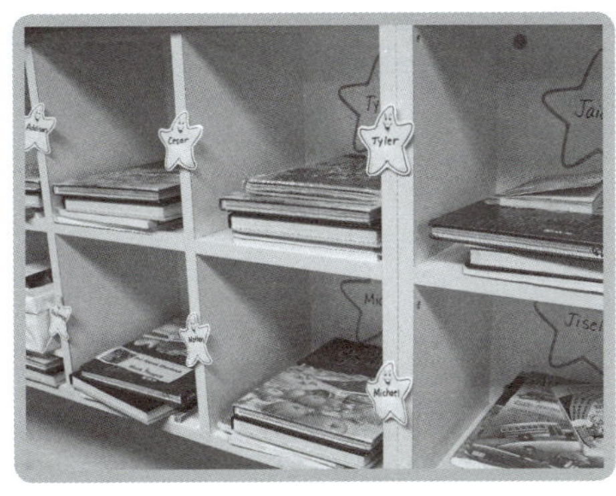

序，让他们在第二天上学时开始承担这份责任。

要求每天的值日生在放学后把姓名卡重新放回到公告板上。

一旦学生学会了这个程序，教师就有充足的时间去迎接学生、解答问题、查看家长的便条，完成考勤统计等工作。

讲解

1. 在用传统的方式点名和统计完午餐后，告诉学生这是你最后一次做这件事情。从现在开始，这将是他们自己的职责。同时要向学生强调准确统计出勤人数和午餐人数的重要性。

2. 向学生说明姓名卡存放的位置。告诉他们只要撕开魔术贴就可以轻易取下姓名卡。

3. 告诉学生两个午餐篮筐的所在位置。

4. 告知学生这是他们早上进入教室后的第一项职责，一进教室，他们必须：

- ❑ 取下自己的姓名卡；
- ❑ 把姓名卡放入适当的午餐篮筐中；
- ❑ 坐到座位上；
- ❑ 开始做热身作业。

5. 告诉学生当所有人都就坐完毕后，公告板上剩下的姓名卡就是当天缺勤的同学。然后给学生演示如何清点放在“在校用餐”篮筐中的姓名卡统计在校用餐的人数。

6. 告诉学生他们只能取自己的姓名卡，不能代朋友取卡。向学生解释，如果你的朋友忘记登记午餐情况，你可以予以提醒；但只有他本人才可以取自己的姓名卡并放入恰当的篮筐中。

7. 安排一名学生在放学后把所有的姓名卡重新贴回公告板上。

午餐登记处

为每位学生准备一个模型，如某种球类、动物、水果或星星。让学生把这个属于自己的模型个性化，在模型的顶部钻一个洞，用图钉钉在公告板上。

把公告板根据用餐情况分成几个区域。作为早间惯例的一部分，当学生进入教室后，他们把自己的模型挂在合适的区域。只需看一眼你就能清楚地知道考勤情况并快速做出午餐统计。

演练

选出几个学生展示这个程序。让他们在门口排成一队挨个儿进入教室，引导他们找到自己的姓名卡并放在合适的午餐篮筐中。

提醒他们，一旦坐到了座位上就应立即开始做热身作业。

学生坐好后，向他们演示如何统计考勤和午餐人数。

对那些根据指示正确完成程序的学生提出表扬。

让学生轮流展示这一程序，直至所有的学生都熟记在心。

强化

一天的学习结束后再次提醒学生每天进入教室时的程序是什么。

第二天早上，当你在门口迎接学生时，提醒他们有关姓名卡的要求。

如果学生忘记了这个程序，不要用惩罚或其他后果吓唬他们。如果你看到学生已经坐到座位上，但公告板上还有他的姓名卡，应该轻轻地走到他面前，告诉他："还记得点名和午餐统计的程序吗？"之后要看着这名学生取下自己的姓名卡并放入合适的午餐篮筐中。在其他同学开始做热身作业后，对这个学生竖起大拇指或眨眼示意他非常正确地完成了这项任务。

固定座位的好处

当学生的座位被固定下来之后，教师只需扫一眼便可获知出勤情况。

从空出的座位就能判断出谁没来学校。三个空位意味着三个每天坐在这里的学生缺勤。

可以先在塑封的座位表上把每组缺勤的学生标记出来，之后再把它誊写在长期记录单上。

与学生交流及检查作业

克里斯托夫・盖格里亚蒂（Christopher Gagliardi）在马萨诸塞州的布罗克顿市任数学教师。每天，每节课都是以同样的方式开始：

1. 在屏幕上打出热身作业。
2. 学生将作业放在桌子的右上角。
3. 克里斯在教室走动检查作业，同时查看考勤并与每个学生进行交流。

克里斯在上课前几分钟内完成了三项任务。当学生在做热身作业时，他查看了考勤、检查了作业并与每位学生进行了交流。

不需要争抢午餐

卡洛琳·托希尔（Carolyn Twohill）是亚利桑那州图森市亨德里克小学的前任校长，她在任时建立了程序让学生到校后把午餐放在所属班级的篮筐里。彼得·威尔斯（Peter Wells），现任校长沿用了卡洛琳的午餐程序。

每班每周选出两名学生负责午餐工作。在午餐开始前，这两名学生会把本班的篮筐放在走廊的指定位置，与其他班的午餐篮筐排列在一起。

当午餐铃响时，各班都不会出现乱糟糟争抢午餐的情况。

学生们走到本班的午餐篮筐旁边，取出他们的午餐。这过程只需一位老师监督，也仅需几分钟的时间。

午餐结束后，午餐盒会被放回篮筐中，再由那两位学生把篮筐拿回本班教室。

130名学生，没有浪费任何时间

贝姬·休斯（Becky Hughes），卡萨斯州威奇托的一位校仪乐队的指导教师，正站在门口迎接学生的到来，她的班上共有130名学生。她的学生们自己负责查点考勤并为上课一开始的彩排做好准备。

贝姬把学生的名字写在音符上并挂在出勤公告板上。当学生走入教室时，他们会直接走到公告板前取下自己的名字（只能取自己的名字），并放在旁边恰当的信封里。之后他们回去衣帽柜中取出乐器和乐谱，为第一节课的彩排做准备。

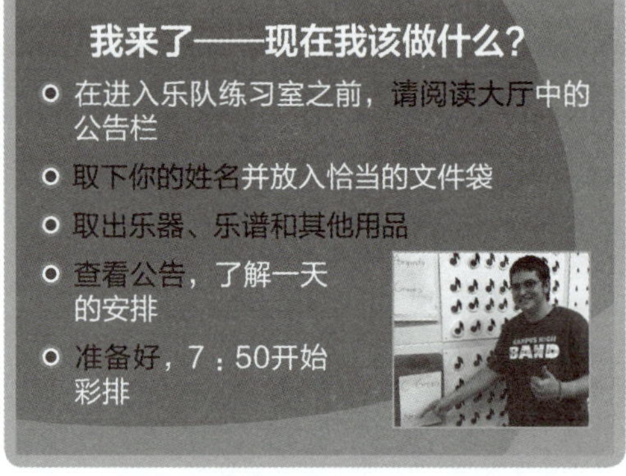

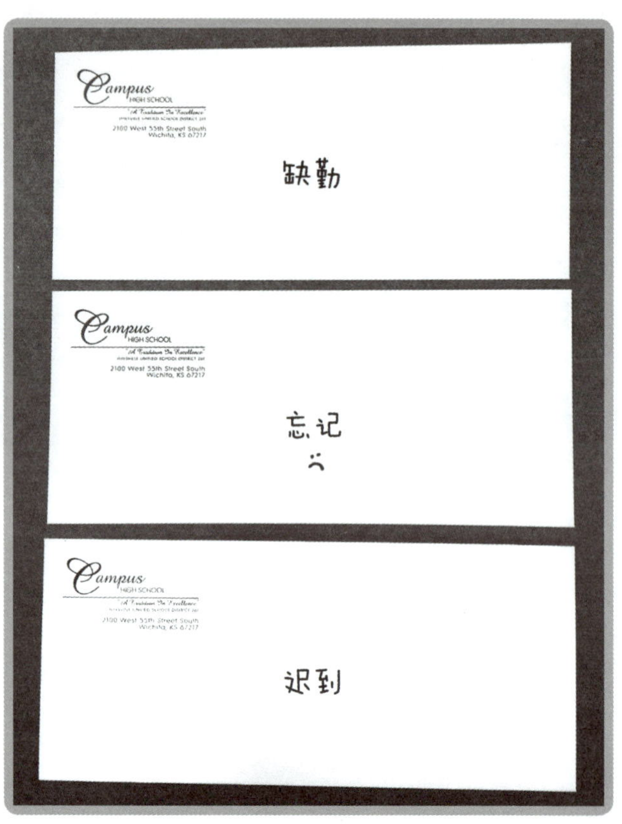

铃声一响意味着开始上课，在贝姬宣布通知及做热身活动时，她的乐队指挥记录下还挂在出勤板上学生的名字。乐队指挥浏览一下在座的同学，确认一下他们究竟是缺勤、还是忘记取下名字或者迟到。

之后他会把这些写有名字的音符分别装入贝姬桌子上标有“缺勤”、“忘记”或“迟到”的信封中。

全天学习结束后，一位学生会把所有的音符重新挂在出勤板上。

程序 5

放学

实施仅有两分钟的放学程序能使教室保持干净、整洁，为后面来教室上课的班级做好准备。这个程序可以避免学生无视老师，一听到下课铃响就冲出教室，能让他们怀着积极的心态离开教室。

停一停！注意啦！

在你回家之前，注意检查：

1. 我的桌子干净吗？
2. 我桌子周围干净吗？
3. 我记得作业是什么吗？

解决方案

放学铃响并不意味着放学，只有当老师宣布放学才可以离开。**当使用放学程序时，学习时间最大化，班级井然有序，学生在老师的引导下走出教室。**

这个程序可以解决以下问题：

1. 学生等着出门，损失了学习时间
2. 学生们都挤在门口等待放学
3. 教室环境变得脏乱不堪

背景

在中学教室，每天有100多名学生出出进进，他们都使用相同的学习材料。因此，活动区域、教室用具和桌椅都必须保持整齐有序。放学后用一两分钟的时间整理打扫教室，之后紧接着实施放学程序，可以为后面来上课的学生创造一个良好的环境。

在小学教室，教室脏乱无序则意味着放学后将有人专门负责打扫整理。圆满地结束一天的学习并为全新的一天做好准备都是放学程序的一部分。

如果不使用放学程序，将可能出现如下场景。

场景一

每个人都在不停地学习着，时间一分一秒过去，突然下课铃响起，学生当中出现一阵骚乱，老师也猝不及防。

老师还没来得及说话，一名学生已经夺门而出，其他学生紧随其后。无奈之下，老师不得不宣布下课。所有的学生都抓起书包，急匆匆地向门口跑去。只剩下老师和乱糟糟的教室，距离下一拨学生到来仅有几分钟的时间。

场景二

教师已经完成了授课内容，学生也整理完毕，但距离下课还有一两分钟的时间。

尽管学生知道他们应该坐在座位上等待下课，但仍有一两个学生站了起来。他们慢慢地向门口移动，如果老师在这个时候没有组织他们，他们就会挤在门口，互相推推搡搡，悄悄地溜进走廊。下课铃一响，马上向大门口冲去。

场景三

最后一节课接近尾声，教师还在努力讲着，想要充分利用铃响前的每一秒钟。

下课铃响了，学生们急急忙忙收拾书包，迅速跑出教室去赶乘回家的班车。教室里到处是横七竖八的椅子——有的在桌子上，有的在地上。地上到处是纸团，学生本应带回家看的书也忘在了桌子上。讲台上是教师给学生准备的“温馨提示”，还没来得及告诉他们。最后只剩教师自己清洁整理教室，为第二天来上课的班级做准备。

程序步骤

在开学第一天就向学生介绍这个程序，这样学生在当天放学时就可以按照程序走出教室了。

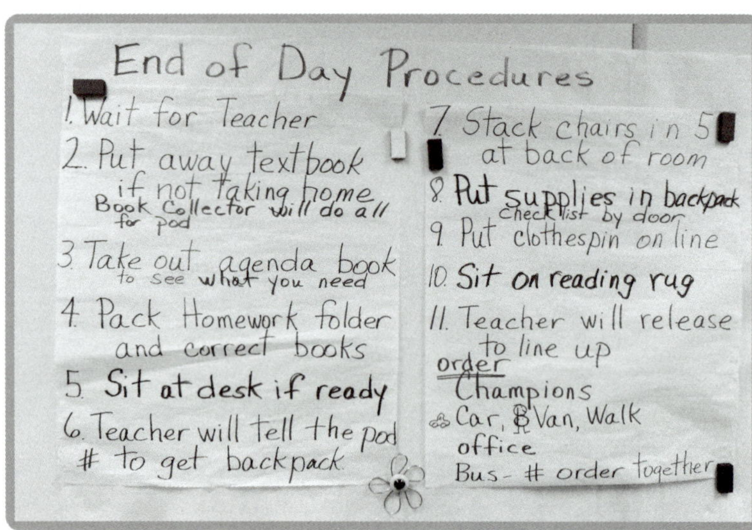

讲解

向学生介绍你的放学程序。

简单的放学程序可以像这样：

1. 确保你座位的周围干净整洁。
2. 在老师宣布放学之前请坐在座位上。
3. 离开时请将椅子推到桌子下面。

告诉学生在放学后应该遵守什么样的程序：

在我们班是要遵守程序的。我们学校的大部分老师都有程序。老师们可能会使用相同的程序，但在具体操作时可能有细微差别。

我们班有放学程序。放学铃响并不意味着放学了，我或者其他老师宣布放学才可以。

在放学前两分钟，我会告诉你该收拾书包、打扫卫生、准备回家了。

放学铃响后，请最后检查一下你是否带上了你的个人物品、作业和其他完成作业所需的材料。请捡起你课桌周围的废纸和垃圾。

在我说“祝你今天愉快”之前，可能会耽误你一小会儿的时间。

当我说“祝你今天愉快”的时候，就意味着放学了。

请带好你的个人物品，把椅子放在桌子上，离开教室。

谢谢。

演练

告诉学生他们即将进行最后两分钟放学程序的练习。当学生做放学准备时，为他们展示程序步骤。按照步骤，一步一步练习。每做一步都要对学生的完成情况进行检查并及时予以纠正。

- ❑ 课桌整齐有序。
- ❑ 周围干净整洁，没有废纸和杂物。
- ❑ 知道家庭作业是什么。
- ❑ 书籍和物品放置在本人座位上，准备拿出教室。

- 当我说“祝你今天愉快”的时候，就可以离开教室了。
- 离开教室时，请将椅子摆放在桌子上。

宣布还有两分钟下课。让学生开始整理课桌，一步一步完成直到离开教室。

在教室内走动，并作出口头评价：

- 这个桌子真干净！
- 这一行没有看到垃圾，准备回家喽！
- 谢谢你记得把作业抄下来。
- 挂在衣钩上的外套是哪位同学的？

当你在教室走动的时候对学生的任务完成情况做出纠正和指导，确保教室干净整洁，所有的物品堆放在一起，为第二天来上课的学生做好准备。

在本节课或全天课程结束前再次练习这个程序，让学生在开学第一天就充分掌握。

当学生已经把物品都整理完毕，充分做好放学的准备时，问学生“当铃响后，你该做什么？”带领学生再把放学程序的步骤复习一遍，让学生按步骤走出教室，练习放学程序。

请学生回到教室，告诉他们放学程序展示是否正确，如果有必要，可以再来一遍。

快下课时，给学生程序提示，提醒他们该做什么。

下课铃一响，没耐心的学生仍然有可能在你发话之前离开教室，要做好劝说的准备。

- 要温柔坚定地阻止要马上离开教室的学生。
- 说：“请你们回到座位上，等待我宣布放学。我希望你们能非常好地遵守放学程序。谢谢。”
- 要保持冷静、微笑、坚定自信——即便有的学生大声叹气或向你翻白眼表示不满。

强化

提醒学生放学程序的目的在于保持安全、有序的班级环境，能避免大家挤在教室门口等待放学。这也确保大家不会匆匆忙忙离开，把乱糟糟的教室留给别人去打扫。

在你宣布放学之前，请学生们看看自己的周围有多么干净整齐。告诉他们你希望今后每天都像现在这样，感谢他们每天都能遵守这个程序。

如果教师能带领学生每天坚持遵守程序、不断强化，那么一定会取得非常好的效果。

越走越轻松

我沿着正确的道路走得越远，就发现它越走越轻松。

一位高效能教师

每日结束信息

在放学之前可以使用每日结束信息作为一天的小结。结束语可以是对当天所学内容的回顾。参考程序24，每日结束信息。

放学，安全或是令人沮丧的环节

高效能的学校在班级放学环节上有稳定的秩序，在学校放学环节亦是如此。**放学过程可能会是一天最忙乱无序、令人沮丧的环节。**有了放学程序，学生会安全有序地离开，让教师和学生在相对平静的氛围中结束一天的学习。

在新墨西哥州阿蒂西亚的**大山幼儿教育中心（Grand Heights Early Childhood Center），400名幼儿园的孩子离开学校只需10分钟。**他们有的被家长接走，有的乘坐校车离开。

1. 每个班的老师要与邻班的老师进行合作，两位老师都有责任看护好两个班的孩子。

2. 乘坐校车的学生背包带上都贴着写有他们要乘坐的校车号的胶带。

3. 放学铃响后，孩子们走进规定的教室。老师随后会把它们带到家长接送区或校车区。

4. 等待家长来接的学生将被护送到体育馆/餐厅。

5. 乘坐校车的学生会被带到校车区，在地上标有其乘坐车号的位置排成一队。

6. 两位老师通过检查学生背包带上粘贴的车号确保学生站在了正确的位置。

7. 校车到来后，教师会引导学生从合适的出口出门登上校车。

这个程序需要教师之间相互合作确保其运行顺利，迅速、安全的放学使这一天的学习平静地结束了。

作为新泽西州塞尔威尔市的一名小学校长，艾德·阿奎尔斯（Ed Aguiles）将开学第一天的时间进行了调整，使教师们早上有更多的时间展示和讲授他们的课堂管理计划。

在一天结束时，学生会提前30分钟放学。之后他们在体育馆或餐厅集合，副校长会带领他们学习、练习、强化放学程序。

1. 开学前两天都会提前30分钟放学，之后全体师生进行放学程序练习。

2. 学生会根据不同类别被分成三个组：

- 校车
- 父母来接
- 学前学后看护（BASC）

3. 如果父母或监护人要变更类别，需要在当天给老师写个便条。

4. 名单每天更新，确保学生在恰当的类别中。

5. 坐校车的学生在本学年第一天就会拿到一个写有其姓名和校车号的校车签。

6. 在每天的放学环节，走路回家的首先离开。他们在前厅等候，家长们走过来，在负责教师那里签字后带走他们的孩子。

7. 学前学后看护的学生会到餐厅附近，三位负责的老师会对照名单进行核对。

8. 乘坐校车的学生会走到餐厅前，餐厅的墙上标有校车号，他们会在相应的校车号前排成一队。每班校车都会有专门的老师负责点名。

9. 当校车驶入停车场的指定位置，在餐厅前负责的老师的对讲机会收到通知。

10. 当叫到相应的班车号时，负责的两位老师就会护送他们的学生到班车停放位置。

11. 当一天所有的放学程序结束后，所有的学生名单都会被交回学校办公室。

12. 再核查一遍名单以确保所有的学生都已放学回家。如果有意外，行政人员会采取合理行动找到这些学生。

1000名学生仅用了10分钟就安全地回家了。

蒂芙尼·蒂西科罗斯（Tiffany Dicicco-Ross），是密歇根州底特律的一名五年级的学生，死于2010年5月21日。她当天乘坐校车回家，在坐好之后将头伸出窗外与朋友道别。这时汽车开动了，蒂芙尼一头撞在树上，最终死在她弟弟的怀抱中。

学校对于蒂芙尼的死难辞其咎。因为没有适当的程序保证学生在回家路上的安全。她所在的学校在出事之后砍掉了那棵树。不到一年的时间，在全校范围内建立了相关程序，学生们终于可以安全地回家了。

程序 6

收集便签和表格

为每样东西指定一个位置可以避免凌乱，保持教室井然有序的状态。一个简单的程序可以避免重要的信件放错位置，使教师们能够更有效地处理与家长之间的各种往来文书。

解决方案

在你桌子上放置一个篮筐或盒子，上边贴上“家长的便签”。引导学生把所有来自家长的便签、表格或留言条放在里边。**使这项工作与查看考勤和午餐统计同时进行，因此在一天或一节课的前几分钟就能完成。**

这个程序可以解决以下问题：

1. 丢失来自家长的重要便签
2. 对于紧急情况未能给予及时答复

背景

保持教室井然有序的关键在于每样东西都放置在固定的位置。标有“来自家长的便签”的盒子、篮筐或箱子提醒学生这是放置重要信件的唯一地点。忙碌的教师只需扫一眼就可以了解是否有重要的信件需要马上阅读。这个盒子不能用于放置作业、试卷、报告等与学业相关的材料，这些东西要分别收集。

程序步骤

准备一个盒子、篮筐或箱子，上面贴上“来自家长的便签”“所有的表格都在这里”“特殊便签”或者你能想到的任何词语。把可以放入篮筐中的物品列一个清单，并将清单贴在显眼的位置以便学生随时查看。你可以从以下列表中选择放入篮筐的物品。

- ❑ 缺勤说明
- ❑ 午餐费
- ❑ 请假条
- ❑ 父母或监护人写来的便签
- ❑ 募捐表格

讲解

1. 向学生展示你桌子上的“来自家长的便签”盒。
2. 向学生解释这个盒子用来放置所有家长写来的信件。
3. 向学生说明可放入物品清单，并告诉他们从哪里可以看到这份清单。

4. 学生第一次进入教室时，引导学生将相关物品放入盒子。

5. 告诉学生家庭作业、报告、论文等不能放在这个盒子里。这个盒子是用来放便签和表格的，不能放置学业材料。

演练

给学生分发写有各种物品名称的卡片，让他们辨别哪些可以放入盒子，哪些则不能。比如，有的卡片上写着“图书订单”、“妈妈写来的便签”、“读书报告”、“家庭作业”、“实地考察表格”等。

请学生们排成一队，假装刚刚走进教室。让他们把合适的卡片放在“来自家长的便签”盒中，同时告诉学生要保管好那些不能放入盒子的卡片。

查看放入盒子中的卡片，询问学生每张卡片是否可以放在盒子里。同时询问学生那些没有被放入盒子的卡片，为什么这些卡片可以/不能够放入盒子中。

重新分配卡片，再走一遍程序直至所有的卡片都被正确分类。

在上交表格的前一天，提醒学生明天当他们进入教室的时候，所有来自家长的信件都应该放在“来自家长的便签”篮筐中。

第二天你在门口迎接学生时，提醒他们把表格放在盒子中。

强化

学生第一次把家长的便签放入篮筐，要对他们正确地遵守了程序表示感谢。

告诉学生你刚刚收到一个家长写来的便条，你轻而易举就在篮筐中发现了它。向学生说明这可以使你立即对家长所关心的问题予以回复。多次重复这个强化的过程直到把这个程序变成惯例固定下来。

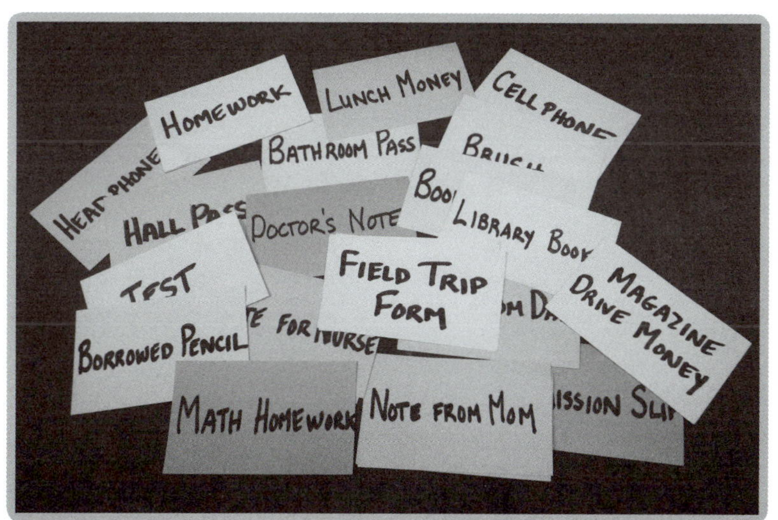

在课桌上收集作业

玛格丽塔·纳瓦罗（Margarita Navarro）在波卡拉顿教艺术课程，学生们都坐四人桌。她请学生助手帮忙收集所有的作业。学生助手坐在每张桌子的北角。在收完本桌的作业后，学生会把作业统一放到指定盒子里。

参考这个办法，玛格丽塔指定部分学生在全班走动收作业。她发现这样做更省时，学生助手也在工作过程中产生了责任感，让玛格丽塔有更多时间教学，让学生把更多精力集中在自己的设计上。

使混乱的教室变得整整齐齐

艾瑞卡·罗杰斯（Eryka Rogers）在伊利诺伊州的橡树溪任教，她相信前期的时间投入将随着时间的推移得到回报，学生们也能够成功地利用时间、减少时间浪费。合理的教室安排可以使学生在成长过程中更有意义地使用时间。

一走进**艾瑞卡**的教室你便知道她是多么有条理的一位老师。在她的影响下，学生们都学会了自己主动安排每天的学习。

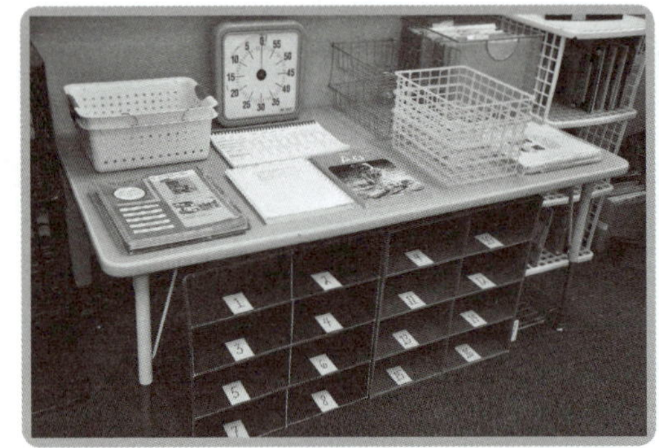

乔治亚州瓦尔多斯塔的**杰西卡·狄拉德**（Jessica Dillard）自创了一套班级组织和作业管理体系。为了避免课上各种材料乱搁乱放，她在每个学生的椅子背上都挂了一个布袋用于盛放书籍和其他材料。

她班上的材料摆放有序，她和学生很容易就能找到。

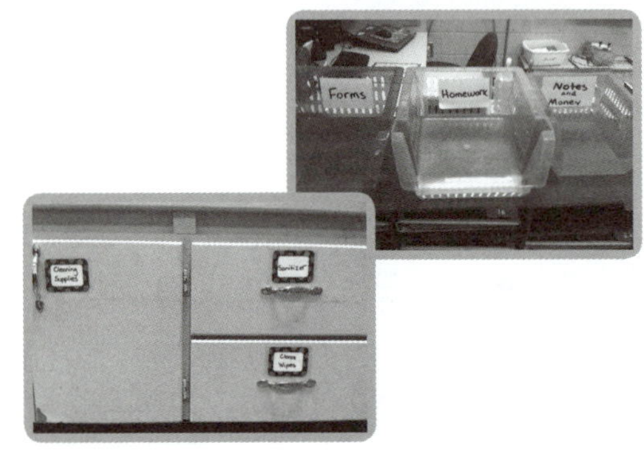

萨瑞纳·弗纳拜欧在纽约的布鲁克林担任科学教师。经过数年不稳定的教学经历后，她在班上设置了一套管理体系用来组织班级。她说现在教书对她和学生来说充满了乐趣。

把作业放在不同的文件夹里能有效减少杂乱，在你的文件夹上贴上不同的标签：

1. 有成绩的作业
2. 发放的练习
3. 复印资料
4. 其他材料

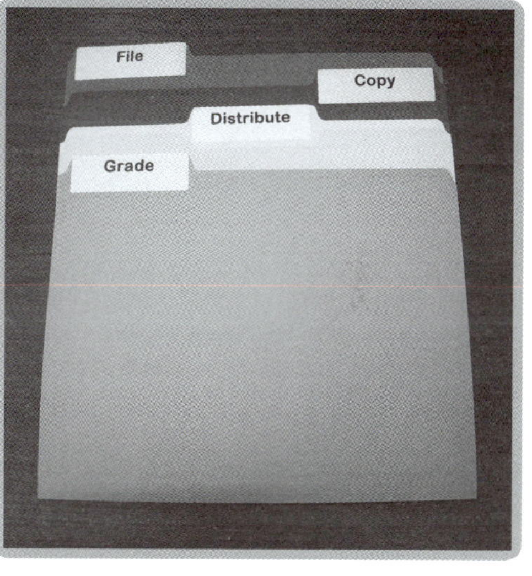

在全天的学习过程中，把所需的材料放入相应的文件夹中。这样在一天结束后，你就不用在一堆乱糟糟的材料中翻找你需要的部分了。你的桌面再也不会堆满一摞一摞纸了。

在一切就位之后，每天花十分钟的时间把各种材料进行整理归档，这样做有助于把这个好习惯长期保持下来。

一学年结束后，看看你一年都没动过的那些盒子、文件夹和各种容器。问问你自己："如果我没有这些分类，结果会是怎样？"如果结果你可以接受，那么你可以取消这个篮子。一年的学习即将结束，把杂七杂八的东西扔掉，准备迎接新学年的到来。

程 序 7

上课迟到

迟到的学生可以在不需要你的帮助下，自己去报告迟到、自己找到全天的课程安排和热身作业并很快开始学习，你和其他学生继续上课，不会受到任何影响。

解决方案

有学生迟到可能会影响全班秩序。**有了恰当的程序，迟到的学生就会知道安静地进入教室，在不影响别人的情况下开始学习。**

这个程序可以解决以下问题：

1. 迟到的学生影响课堂秩序
2. 记录下每个学生的迟到次数
3. 让迟到的学生尽快开始学习

背景

学生们很容易受到外界影响，当教室门开时，他们往往会抬起头看。如果有学生迟到，没必要中断讲课，只需简短告诉他正在进行哪些内容，并让其他的学生继续听课。

有了固定的早间课程计划和张贴出的热身作业，迟到的学生会在不打扰别人的情况下很快进入学习状态。

在**切伦达·瑟罗亚**（Chelonnda Seroyer）的高中班级，如果有学生上课迟到，他们会把迟到卡片放在切伦达桌上的篮筐里，并马上开始做热身作业。

她从未因一个学生的迟到而中断讲课。她取消了对学生为什么迟到、从哪儿来、谁造成他们迟到、为什么“真不是”他们的过错等问题的询问。如果他们刚才在别的老师的教室，学生会把那位老师写的纸条交给切伦达。

很多学校要求老师追踪记录学生迟到的次数。迟到次数过多会给学生带来负面影响，需要请家长共同商讨对策。各个学校关于迟到的规定各不相同，因此有必要：

- ❑ 了解学校对“迟到”的界定
- ❑ 让学生了解学校有关迟到的规定
- ❑ 让家长了解学校有关迟到的规定

比如，学生在上课铃响八分钟后直接来到教室，而没有去办公室登记迟到——这种情况算不算迟到？教师应如何记录学生的考勤状况？在上课多少分钟后进入教室算迟到?

很多学校都要求迟到的学生先去办公室登记，然后拿着迟到卡片进入教室。教师看到迟到卡片就能明白，办公室已经对这个学生的出勤做了记录。这也为将来请学生家长来讨论其子女迟到问题时提供了依据。

程序步骤

要有指定位置放置迟到卡片。把盒子、文件夹或篮筐放在教室门附近，以便学生能方便地将迟到卡片放入，尽快坐回座位上。

讲解

1. 当学生迟到时，向他们说明学校的有关规定。一并告诉他们是应该先去办公室登记迟到或是应先来教室上课。

2. 告诉学生如果迟到，应轻声走进教室。

3. 如果学生从办公室拿到迟到卡片，让他们放到指定位置。不允许拿着卡片在老师面前挥来挥去，否则会影响别的同学。

4. 让学生直接回到自己的座位上，查看当天的日程，开始学习。

演练

示范迟到后应该如何做的正确程序。请几位学生假装迟到，之后向全班演示正确的做法。请更多的学生轮流重复练习。

强化

提醒学生在迟到的情况下不能影响他人学习——老师可能正在讲课、同学们正在聚精会神听讲。他们应该迅速安静地把迟到卡片放到指定位置，回到座位上，开始听课。

学年中如果有学生在迟到后能正确遵守程序，要用肢体语言对他们的做法表示肯定。

❑ 当有迟到的学生进来，教师继续讲课，学生继续听课，完全没有受到影响。

没有浪费时间

想想你的学校。

想象一下……

学生们走进教室，

坐下来，马上开始学习。

没人告诉他们该做什么；

他们知道哪儿能找到任务。

他们开始上下一节课，

坐下来，开始学习。

继续上下一节课。

下一节课，再下一节课。

当这成为一所学校的主导文化，每个年级、年复一年，无论什么时候进入教室，学生都知道他们该做什么。稳定的惯例可以使你继续讲课，学生也会很快跟上你的进度。做到这点非常容易，因为学生知道从哪儿找到所需信息，很快进入学习状态。

旺达·布拉德福特（Wanda Bradford）是加州贝克斯菲尔德的一名校长，创作了一首诗来帮助老师们建立这种稳定的惯例。她在报告中提到："我们每天都以固定的模式开始。每位老师都有热身作业，学生们也都从做热身作业开始一天的学习。"

一天的学习开始了，
当学生们走入教室的时候。
他们不说话聊天，
开始坐下来完成任务。

作业已被清楚地贴出，
不必再向学生重复，
同学们安静下来开始工作，
老师拿出了点名册。

再也不会浪费光阴，
如果我们每天遵守规定。
有了出色的班级管理，
我们的课堂就能顺利运行。

已经有研究证明，
在高效能教师的课堂，
学习时间更多，更有收获。

全校的迟到规定和程序

实施全校的迟到程序，需要保持一致性，这样才有利于全体教师对这项规定进行不断的强化。学生也会知道全校规定意味着全体教师都会采用同样的方式处理迟到问题。

通常，学校的迟到规定仅被列在《学生手册》中，老师们根据规定采取自己的执行方式，这产生了处理方式不一致的现象。

实行全校的迟到程序有助于学生形成公平意识，但前提是全体教师的执行方式要一致。

在美国中西部的一所郊区高中，通过“一分钟铃”的方式提醒学生上课时间。

在“上课铃”最后一声结束之前，学生必须已经跨入教室，否则视为迟到，必须从指定地点取得“入门条”方可进入教室。

有专门负责的教师在指定地点为学生写“入门条”，同时他们把迟到学生的信息记录在笔记本的电子表格中。这个信息会马上被上传到学校考勤追踪系统，可以使教师了解到这个学生累计的迟到次数。

只有一位老师负责信息输入，但其他老师可以查看该生迟到的次数。

有专门负责的教师会为学生写好“入门条”。如果该生一季度迟到三次，将会收到以下警告：

- 第四次和第五次迟到当天将晚放学一小时。
- 第六次和第七次迟到当天将晚放学两小时。
- 迟到超过七次，该生将被带到学校办公室。

迟到的学生在放学后必须按规定留下，如果没能按照要求留下，则会被送到学校领导那里接受处理。

老师没权利为学生在其他老师课上迟到找借口。无论出于什么原因，没按时来上课均被视为迟到。这也保证了老师能有效控制课上时间，对其他教师表示尊重。

上课铃响后十分钟如果学生还未到教室，则记为缺勤。

全校迟到程序的实施需要全体教师共同努力，教师们能保持一致、相互支持，学生对程序也会更乐于接受。

对于迟到的记录和惩罚措施也应该明确说明，避免含糊不清，不能使学生有理由就程序规定与教师产生争论。

有了全校的程序，学生会尽力守时，授课时间也不会因班级管理事务而受到影响了。

程序 8

缺勤文件夹

缺勤文件夹能使学生在回来学习之后跟上学习进度。它能让学生知道落下了哪些内容，从哪里能补上，完成后应该交给谁，什么时候能返回来。

解决方案

缺勤文件夹是在学生缺勤时，用于收集该生落下的学习内容和资料的文件夹。有了它，学生就会知道从哪儿找到他没来上课时落下的功课。另外一种方式是通过网络为学生提供弥补功课的途径。

这个程序可以解决以下问题：

1. 为缺勤的学生收集作业
2. 找到缺勤的学生落下的功课
3. 区分落下的作业和新布置的作业
4. 将完成的作业返还缺勤的学生

背景

重新查看前一天的学习内容，为缺勤的学生查找落下了哪些功课，并不是一个高效的方法。在“缺勤文件夹”程序中，缺勤同学的同桌需要为他承担收集各种作业和资料的责任。当缺勤的同学回来上课时，就不会再有去哪儿找落下的内容的困惑了。

学生们也可以通过网络找到落下的内容，他们可以在任何地方、任何时间看到落下的作业。把他们需要完成的任务以列表的形式给出，很大程度上节省了为每个缺勤学生重复作业及要求的时间。

❑ 把作业上传到网上，使学生在任何时间都可以看到。

程序步骤

由于缺勤是不可预测的，因此在开学第一天就把缺勤程序建立起来非常重要。在教室前面准备一个篮筐，里边放上几个色彩鲜艳、引人注意的文件袋。在文件袋上表明教室、你的名字以及“缺勤文件夹”字样。用这些特殊的文件夹来存放缺勤学生的作业。

讲解

1. 向学生说明如果你的同桌缺勤，请到教室前面的篮筐里取一个缺勤文件夹并把它放到同桌的桌子上。在全天所有课上，老师在布置完任务后，你有责任把同桌需要完成的每一份作业放入文件夹中。

2. 请学生把各种作业、材料按顺序排列好。

3. 告诉学生缺勤文件夹要一直摆放在同桌的桌子上，直到他来上学或他家长过来把文件夹取走。当缺勤的学生回来上课，他知道在桌子上这个特殊的文件夹里就能找到他落下的功课。

4. 告诉学生这个文件夹仅用于存放落下的功课，缺勤学生回来上课后留的作业不能放到文件夹里。它只能存放老师分发的作业和材料，一定区分开落下的作业和新留的作业。

5. 为缺勤学生补交作业规定一个时间。当所有的内容都完成后，要求学生把整个文件夹都交给你。你就能区分清楚文件夹里边的作业是前一天的，而非今天刚布置的任务。

演练

学生需要采用角色扮演的方式练习这个程序。选一对同桌轮流扮演缺勤的学生，让“缺勤”的学生站在门口，这样他就能看到教室里发生的事情。在班上宣布：“我们假装杰森今天没来上课。他的同桌杰罗姆该做些什么呢？”等待学生们回答。

等待杰罗姆走到教室前面，从篮筐中取出一个“缺勤文件夹”并把它放在杰森的桌子上。然后继续宣布：“我现在要分发作业了”，然后把印好的作业题让学生横排传递。当杰罗姆拿到两份作业时——一份是他自己的，另一份是“缺勤”的杰森的，提醒全班同学注意，要将杰森的那份作业立即放入“缺

“翘课”之后

我们都有不来上课的时候。
下面教你如何跟上进度：

- 找到缺勤篮筐。
- 拿到“当你不在的时候”文件夹。
- 拿出里边所有的材料——都是你的哦。
- 你有两天的时间完成这些作业。

缺勤程序

- 当你回来上课时，你会在自己的桌子上看到一个文件夹，里面是所有你要补的作业。
- 你缺勤了几天，就用几天完时间成这些作业。
- 完成后装回缺勤文件夹交给我。

没来上课?

✓ 查看班级网站
✓ 拨打家庭作业热线
✓ 回来后去取缺勤文件夹

→ 两天内完成

❏ 如何处理学生在缺勤期间落下的作业是你课堂管理计划的一部分。

勤文件夹”中以免丢失。如果杰罗姆在完成程序时遇到困难，请其他同学提示他该怎么做。

让杰森走进教室。再次向全班宣布：“杰森今天来上学了，”同时提问杰森：“要去哪里找你不在学校时落下的作业？”

在大家的注视下，杰森自信地走到座位旁，举起“缺勤文件夹”，说：“我落下的所有作业都在这里了。”

继续问杰森：“你下一步该怎么做呢？”

杰森应该回答，“把完成的作业放回文件夹，三天之内把它交给您。”

通过网络查看作业

你可以通过创建一个网页来上传作业。Wiki是简单易操作的网页创建工具。

你的班级网页能让缺勤的学生在来上学之前就能看到落下的作业。班上其他学生也可以用它来检查是否完成了所有的任务。

父母可以通过班级网页了解孩子们在学校都学了什么。网页可以每天更新一次来反映每天不同的学习内容；也可以每周初更新一次用来通知学生本周将要学习哪些东西。

要为在家无法上网的学生寻求解决办法。可以在班上的电脑上登陆班级主页，这些学生可以把其中的内容抄写在笔记本上或把网页打印出来。但无论如何，他们也需要找到并上交落下的作业。

提醒学生他们有责任查看班级主页并在规定时间内完成所有落下的作业。

14 学习如何创建一个免费的班级网页，学生可以登录并获取作业信息。

经过成功的练习后，让杰森和杰罗姆互换角色，让全班同学再看一遍整个程序以加深印象。或选择其他一对同桌来做练习。

根据你所教授的年级来确定需要练习的次数。

强化

告诉学生这是一个伙伴制的程序。伙伴之间要相互照顾确保缺席期间落下的作业都整齐地存放在了文件夹中。

在开学的第一个月，每当有学生缺勤，要温柔地提醒学生使用“缺勤文件夹”的正确程序。

这个程序有利于建立班级友情，因为孩子们都希望建立一个他们可以依赖的伙伴制度。

❑ 文件夹上用水性记号笔写上了缺勤学生的名字。缺勤的学生可以在回来上课时从篮筐中拿到缺勤时落下的作业，在补齐作业后，他们要把文件夹交给老师。

程序 9

整理家庭作业

准备一个安排有序的文件夹或活页夹让学生存放作业或其他任务安排，能使学生充分利用在校和在家的学习时间。

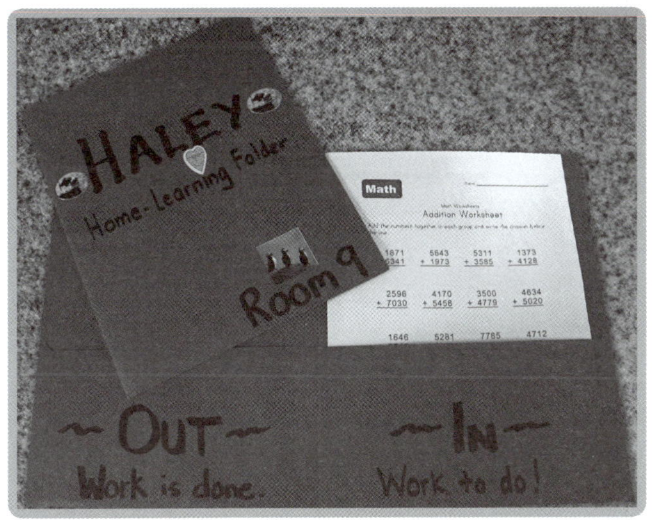

解决方案

“家庭作业”文件夹或“家庭学习”文件夹和“每周作业”文件夹能使学生变得有条理。它们是学校和家庭之间有效的联系工具，能让家长随时了解到每天孩子的学习内容。

这个程序创造了如下条件：

1. 让学生学会学生如何使作业变得有条理
2. 减少翻找作业的时间浪费
3. 使家长了解学校留的作业和其他学习任务

背景

教师可以借用各种物品培养学生的条理性——文件夹、螺旋笔记本、活页夹、档案袋、日历以及电子设备。整理工具可以将一切材料分门别类：包括学校、班级规定、程序、纪律、班级分发材料、课程表、课堂笔记、学习活动、考试卷子、设计、家庭作业等。

让学生们借助相关工具变得有条理并一直保持这种状态。家庭作业文件夹和作业单是一个学生每日惯例中必不可少的组成部分。

程序步骤

可以采取不同的方式整理家庭作业。如果使用文件夹，请使用文件夹中有两个口袋且不同颜色的文件夹。在文件夹封面上标出学生姓名，教室号和“家庭学习文件夹”。

打开文件夹并分别在里边两个口袋上标出“完成”和“未完成”

将未完成的家庭作业放入右侧标有“未完成”的口袋中，已完成作业放入左侧标有“已完成”的口袋中。

讲解

1. 要求学生把家庭学习文件夹展开放在课桌上，露出左右两个口袋。
2. 让学生指出“未完成”一侧的口袋，告诉学生把需要在课后完成的作业放进这里。
3. 要求学生创建“家庭学习任务页”，并把一周的作业写在上面。内容包括作业名称，完成时间以及作业完成后的标记方法。每节课或每天留出一段时间核对一下写在这一页上的任务是否全部完成。

4. 把家庭学习任务页放入文件夹的“未完成“一侧，告诉学生们所有的作业都要放在这一页下面。

5. 当学生们准备写作业的时候，他们打开文件夹浏览任务页，找到需要做的作业。

6. 让学生指出“已完成”一侧，这里用于存放已完成的作业。

7. 在学生完成作业之后，告诉他们把完成的作业放在已完成一侧并根据家庭学习任务页进行核对。

8. 告诉学生在回家时把文件夹放入背包。

9. 提醒学生每天上下学都要携带这个文件夹。

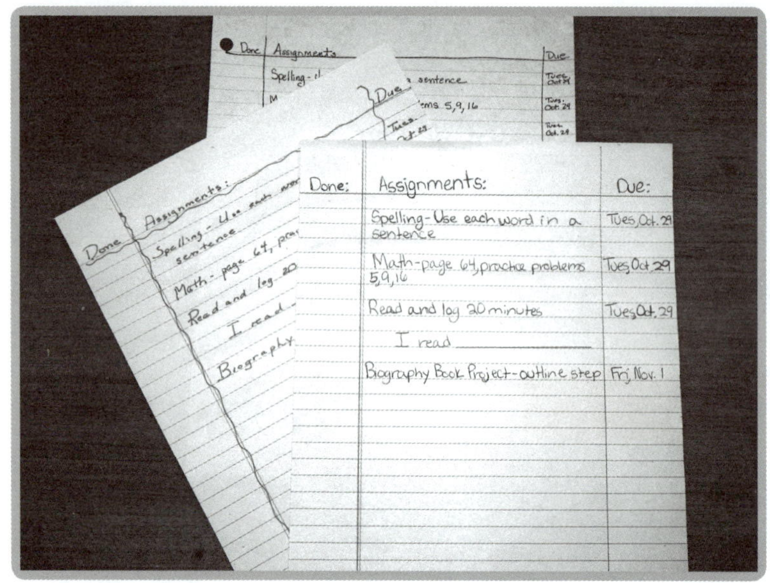

❑ 任务页能随时提醒学生哪些作业还没做、哪些已经完成。有些教师要求家长在任务页上签名，表示他们已经检查过孩子在家完成的作业了。

“丢弃”仪式

每周伊始，可以举办一个“丢弃”仪式。邀请上周完成所有作业的学生参加这个“盛大”的仪式。他们可以通过撕扯、团成纸团等各种方式把用完的任务页扔进垃圾桶。这象征着已经成功地完成一星期的学习，准备开始崭新的一周。

新的任务页已经替换了被扔掉的那张。学生们把它重新放入作业文件夹准备记录崭新一周的任务。

演练

让学生拿出一张横格纸，在上面写上“已完成”、“作业”以及“上交时间”。提醒学生把这张纸放在固定的位置以便随时查看。要求全班同学把任务页放在文件夹“未完成”的一侧。

把新布置的作业及上交时间写在黑板上，并要求学生将其抄在任务页上。只要教师新布置了任务，就要求学生取出文件夹把新任务依次抄写在任务页上。

任务页通常能够使用一周而无需更换，如果现有任务页已经写满，则要求学生制作一份新任务页附在现有这张后面。

当发下来第一份家庭作业纸时，提醒学生把它放在文件夹中任务页的后面。

检查每位学生的文件夹，其中的作业纸和任务页是否都放对了位置，任务页上是否写清了作业内容和上交时间。

告诉学生把作业文件夹带回家并做完“未完成”的作业。

要求学生在每完成一项作业后，在任务页“已完成”栏做出标记，并把做完的作业插入文件夹中“已完成”那侧。

提醒学生在完成所有的作业后，把作业文件夹装进背包放在门口，第二天上学要带回学校。

强化

在每天的学习快结束时，要对学生的作业文件夹进行检查，这个环节需要持续数天。要求学生把作业文件夹放在桌子上，露出两侧的插口。在班里走动检查学生文件夹及作业是否放在了合适位置，同时提醒学生应将做完的作业放在文件夹“已完成”的插口中。

在接下来的几天，每天放学后可以对学生进行抽查。

不断调整的过程

我的作业文件夹程序在数年来一直不断进行调整。我不得不寻求最佳的途径让学生在往返学校和家里的时候携带家庭作业，同时也使学生父母对每天的学习任务有最新的了解。

我最初是为学生准备了两个插口的文件夹，但很快放弃了这个做法。文件夹比活页夹小，也很容易丢失。学生们常常把作业往文件夹的插口中随便一塞，这往往会使作业纸变得残缺不全。

我还尝试过使用大个的马尼拉信封，学生每天把作业装到信封里带回家。但家长们很难找到藏在信封里的家庭作业。

现在我采用了用分隔卡分好类的活页夹，其中一类就是作业。把作业放进活页夹中标有“作业”分隔卡的后面，这使找到作业、完成并提交作业变成轻而易举的事情。

莎拉·乔达尔 ■ 布伦特伍德，加利福尼亚州

中学生的家庭学习

在中学班级，你可以让学生准备一个三孔活页夹。此前需要让他们知道什么是三孔活页夹，如果有学生没能准备好，你需要为他们提供。

你需要确定活页夹如何分类。比如，英语课的活页夹可以分为以下隔档：

- 作业
- 每日语法热身练习
- 词汇
- 日志写作
- 笔记

无论采取什么方式记录作业，这个程序都需要反复讲解、演练和强化，帮助学生随时更新作业的完成情况。

❑ 奥瑞莎·弗古森班里的学生都有一个贴有标签的作业活页夹。

15 这是一份家庭作业检查表，用来帮学生建立一致性的惯例。

作业纸抬头

固定的作业纸抬头能使学生所需的个人信息填写清楚，你完全不需要花费时间去辨别那些“神秘作业”到底是哪个学生的了。

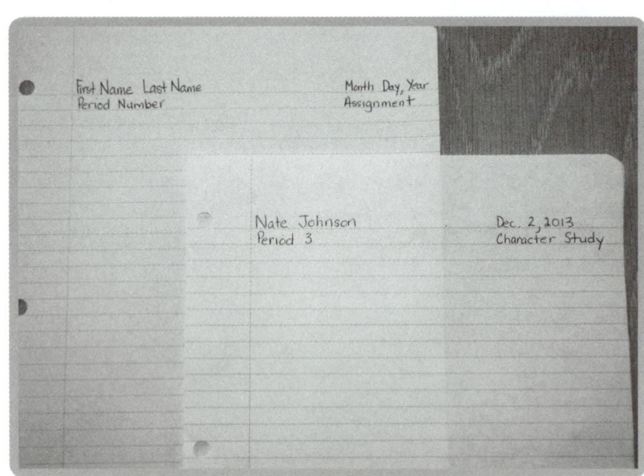

解决方案

把标准的作业纸抬头格式公布给学生并让他们学习，能使每份作业的抬头信息整齐划一，同时也能让学生了解到写清楚个人信息的重要性。**一旦作业纸抬头程序被固定下来，就再也不会出现有学生忘记写名字的情况了。**

这个程序可以解决如下问题：

1. 作业纸上没写姓名和其他重要信息
2. 花费时间弄清楚这“神秘作业”到底是谁的

背景

教师们每天要教好几门课、面对无数的学生，合理的作业程序能帮助教师充分了解学生的学习状况。在全班、全年级乃至全校范围内使用固定的作业抬头格式，能有效避免学生将姓名、日期的顺序写的颠三倒四或潦草不易辨别。

程序步骤

向学生展示作业抬头的样本并说明哪些信息应该具体写在什么位置，告诉他们所有的作业都要统一使用此格式。把作业抬头样本贴在教室前面，它可以包括如下信息：

- ❑ 学生姓名
- ❑ 学号
- ❑ 日期
- ❑ 科目
- ❑ 课时
- ❑ 作业题目

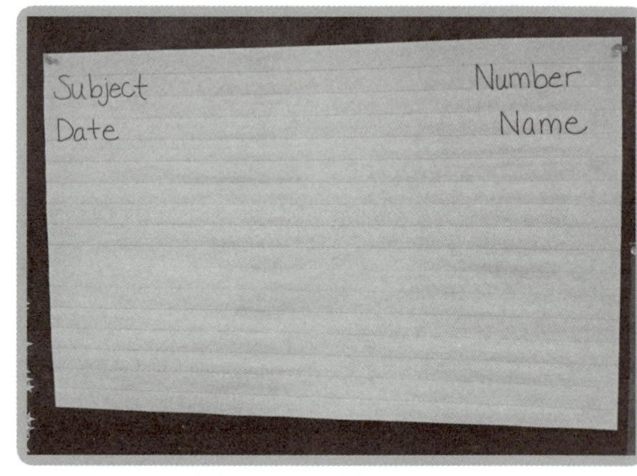

❑ 莎拉·乔达尔把她对作业抬头的要求张贴出来。

让它“站立起来”（s-t-a-n-d）

很多中学教师都采用首字母缩略词“S-T-A-N-D”来帮学生记忆作业抬头的格式：

S – 科目及学时

T – 教师

A – 作业

N – 姓名

D – 日期

你需要确定抬头的书写位置。抬头通常写在作业纸的上方，顶格写或是空一行都可以，但无论如何，抬头在任何作业中的格式都应该是固定的。

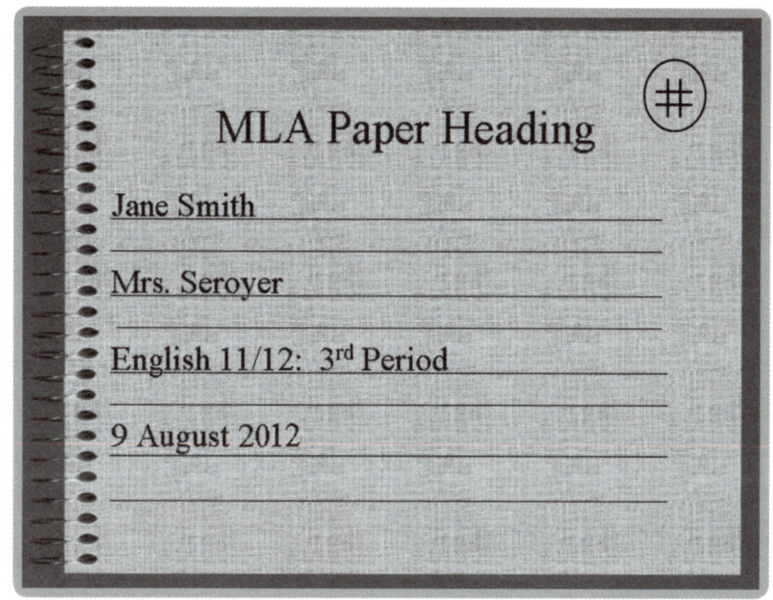

❑ 切伦达·瑟罗亚要求她的学生采用修改后的现代语言学会（MLA）格式。她希望每份作业上都有每位学生独一无二的信息。

讲解

1. 在布置第一份作业之前，给学生展示正确的作业抬头书写程序。
2. 将提前做好的作业抬头样本贴在教室前面，以便学生随时参考。
3. 详细说明抬头中各项信息的具体位置。
4. 请学生拿出一张白纸做抬头书写练习。
5. 要求学生每次只写一项信息。
6. 在教室中走动查看学生的这项信息是否写对位置，对出现的错误及时纠正。
7. 检查无误后继续写下一项信息。
8. 每写完一项，都要进行检查。
9. 请学生之间互相检查。
10. 按照这个程序完成所有的抬头信息。
11. 再练习一遍并检查是否正确。

演练

在发放第一份作业纸时，请学生做作业抬头练习。带领学生再次把书写程序走一遍，在全班同学练习书写时，走动检查是否正确。如果有学生未按要求写，要语气柔和地予以纠正。也可以小组或大组为单位，或者为个别学生分别做示范。对正确执行程序的学生予以肯定。

检查一下姓名

如果学生对即将上交作业时仍未写抬头，请用平和的语气提出“检查姓名”的要求。对于经常忘记写名字的学生，一句“检查一下姓名”可以起到提示作用。

之后让学生在姓名旁边做出标记，或通过竖大拇指、竖起铅笔、举手等肢体语言表示检查完毕，教师也要竖起大拇指予以回应。

强化

多加练习，作业抬头程序会被很快固定下来。如果有学生忘记了，提醒他参考教室前面贴的样本。

对一些接受能力比较差的学生，可以把样本贴在他的课桌上，随时可以近距离学习、模仿。

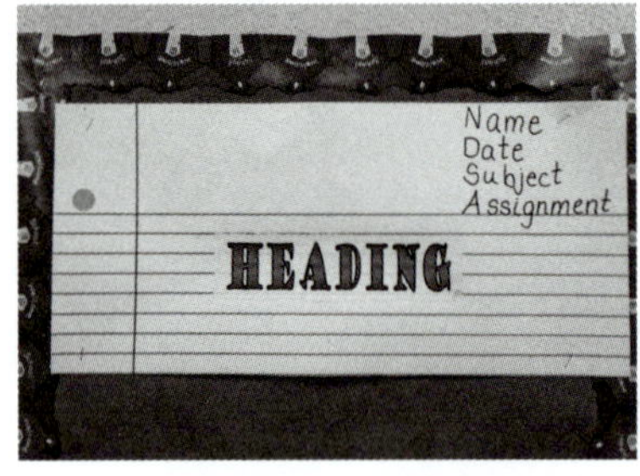

全学区保持一致

在亚利桑那州图森的弗洛因威尔斯统一学区（flowing wells unified school district）是一个K-12的学区，要求所辖的各所学校的所有作业纸上都要有抬头。

弗洛因·威尔斯学区的教师们要求所有的作业都要有抬头，但是每位教师都有权利调整抬头的具体格式。学区已经通过一套逐年级递进的抬头格式，并张贴在每一间教室里。

幼儿园

只写名字，但在学年结束时要能写出姓名

1-2 年级

写出姓名和日期

3-6 年级

写出全名、日期和作业题目

初高中

写出全名、日期、作业题目、课程/学科

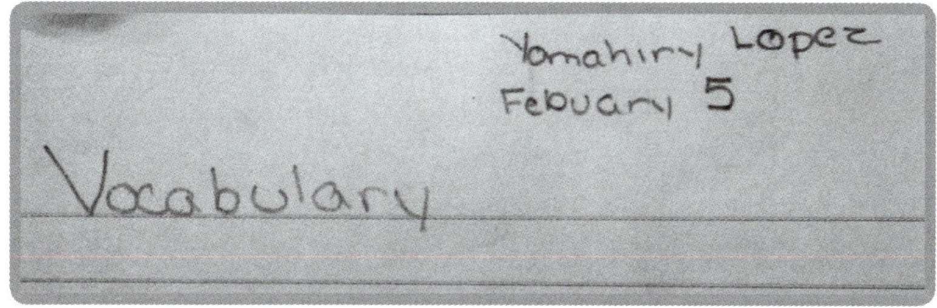

❑ 布里·巴伯，三年级教师

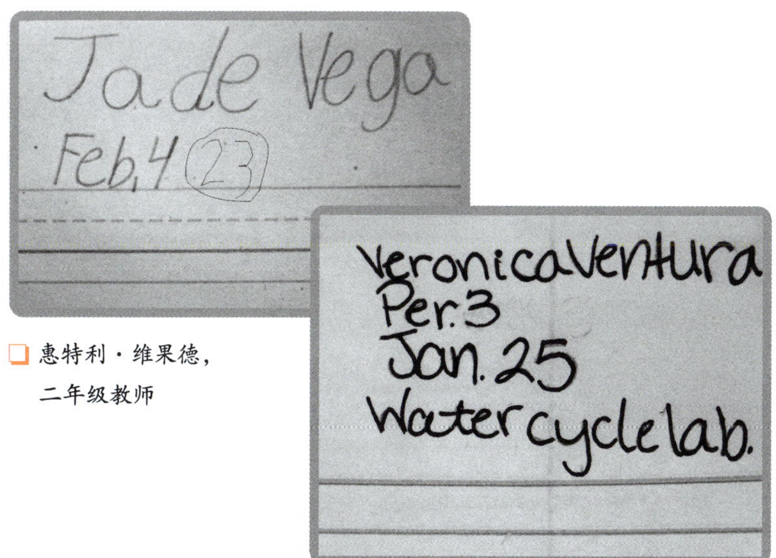

❑ 惠特利·维果德，二年级教师

❑ 艾希利·罗伯特森，高中教师

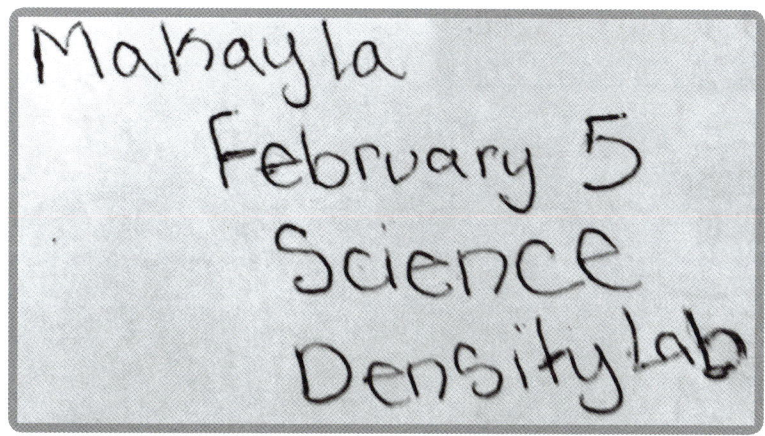

❑ 布里奇特·贝特森，六年级教师

很多教师要求学生在此基础上添加学号。每位学生在班上独一无二的学号可以帮助教师根据学号整理作业，便于记录分数，按顺序安排学生做助手等。

逐年级递进的抬头格式因其合理性而在全学区使用，但教师们并不一定完全照搬，他们可以根据自己班级的具体情况在此基础上进行自定义。

未完成的课堂作业

简单易操作的未完成课堂作业系统既能给学生时刻提醒，也能使老师对作业的完成情况进行追踪。

解决方案

有些学生往往不能在规定的时间完成课堂作业。**准备一个资料架或文件夹存放“进行中的作业”（WIP）能更好地管理学生在课堂未能完成的作业。**

这个程序可以解决以下问题：

1. 乱搁乱放或弄丢课上未完成的作业
2. 花费时间找未完成的作业
3. 无法令学生对自己的作业负责

背景

学生们常会把课上没做完的作业放在课桌里，这很快就会变得乱糟糟。找个固定的位置让学生存放未完成的作业可以帮助他们变得有条理。你也能够随时了解哪些学生还没做完作业，同时也能避免学生把作业弄丢或弄得皱巴巴的。

路易斯安那州门罗县的贝斯·费瑟斯顿（Beth Featherston）老师设立了“进行中的作业”文件夹。在规定时间没能写完作业的学生会把作业放入这个文件夹中，下一次继续完成。

学生们每天在回家前要检查一遍放在课桌内的文件夹，要把里边未完成的作业作为家庭作业带回家并于第二天完成后带回。

莎拉·乔达尔准备了一个资料架放置学生“进行中的作业”文件夹。文件夹以学号的顺序排列，整齐悬挂于资料架内。

程序步骤

在教室前面摆放一个资料架。为班上每位学生建立一个悬挂式文件夹，并按照合理的顺序排列以便于学生快速查找。

讲解

1. 向学生展示资料架，并告知他们每人都有一个悬挂文件夹。要求学生们把未完成的课堂作业都放在自己的文件夹中，但在任何情况下都不能超过三份未完成作业。

2. 提醒学生他们有责任尽快完成其中的作业，并经常查看文件夹。

3. 告诉学生文件夹中所有的作业必须于第二天前完成。如果未完成作业的数量超过三份，那么他需要利用休息时间把作业完成。否则将作为家庭作业并于第二天前完成。

4. 强调每天上课前，文件夹中不能再有未完成的作业。

演练

在布置第一份课堂作业时向学生介绍“未完成作业”资料架的功能。当该做下一个课堂活动时，让学生停下手中的作业，并询问他们谁没有做完。

让这些没做完作业的学生展示未完成作业的存放过程。

让一组学生带着未完成的作业走到资料架前，挨个指导他们如何摆放自己的文件夹，提醒他们把文件夹放在资料架上属于自己的位置。

对做对的学生予以表扬并帮助那些整理作业速度慢的学生。向学生说明资料架上文件夹的排列方式以便于他们查找。

强化

在每次课堂作业末尾提醒学生将未做完的作业存放在资料架上。

提醒学生他们有责任将作业完成并于第二天带到学校。告诉他们要充分利用在学校的一切时间，争取早点完成。

每天离校前要检查自己的文件夹中是否还有未完成的作业。

提醒学生他们有责任把文件夹内所有的作业完成。

未完成的作业

路易斯安那州圣露丝的教师夏莉·皮利，给每个学生发放了一个“进行中的作业”文件夹。她要求学生们把文件夹放在桌子上。

学生们不仅把未完成的作业放在文件夹内，同时也会放上正要完成的作业。这样在规定时间内提前完成作业的学生就不用坐着干等其他同学了。

学生们有责任把当天未完成的作业拿回家做完并于第二天带回学校。

我每天早晨去学校时都会特别兴奋

我一出大学校门就开始教书。那年我21岁，单身，对我将要踏上的工作岗位一无所知。我成为了一名高中老师，教三个班的消费数学和两个班的代数II。

第一年我过的简直一团糟！我曾认真想过秋季开学的时候不再来了。我的教室毫无秩序，我曾把教室规定贴出来但没有重点强调。

接下来的三年并未出现改观。尤其是去年，简直糟透了！我怀着第二个孩子，身体状况也很不好，在怀孕第31周的时候开始卧床。我的学生也因此受到很大影响。

当我身体恢复到可以来学校的时候，我发现我的课堂组织没有任何条理，在那个学期结束后，我确信作为老师，我是失败的，这点毋庸置疑。

我在八月的时候已经不打算再来了，直到我在一次开学前的大会上听到您给我们县的老师做的讲座。我打算对我的课堂结构进行一些改变，这对我来讲并不难，因为我之前的课堂根本无任何结构可言。

我从没意识到我的课堂上缺少了很简单的一样东西——直到参加八月份的教师工作坊。

那天晚上我一回家就开始写。我把对学生所有的期望都写了出来，准备在开学第一天发放。我用了开学前两天的时间跟学生讨论、让学生练习我制定的规定和程序。之后，我用开学第二周的时间进行强化。

这一年我感觉棒极了！我的学生都认真遵守规定和程序，没有任何牢骚。最了不起的事情是，学生们都真正开始学习了！他们每天一进教室就开始90分钟持续的学习。来得早的一拨学生甚至在第一声铃响前就进教室了——他们再也不会等待第二声铃响了。

由于上周安排了考试，学生们都为没能上课而感到失望。你能想象他们会因为没上成代数II而感到失望吗？我完全被程序和惯例的力量所折服。它们真的很有用！你挽救了我的教学生涯。

我每天早晨去学校给学生们上课时都会特别兴奋！

杰米 · 戴维斯 ■ 伦敦，肯塔基州

程序12

应急准备

保证学生的人身安全是你的主要职责之一。每个人都做好充分的准备是在危险降临时最好的防御。

解决方案

在紧急状况发生时，能做好管理学生和引导学生的准备至关重要，甚至可以挽救性命。设计紧急情况结束后的转换活动并加以练习，能使学生在完成紧急情况演习后以最短的时间回到教室。

这一程序可以创造如下条件：

1. 为师生做好应对危险的准备
2. 在紧急情况发生时，减少混乱和恐慌
3. 在学生回到教室后，教师能继续讲课

背景

飓风、地震、火灾、炸弹威胁和入侵者袭击都可能发生在你的学校——是的，就是你所在的学校。这些突如其来的事件会打破你平静安全的课堂秩序，但如果你为此做了准备，你和学生就都不会被这些事情难倒。

当意外事件发生时——如火警响起，学生们的表现要么是漠不关心要么是激动不已，这两种表现在紧急事件真正发生时就会变成恐慌。学生需要知道在危险到来时如何快速安全地作出反应。

与学生坦诚讨论危险来临时保持头脑清醒的重要性，警报声是提醒他们要尊重并遵守紧急情况程序。

程序步骤

由于每一刻都至关生死，做好充分的准备对每个人来说都极其重要。学生在面对危险时一定要保持冷静沉稳并知道该做什么。

1. 准备一个紧急疏散活页夹。

2. 贴出学校地图，并在上面重点标出紧急疏散通道

3. 设计转换活动，帮助学生在演习后重回学习状态

1. 准备一个紧急疏散活页夹

活页夹中要包含以下基本信息：

- ❑ 紧急情况程序
- ❑ 标出紧急疏散通道的地图

❏ 班级名册

❏ 必要的管理程序

把活页夹放在学生和代课老师都能找到的显眼位置。

2. 贴出学校地图，并在上面重点标出紧急疏散通道

把地图贴在门上或周围，在关键时刻师生可以以此为参考进行逃生。

班级名册

加拿大沙斯卡通市的教师罗瑞·杰（Laurie Jay）把班级名册用魔术贴粘在教室门框上。要求在发生紧急情况时，最后一个离开教室的学生要把它带在身上。当学生到达集合点后，使用这个名册进行点名。每次进行紧急演习，都会练习这一程序。

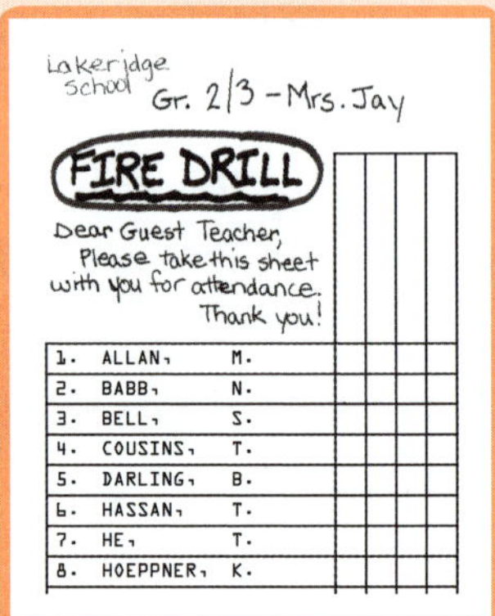
Lakeridge School
Gr. 2/3 – Mrs. Jay
FIRE DRILL
Dear Guest Teacher,
Please take this sheet with you for attendance.
Thank you!

1. ALLAN, M.
2. BABB, N.
3. BELL, S.
4. COUSINS, T.
5. DARLING, B.
6. HASSAN, T.
7. HE, T.
8. HOEPPNER, K.

3. 设计转换活动，帮助学生在演习后重回学习状态

在紧急情况演习前，思考如何让学生在演习完成后回到学习状态。学生在演习后常会兴奋不已，如何让他们快速平静下来开始学习？

以下是让学生回到学习上来的一些方法：

❏ 班会

开个班会对刚才发生的事件进行讨论。指出学生表现出色及表现不足的地方，让学生说说自己的看法和建议。

❏ 日志活动

给出写作提示并让学生写篇日志。

❏ 词汇墙

列出一系列有趣的词汇，让学生进行解释、造句或给出同义词、近义词等。

❏ 继续上课

从刚才被打断的地方继续往下讲。

讲解

1. 与学生讨论真正的紧急状况的危险性，强调应急演习的重要性，让学生明白它在关键时刻可以挽救生命。

2. 讲授学校的疏散程序。向学生说明程序中每个步骤的目的，使学生理解他们为什么要按要求进行配合。

3. 在学校地图上指明疏散通道。有必要的话要进行详细讲解，确保每个学生知道如何疏散。

❏ 在走廊和楼梯上必须靠右行走

❏ 必须排成一队

❏ 必须保持前进，不得停下等待他人

❏ 必须保持安静听从成人指挥

学生们必须知道如下关键信息：

❏ 选择哪个通道

- 如果电梯井和走廊都标有数字，确保学生熟悉这些标号
- 如果地图中使用了方位点，要说明具体的方向，确保学生能辨识东西南北

❏ 在哪里集合

- 如果学生与班级走散，应该知道去哪儿跟大家汇合

4. 指定两名学生在应急演习中承担不同职责：

- 一名负责人带领大家离开教室
- 另一名在最后离开，负责关灯、锁门

5. 请学生按学号在指定区域排好队。如果你使用学号系统，学生就会清楚知道排在他前后的同学是谁。你仅通过叫学号就能轻松知道是否所有的学生都已到场。

6. 清点完人数、收到紧急情况解除信号后带领学生回到教室。一进教室，马上实施准备好的转换活动。当全班同学的注意力都回到课堂上时，马上开始接着讲课。

7. 让学生明白尽管这只是一次演习，但在真正出现紧急状况时一定要按演习的步骤行动以保证自身和其他同学的安全。

演练

在向学生说明程序后，带学生走一遍程序：

- ❑ 带领学生沿着走廊、楼梯正确的一边行走，从安全出口走出
- ❑ 告知学生在演习时应在哪里集合
- ❑ 让学生按照学号顺序排好队
- ❑ 对正确遵守程序的学生提出表扬
- ❑ 演习结束后马上进行转换活动

强化

跟学生讨论你在程序执行过程中观察到了什么——哪些方面做的不错，哪些方面还可以提高。再次重复演习的过程直到所有学生都明白他们在紧急状况发生时应该怎么做。

每隔一个时段（每月、每季度或每学期的第一天）进行一次紧急疏散程序的排演，直到学生们牢牢记住该程序的各个步骤。

如果有新同学加入班级，要带他把应急程序学习一遍，并充分利用这次机会让全班同学进行一次紧急疏散程序的练习。

跟学生强调尽管应急演习看上去像是在浪费时间，但在关键时刻知道怎么做可以挽救生命。不能因为进行了应急演习而浪费掉课上剩余的时间，**转换活动会帮助学生们将注意力很快转到学习上来，教师可以接着往下讲。**

当学生了解到学习应急准备程序的目的是为了挽救生命时，他们会更乐意予以配合。

带来自信与冷静

过去几年发生了多起校园悲剧。受此影响，很多学校采取了多种预防措施随时做好准备。一些学校要求在上课时间锁闭大门；锁闭教室门，当有人敲门时，距离门口最近的学生要问一句：“谁？”

一些学校在教室门口装了卷帘，并要求学生结伴行动。有些学校每月进行一次演习——火警演习、入侵演习、炸弹演习、飓风演习、地震演习等。

通过讲解、演练和强化，你可以使学生在紧急情况到来时保持清醒和安全。

要根据年龄特点为学生提供相应的演习信息，避免小孩子受到过度的惊吓。

学生在执行应急准备方案时学到的自信和冷静会使他们在灾难真正降临时做好准备。

16

根据别人的做法检查一下你的应急准备信息。

成功挽救生命

在加州教了十年九年级后，霍兰德・梅耶斯打算放弃教师行业。他大多数学生都缺乏学习动力、毫无学习兴趣、没有学习效果、不遵守纪律。教室里回响着他大声维持秩序的声音。他甚至觉得这还不如在家看孩子有成就感。

当同事说下学期将由其接手一个23年来她见过的最差的班的时候，霍兰德感觉筋疲力尽准备放弃教师职业了。

幸运的是，霍兰德假期参加了一个在职培训研讨会，听到了黄绍裘博士（本书作者）的发言。对于课堂程序和结构的讨论引发了霍兰德的思考。他购买了《如何成为高效能教师》这本书，并在开学前一周开始为“最差的一拨学生”制定方案。

他的目标是创设良好的学习环境。他开始制作班级程序的海报并将它们挂在教室四周。他把优秀的学生作业也贴在墙上，旁边写上“祝你成功！”。他还为每个学生准备了一个信封，里边附有他写给每人的一封信及所有的程序。

第二学期开始的第一天，霍兰德要求学生们一进教室就开始做写在黑板上的作业。当学生低头写作业时，霍兰德走到每位学生面前，把信封交给他们，并挨个表示欢迎。有的学生觉得他这样做很有趣，好像在说外语一样；但他还是坚持执行程序。

之后霍兰德对全班同学说，如果他们能在这里取得成功，那么他们将来在哪儿都能成功，他会教他们如何去做。他接着给学生讲授能使他们获得成功的程序，从礼貌、纪律、责任、团队努力和合作开始讲起。他说：“这些都是在学校和人生取得成功的关键。”

上个学期，霍兰德还在花费时间让学生注意听讲，那个过程就像是坐过山车一样。由刚开始语气和善的“大家请听我说……”逐渐变成充满怒气的大喊：“这有那么难吗！坐下！闭嘴！”

这学期，霍兰德和学生们练习了一个新的程序。当他摇响铃声，学生知道该打起精神，转向老师，安静听讲了。

每次霍兰德需要学生集中注意力的时候都会摇铃，学生立刻做出反应。霍华德会对学生的做法表示肯定：“感谢大家停下来听我讲课。”

就在开学第一天放学的途中，一位学生对他说：“梅耶斯先生，我想我会喜欢您的课的。”

在接下来的10周，霍兰德继续为学生讲解取得成功的要素。他教学生要懂得互相尊重，学生们用“谢谢”、“劳驾”、“抱歉”、“不客气”等词汇取代了之前的傲慢无礼的行为。

霍兰德告诉学生要将“诚信”“努力”以及“合作”作为共同目标。他请四个计算机文化课的班接受成功的挑战。之前，有三分之一的学生都曾得过C或以下的分数。

学生们很严肃地接受了挑战。学期末，所有的学生成绩都在C以上——他们之前曾被霍兰德的同事视为“最差的一拨学生”。

霍兰德现在已经不讲授计算机文化课了。他根据自己的专长讲授生涯规划课，现在教学生如何做911调度员。学会了程序，学生们就可以挽救他人的生命了。

由于遭受挫折，霍兰德几乎放弃了教学生涯。而现在，他变得无比开心。他建立了学生的“成功文化”，率领着一队学生等待关键时刻使用程序挽救生命。

程序 13

吸引学生的注意

使用预设的信号使学生集中精力能有效节省时间，避免在要求学生集中精力时大喊大叫、恳求其注意等尴尬情况发生。

请你注意时

1. 老师会说："女士们、先生们，谢谢大家聆听"、"注意听了"、或"准备好了吗？"
2. 有时候，老师也会举起一根手指
3. 当你听到（或看到）这个信号，请停下手头的事情，认真听讲。

班里的噪声级
必须为静音

解决方案

形成吸引学生注意的固定做法会减少课堂混乱和噪音，很快使学生安静下来。这样做不会伤害学生的自尊，因为他们没有被强制的感觉；也不会伤及教师的自尊，因为他们采取了专业、关爱的方式引起学生注意。

这个程序创造了以下条件：

1. 当全班学生集中注意力的时候，仍然保持安静
2. 使用固定的信号，每人都可以集中精力
3. 学生集中注意力的过程没有时间浪费

背景

让学生集中注意力往往是意志的较量。随着你耐心的消逝，你开始提高音量，希望压过学生说话的声音以吸引他们的注意。

选择什么样的信号不重要，只需任意设定一个，紧接着讲授信号后面的程序。这个信号可以是很简单的一句"请大家注意了"。

对于简单的声音命令，如"请听好了"、"拍手"、"敲钟"或做出一个视觉命令如"举起一只手"等，学生都可以做出很好的回应。

告诉学生们你要求他们引起注意的信号，然后**很自信的发出希望他们保持安静的信号，等待他们安静下来。**课堂安静后要对学生表示感谢然后给出下一步的指示。

根据你的课堂环境，你可能会用到多种手段使学生集中注意力，无论使用什么信号，把它作为达到这一目的的专用信号。

告诉教授同一班级的其他同事这一技巧并鼓励他们在上课的时候使用。

程序步骤

选择一种你能够熟练做出的信号，并且你的学生看到后也很容易联想到你在请求他们集中注意力。这信号要根据年级的高低和学科有所变化。最简单的吸引学生注意力的方式是宣布："请大学注意了"或"各位（同学们，孩子们），请注意听了"。

讲解

介绍注意力信号，如果你使用的是声音命令，告诉学生当他们听到老师宣布，“各位，注意听了”他们必须做以下三件事：

1. 马上停下正在做的事情
2. 抬头看老师
3. 认真听讲

如果你使用的是非语音命令，向学生展示这一动作信号并要求他们看到信号后完成以上三个步骤。

发出信号，然后等待

我有一次看到我们校长在没有麦克风的情况下使整个大礼堂的学生们保持安静，对此我印象深刻。校长对我说，“当你需要吸引学生们的注意力时，一定要站直并用坚定的口吻要求他们集中注意力，然后耐心等待。”

这对我启发很大。这是件很简单的事，但是我是花费了十二年的时间才把它学会。我不是语气不够坚定，就是没有耐心等待，所以不得不再次重复。

一旦我坚定的发出信号之后并耐心等待，我成功了。并且之后一直效果不错。

演练

带领全班练习此程序。先请学生们转过头去跟周围的同学说话，过一会，用清晰坚定的口吻发出信号：“各位，注意听了。”同时为学生口头讲解各个步骤并让他们停下手头在做的事情，转过头来注视着你并认真听讲。

如果学生反应较慢，帮助他们正确执行程序。

向遵守程序的学生表示感谢。

让一些学生离开座位，再练习一遍。再次发出信号，但这次不需带领他们复习各个步骤。监视学生的行为并及时纠正错误做法。耐心等待。这一点至关重要，一定要等全班彻底安静下来，全体学生都开始注视你的时候才开始讲话。

如果学生一直讲话无法安静，提醒他们遵守程序的重要性。

继续练习直至所有的学生都能很好地遵守程序。

利用下一次学生做小组练习的机会再次练习此程序。

强化

对全班同学的快速反应表示感谢。在放学前提醒他们你将来每天都会使用这个程序来吸引他们的注意力。

17 “来击个掌吧”因辛迪·黄而广为人知，目前是被各年级普遍使用的技巧。

安静的手语

麦克·里德在新泽西州的中学任教，常用手语跟学生进行交流。很多老师发现，他们说话越少，学生收获的越多。学生在表达基本需要时也用手语向教师示意——“B”代表盥洗室，“W”代表饮水处，“H”代表需要帮助，“S”代表需要用铅笔刀。教师也用简单的点头或代表Yes的手语“Y”和代表No的手语“N”来回应。

这种做法在他的所有班级甚至他所在学校都是一致的，以至于和他搭档的特教老师评论说在她25年多的教师生涯中从没有看到过表现这么出色的班级。

–伸出食指意味着你有问题

–伸出两个指头意思是你需要离开座位

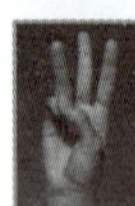

–伸出三个指头代表你需要帮助

–手指交叉代表你需要上厕所、喝水、使用衣帽柜或去看校医

❑ 学生在课上用B和H的手语安静的交流，表达他们的需求。

请注意了

并没有一种固定模式来要求某一群体提起注意，当你选择方法时一定要考虑一下环境、群体的年龄和你的个性。

SALAME

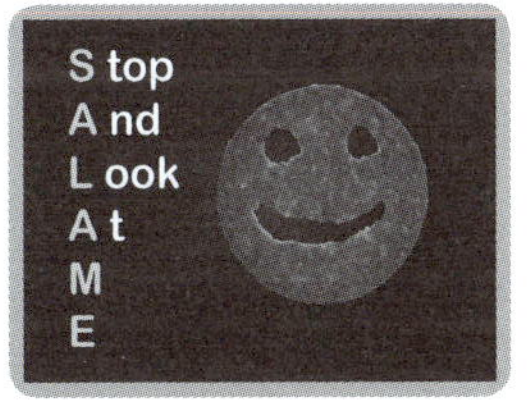

当老师说："SALAME"时，学生们意识到这个词的含义，他们会停下手里的事，并开始执行。(stop and look at me的首字母缩写——停下手里的事，抬头看着我。)

学校吉祥物

在开会时，负责人拿着一只学校的吉祥物——一只狮子。参会者看到这个吉祥物后，模仿狮子发出了一声吼叫。狮子被拿走后，大家安静下来，注视着负责人。

"请安静"和"谢谢"

有时简单的"请注意"和"谢谢"就能引起学生的注意。用自信和请求的口吻说"请安静一下好吗？"然后等待学生们集中注意力。等学生们安静下来，要对他们说声"谢谢"。之后再解释为什么需要他们集中注意力听讲。

手势

伯沃利·沃勒瑞在佛罗里达州某学院的教育家准备研究所（EPI）工作，是一项获奖项目负责人。

伯沃利利用对话应答的技巧创建了一个称为"说说聊聊（Yakety Yak）"的程序用于吸引参与者的注意力。她摆出一个说说/聊聊的手势。

1. 伯沃利摆出"说说聊聊"的手势，同时，嘴里说出"说说聊聊"。

2. 参与者转过头来面向她。

3. 参与者打出"回到正轨"的手势：抬起双臂，双手食指指向教师，同时说出"回到正轨"。

4. 当所有人都安静下来面向伯沃利的时候，她达到了集中注意力的目的。

程序 14

教室工作

工作能培养学生的责任感和班级的主人翁意识。

解决方案

让学生负责一项教室工作时，每个人都变成了教室的小主人。这会使他们产生责任心、纪律意识、团队精神和班级自豪感，为建设积极的学习环境作出贡献。

这个程序可以解决以下问题：

1. 每天做必要的清扫工作保持教室清洁
2. 教师不必再做教室清洁工作
3. 有益于培养责任心和团队意识

背景

通过故事书《马拉凯小姐不住在10号房间》引入教室工作的概念。在读完故事后，让学生思考：大家都不住在教室，但是教室这个“家”也需要每天有人帮忙打扫才能让大家更好地学习，每位同学都应该做出自己的贡献。学生需要具备团队意识和责任心才能把这项工作做好——在开学第一周就开始执行。

你可以使用“工作转盘”作为工具分配工作，它能使分配过程公正、透明。“工作转盘”每周转一次，使学生轮流体验不同的工作。

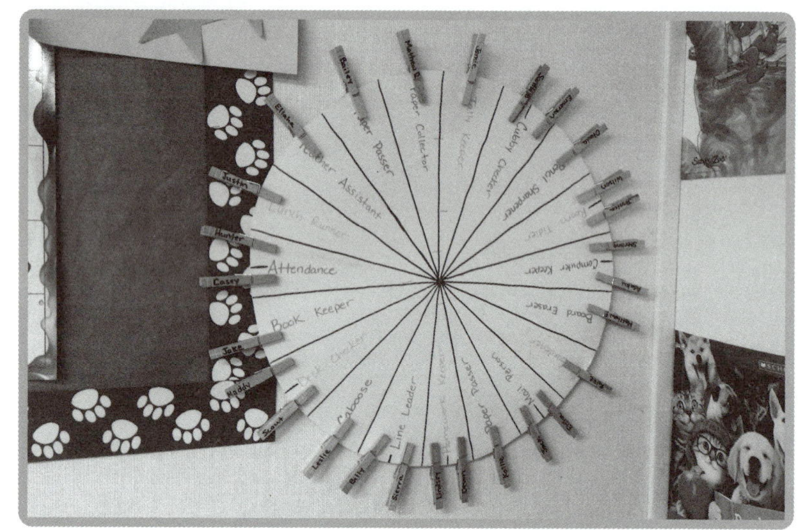

❑ 工作转盘使教室工作的分配变得很简单。

程序步骤

每个班都有自己的特点，因此你的教室工作清单与同事的要有所区别。有些工作是每天都要做的，而有些只需一周做一次。你需要制作属于自己的教室工作清单。

小学教室的工作非常多，一般情况下会每周分配一次。如果是中学教室，则要保证至少每月分配一次。清单中的工作无轻重之分。

- ❑ 教师助理
- ❑ 午餐管理员
- ❑ 计数员
- ❑ 作业保管员
- ❑ 小花匠
- ❑ 课桌检查员
- ❑ 临时助理
- ❑ 削铅笔专员
- ❑ 柜子检查员
- ❑ 宣誓带头人
- ❑ 开窗负责人
- ❑ 毛衣保管员
- ❑ 旗子保管员
- ❑ 关窗负责人
- ❑ 技术助理
- ❑ 考勤检查员
- ❑ 书籍管理员
- ❑ 日历更换员
- ❑ 作业发放员
- ❑ 黑板清洁员
- ❑ 新生欢迎员
- ❑ 作业回收员
- ❑ 图书馆书籍保管员
- ❑ 宠物管理员
- ❑ 小组长
- ❑ 灯管理员
- ❑ 垃圾检查员
- ❑ 晨会负责人
- ❑ 用品管理员
- ❑ 操场设备管理员

❑ 每项工作对教室的顺利运行都很重要。

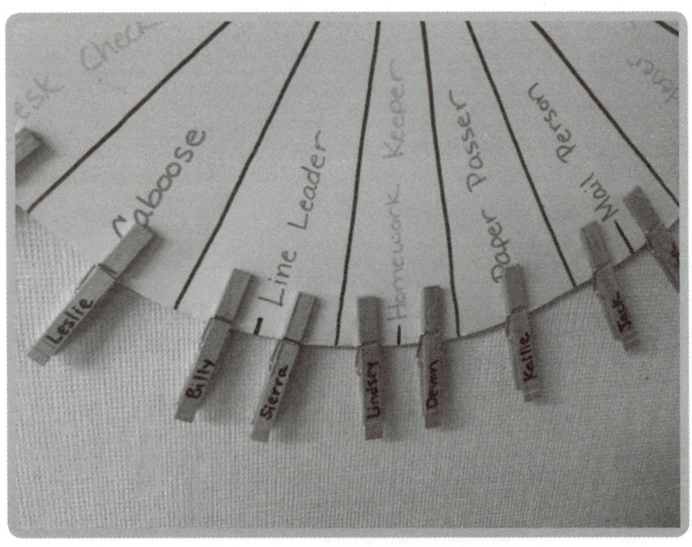

制作一个包含所有教室工作的“工作转盘”：

1. 用硬纸板剪成一个大圆盘。

2. 根据工作的数量将其划分成等份。

3. 在每一份上写上工作名称。

4. 在晾衣夹上分别写上每位同学的名字，并把它们夹在划分好的转盘上。

学生会在转盘上找到他们的名字和对应的本周工作。每周即将结束时，按顺时针移动晾衣夹的位置，使学生轮换工作。

把工作清单贴在班级通知板上便于学生随时查看。

- ❑ 工作名称
- ❑ 工作内容描述
- ❑ 工作完成时间
- ❑ 工作次数

讲解

1. 就教室的清洁问题与学生展开讨论，使他们了解干净整齐的环境比脏乱的教室更有益于学习。每位同学都要有团队意识并保持教室的卫生整洁。

2. 告诉学生他们每个人都要在一段时间内负责自己的工作。

3. 向学生介绍工作清单，描述具体的工作内容和完成时间。让学生明白每个人的工作对保持清洁、温馨的教室环境都同等重要。

4. 给学生展示“工作转盘”并解释其使用方法及每周工作的轮换方式。

5. 宣布学生第一周的工作，请学生口头描述自己的工作内容，并进行必要的补充。

❑ 丹尼尔·布隆纳（Danielle Blonar）把学生工作表称为“一群小帮手”。她的学生们要完成每周属于自己的工作。如果哪位学生因故没来，“临时小帮手”会在当天代替那位同学完成工作。

演练

采取角色扮演的方式让学生熟悉不同的工作。在学生表演时，请其他同学提出意见。同时提醒学生他们每天只做同一项工作。

如果学生想了解工作名称和具体职责，可以参考“工作转盘”和工作清单。

对于学生在练习中的出色表现提出表扬。

强化

将清洁教室的时间列入每日日程。扫除时间可以安排在课后或放学前，但一定要固定下来。

刚开始的时候学生可能需要温和的提醒，但慢慢会形成习惯。

S. O. S时间

S. O. S或“Super Organized Students（超级有条理的学生）”时间通常安排在放学前十分钟。全班同学都会参与进来：无论他们在做班级助理工作还是在整理自己的东西或准备回家。

S. O. S. 时间被学生认为是打扫教室、给老师帮忙、整理自己物品的时间。当老师一宣布：“现在是S. O. S时间”，所有的学生立即开始行动，整理教室、收拾自己的物品。

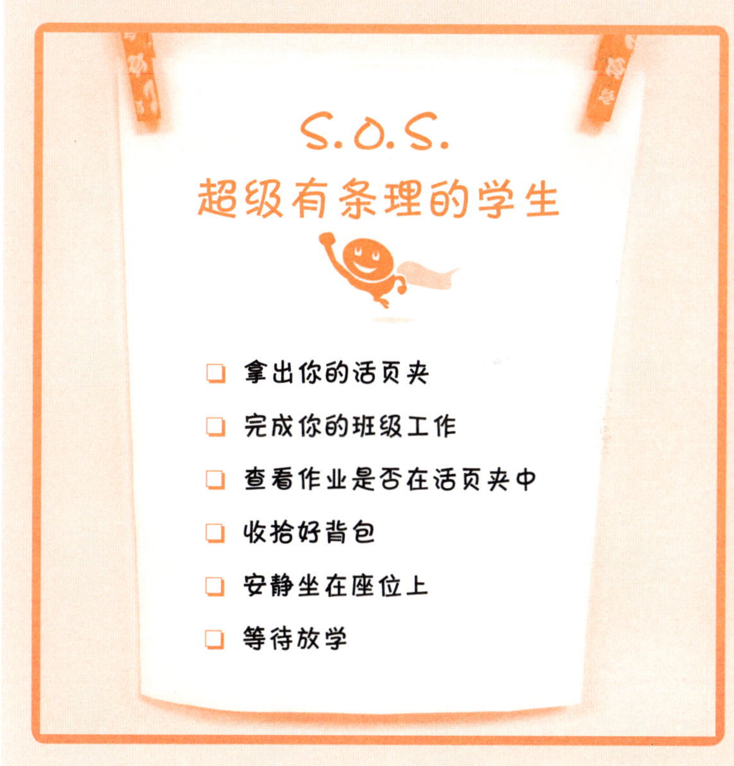

教室里的电话响了

建立在教室接电话的程序，教师可以不必中断正在进行的课程急匆匆去接电话，能保证课堂秩序的稳定运行。

解决方案

当教室的电话响起时，教师并不一定总能腾出时间去接听。**建立相关程序，让学生知道谁应该去接电话，该如何回答，该使用多大音量。**

这个程序可以避免教学过程被中断并能解决以下问题：

1. 如果教师在忙，谁应该去接听电话
2. 如果电话铃响了，班上其他同学应尽量保持安静

背景

在授课或答疑时班上的电话响起往往会引起一阵混乱，停下来去接电话同样会影响课堂秩序。建立合理程序让学生知道如何处理来电可以保证教学过程的顺利进行。

程序步骤

在教室电话旁边放上铅笔和纸便于记录留言信息。在电话上贴上使用说明，同时标明学生在接听时的音量。

- ❑ 教室__________，学生在接听。
- ❑ 稍等。我去转告老师。
- ❑ 老师过来接电话了。
- ❑ 老师下课后给您打回去。请问您是哪位？

告诉学生除非是在给学生上课或答疑，否则你都会去接电话。这个程序用于你不能去接听的场合。

❑ 提示学生在教室电话铃响起时如何接听。

讲解

1. 告诉学生如果在教室电话响起时，如果他们在讲话，请尽量压低声音。

2. 距离电话最近的学生过去接听。学生不要都抢着去接——这不是比赛。

3. 提示学生在接听时要先说，“教室__________，学生在接听”。

4. 当打电话的人说出其身份和意图后，让学生回答，“稍等。我去转告老师”。

5. 学生走到老师那里转达电话信息。

6. 根据信息内容，你可以请学生回复打电话的人，“老师过来接电话了”，“老师下课后给您打回去”或者“请问您是哪位？”

7. 学生会在电话旁边的纸上记下来电号码并交给老师。

演练

把电话的应答内容写在黑板上，跟学生共同完成这个练习。

根据应答内容示范学生接电话的程序。

进入教室的应答脚本

在教室门口贴出了学生报告身份信息的应答模板。它能帮助教师在学生进入教室前确认其身份。

由你扮演打电话的人，学生根据黑板上的提示大声“接听”你的电话。

请几位同学扮演打电话者，然后和其他人互换角色。

提醒学生听到电话铃声时，要继续上课，但要降低集体讨论的音量。

强化

当教室电话铃第一次响起而你又无法接听时，停下进行中的事情注意观察去接电话的那个学生。

在接听过程完成后，与全班同学分享该同学在执行程序时做的正确以及不足的地方，并在下次电话铃响时予以提示。

学生不会辜负你的期望*

我同时教AP英语预备班和普通英语班，我喜欢把普通英语班学生的作业拿到AP英语预备班进行展示。两个班学生的作业水平看不出任何差异，因为我对所有的学生都有相同的预期。

我的同事经常会问：“这是你AP预备班的学生的作业吗？”

我会非常自豪地回答：“不，这是我普通班学生做的。”

学生们是不会辜负你的期望的。给所有的学生设定同样的标准。

* 可参考“开学伊始”部分了解有关对学生预期的相关内容。

* 阅读《如何成为高效能教师》中关于期望的相关研究。

奥瑞莎·弗古森 ■ 史密斯堡，阿肯色州

使程序变为惯例

读到这里，你几乎已经完成本书的核心内容（程序）的三分之一了。但是，《卓越课堂管理》不是一部小说，你可以不必按照从头到尾的顺序进行阅读。

《卓越课堂管理》采取了与其姊妹篇《如何成为高效能教师》相同的写作方式，不需要一页一页按顺序阅读。它更像是一本《汽车使用说明》，你在遇到问题时，翻到相应的章节，学习一个新技能，获得片刻惊喜。

高压锅的每一条菜谱都会提示："开盖小心，当心烫伤面部。"

零售的热饮杯子上都会标有："热饮，小心烫口。"

这本书中的每一个程序都重复相同的三个步骤：

- 讲解
- 演练
- 强化

在程序教学时你需要不断重复这三个步骤直至熟记于心。每个步骤对于将程序变成学生的惯例都非常重要。一旦这些程序变成惯例，你用于管理课堂的时间就大大缩减了，可以把更多的精力放在课堂教学上。

洗手间休息时间

上课时间是用来学习的，课间休息时间是用来处理个人需求的。由于存在紧急情况，需要有相应程序来减少对课堂秩序的影响。

解决方案

在课上允许学生不停上洗手间会影响正常的教学；对学生上洗手间的时间进行监视也会影响上课。让学生自己来负责这件事情吧，**采用“出入系统”就能将此事搞定。**

这个程序可以创造如下条件：

1. 在课上管理学生对洗手间的使用时间。
2. 避免因学生离开教室而影响教学
3. 鼓励学生在课间解决个人问题

背景

上课时照顾一些学生的个人需求，如请求上洗手间，不一定会影响正常的教学。使用口袋记录表能使学生学会管理自身需求。

将口袋记录表挂在教室里，把学生的姓名或学号写在口袋上。在每个口袋内放入一定数量的“洗手间通行条”。

通行条的数量可以根据学生的年龄和上课天数确定。如，在正常的教学月，可以给每个学生4张通行条。

在包含假期等较短的教学月，可给每个学生2张通行条。

这些通行条是学生暂时离开教室去洗手间的“门票”。

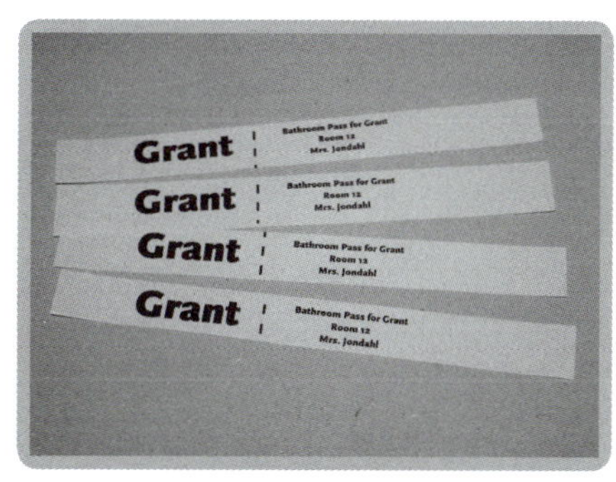

❑ 通行条上标有学生的姓名和班级信息。

❑ 口袋以学生的学号加以区分，里边放着各自的洗手间通行条。

程序步骤

用WORD或其他软件制作洗手间通行条模板，以便随时更新及按月打印。

在一张大图纸上贴上口袋。每个口袋上分别写上学生的姓名或学号。

打印、裁剪洗手间通行条并将其放入学生对应的口袋中。这项月任务可以请学生助手帮忙完成。

开学第一天就讲授洗手间休息时间的程序，消除学生的紧张情绪。

耐心

要有耐心。凡事都是先难后易。

萨迪 ▪ 中世纪诗人

讲解

1. 向学生展示洗手间通行口袋记录表；并说明每个口袋上都分别标有学生的姓名和学号。

2. 告诉学生在每月初，每人都会得到相同数量的通行条。这些通行条是他们在上课时需要去洗手间时暂时离开教室的“门票”。

3. 从一个口袋中拿出通行条，向学生说明通行条左边一半写有他们的姓名，因此只能使用自己的那份。

4. 特别说明在课上使用洗手间时一定先取通行条。

5. 在去洗手间之前从墙上记录表口袋中取出通行条。

6. 轻轻地交给老师。

7. 如果学生在恰当的时间使用通行条上洗手间，你需要把通行条撕成两半，留下写有学生姓名的那一半，把另一半交个学生。这个动作意味着学生可以离开教室了。

8. 如果学生要求使用洗手间的时间不恰当，你要把通行条还给学生，再由他放回记录表口袋中并等待恰当的时间。如遇紧急情况可以有例外。

9. 让学生知道执行这个程序是为了尽量不影响课堂教学。

10. 只要学生的记录表口袋中还有通行条，他就可以使用。

11. 当月通行条限当月使用。如果有学生提前用完，他必须在恰当的时间向教师提出请求。找时间跟这个学生就此事聊一聊，看看是否有生理问题需要特别照顾，同时对其使用洗手间的需求提出个性化建议。

12. 如果有学生的通行条还有剩余，可以用来换取特殊的活动入场券。如，6张通行条可以换一张午餐休息时的电影票。为你的学生设计某种合适的激励措施，鼓励他们在课间休息时使用洗手间。学生应当尽量减少对通行条的使用。

13. 学生从洗手间回来后应立即回到座位上，继续上课。

14. 在出现紧急情况时，你手里写有学生姓名的那一半通行条可以提醒你谁没在教室。

15. 在任何时候，最多只允许一个男生和一个女生去洗手间。

演练

示范学生使用洗手间通行条的正确做法。从记录表口袋中取出一张通行条。大声讲解拿到通行条、交给老师、等待批准的步骤。

选择一名学生演示以上步骤。提醒学生当他们拿着通行条交给老师时，应该保持安静，避免打扰其他同学学习。

学生很快就会明白使用通行条的恰当时间，他们不愿因老师把通行条还给他们而感到尴尬。他们会尽量错开在老师讲课或为其他同学答疑的时间。

学生也知道应在课间使用洗手间，使用激励措施让他们减少对通行条的使用。

强化

有些学生在请求使用洗手间时还有不满情绪，不能保持安静，这就需要对这个程序多加练习。对遵守程序的学生表示感谢。

如果有学生忘记了该程序，请另外一个学生帮助他进行回忆。

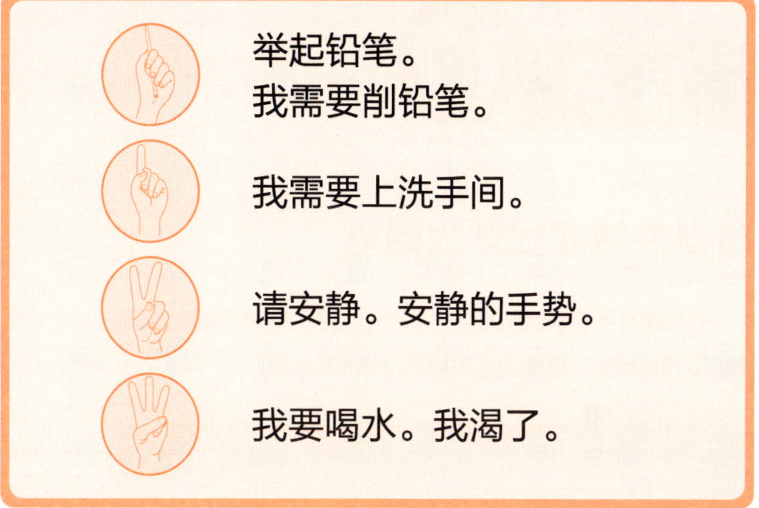

在纽约市的艾琳洛克小学，全校学生在请求使用洗手间时都采用相同的程序。全校各处都贴着有关课堂需求的手势说明。

迄今为止最好的

从教多年来，我尝试了很多种不同的程序用于管理课上使用洗手间的问题。我试过壁挂式记录表——男生一张女生一张；我在门口设过出入记录单，学生要把他们出入教室的时间记在上面；我还尝试过每人一张洗手间使用单，平时由学生自己保管，在上课使用洗手间前把它交给我。

所有的这些方法都起到了一定的作用，但在鼓励学生课间使用洗手间的问题上效果不明显。

然而使用壁挂式口袋放置通行条的方式取到很好的效果，因为学生们想用剩下来的通行条获得其他奖励。经过九年的实验，这个方法是我使用过的最好的，在我的班上取得了巨大的成功。

莎拉 · 乔达尔 ▪ 布伦特伍德，加利福尼亚州

替换变钝或损坏的铅笔

如果能在不影响其他学生学习的情况下快速地将变钝或损坏的铅笔替换掉，你的授课过程将丝毫不受影响。

解决方案

没有必要为削铅笔而排成长队，也没必要反复跟学生讲解要对自己负责，带足削好的铅笔到学校来的重要性；**不要生气，也不要浪费教学时间。**

这个程序能使学生拿着削好的铅笔继续学习，能解决如下问题：

1. 由于学生削铅笔而中断上课
2. 学生在需要写字时没有削好的铅笔可用
3. 学生的书桌里堆满了变钝和损坏的铅笔

背景

铅笔变钝、损坏的现象在课堂上常见，但学生不需要晃着铅笔，喊道：“我的铅笔坏了！我要一支新的！”这会影响到其他学生，让全班无法学习，浪费学习时间。

有些老师让学生使用班上的铅笔刀，这样做的弊端是削完铅笔的碎屑会弄得哪里都是。

学生在等待削铅笔的时候也可能会闲聊——这就更大程度地扰乱了课堂秩序。

使用简单的程序就可以使学生在不打扰他人的情况下，很快拿到削好的铅笔继续学习。

程序步骤

在教室一侧或后面设立一个铅笔替换点。不要把站点设在教室前面，否则会分散学生注意力。

在铅笔替换点放置两个笔筒。一个上面标上“用过的铅笔”，另一个写上“新铅笔”。

“用过的铅笔”筒用于放置学生使用过的变钝或损坏的铅笔。“新铅笔”筒用于盛放削好的铅笔。

学生常常使用手握铅笔刀，这往往把铅笔屑弄得到处都是，在削铅笔时也会使他分心。

个人的铅笔刀

如果学生喜欢使用它们自己的铅笔并需要在课上削铅笔的话，鼓励学生自己准备一个铅笔刀。

给每个学生准备一个密封袋用来盛放铅笔刀。告诉学生平时这个密封袋一定要封好，当需要削铅笔的时候才把它打开。削铅笔时不要把铅笔刀拿出来，这样铅笔屑会直接留在密封袋中。完成后再次将密封袋封好，合适的时候将铅笔屑倒掉。

削好的铅笔放在“新铅笔”筒中。

讲解

1. 展示给学生铅笔替换点，指出两个笔筒。告诉学生如果笔尖变钝或断了想要更换新笔，他们需要把笔稍举过头顶。这同时学生们要保持安静，不能在空中挥舞铅笔。

2. 告诉学们你看到了他的换笔信号，如果你摇头就是要学生等待换笔，如果点头就是你已经同意他马上换笔。

3. 告诉学生安静的走到铅笔替换点，把变钝的铅笔放到“使用过的铅笔”筒，并从“新铅笔”筒中取一支削过的铅笔。之后学生们要安静的回到自己的座位继续学习。

4. 告诉学生所有的学生将轮流当铅笔管理员。在合适的时间，通常是在课后或放学前，管理员要将“用过铅笔”筒中的铅笔削好放入“新铅笔”筒。

铅笔已经削好了

作为放学前程序的一部分，一些老师会让学生们把削好的铅笔放进他们的小信箱里并在第二天早上一进教室就把铅笔取出来。有了削好的铅笔，学生们在第二天一进课堂就马上可以开始学习了。

18 更多地了解一下为何使用真诚的赞扬比恭维更加有效。

不必为铅笔发愁

没有铅笔的学生可以借一支铅笔，可以从削好的铅笔筒中取一支笔，在下课后或放学前学生需要把借来的笔放入使用过的铅笔筒。

演练

选择一些学生展示更换铅笔的程序，在学生的展示过程中，要做出积极的评价和温柔的指导，说："感谢你在换笔的时候没有打扰其他同学"。受到鼓励的学生在下一次换笔的时候就会重复同样的做法。

强化

提醒学生这个程序的目的是在给他们提供文具时尽量避免影响上课。

学生们有责任每天把削好的铅笔带到课堂。但是如果他们忘了带，或在课上需要更换，他们必须要遵循一定的程序来取得。

丢东西太让人伤心了

我在2009年曾参加'幸存者'节目，从中我学到了很多东西并因此而当上领导。我非常希望跟教育者们分享这次经历。我们有多少人能真正体会到当一个孩子来上学时饥肠辘辘，而我们还要求他们学业有成时的感受？唉，现在我明白了！

又有多少人知道一个本来就一无所有的孩子丢掉铅笔时的感受？以前遇到这种事，我会递给他一支新铅笔，抱抱他，继续上课。而现在，我真正体会到了在一无所有的情况下又丢了东西的感觉。这太令人心碎了。

以上是帮助我成长为领导的关键事件之一。

黛布拉 · 碧比 ■ 奥本，阿拉巴马州
"幸存者"：托坎廷斯，巴西

保持课桌整齐

给学生提供简单的工具使他们的课桌保持整齐有序。仅需一分钟的简单程序让学生明白原来收拾课桌并不像想象的那么复杂。

解决方案

养成整理课桌习惯的学生会因他们整洁的小环境而感到骄傲。他们很可能会把这种组织技巧用到生活的方方面面。每周一次的彻底打扫和每天一分钟的简单清理能使学生在身心愉悦的状态下投入学习。

这个程序能提供如下条件：

1. 保持学习场所的整洁有序
2. 学生很容易就能找到学习资料

背景

我们经常会看到学生为找文具而在桌斗里翻来翻去，经常把桌斗里一半的东西都翻出来了还没有找到，之后又不得不把所有的东西又塞回去。这个行为会造成混乱也会影响其他同学；如果一天重复多次，很容易养成不良习惯。当这些学生埋头找东西的时候，其他同学不得不坐着等他，浪费了宝贵的时间。

程序步骤

将整理好的书桌拍成图片并打印出来。在图片上用箭头指出物品摆放的具体位置并作出注释。如，所有纸张都要放在活页夹内；所有铅笔都要放在文具袋中；所有的书和练习本都要摞在一起。

给学生发放各种贴好标签的文件夹，如“作业夹”或“试卷夹”，避免乱堆乱放。

发放或让学生自己准备一个文具袋，用密封袋或塑料盒代替也可以。用于盛放所有的文具——蜡笔、剪刀、胶棒、铅笔等。

讲解

1. 把整理好课桌的图片复印多份分发给学生，并对图片进行说明。强调保持书桌整齐，东西就很容易找到。

MAJOR DESK CLEAN UP:

1. REMOVE ALL SCHOOL SUPPLIES FROM DESK.
2. ARRANGE NOTEBOOKS AND BINDERS ON ONE HALF.
3. ARRANGE TEXTBOOKS, PENCILS, ERASERS AND GLUE ON THE OTHER HALF.
4. LOOSE SHEETS NEED TO BE PUT IN THE APPROPRIATE BINDER OR DISCARDED IN THE RECYCLE PAPER BIN.
5. DESK NEEDS TO BE ORGANIZED IN THIS MANNER AT THE END OF EACH DAY.

❑ 将书桌打扫的程序张贴出来。

2. 向学生说明保持书桌整齐能够节省大家的学习时间，不用再等同学找到课本、作业、铅笔后才开始上课了。

3. 每天仅花一分钟的时间快速整理一下就无需在放学前花大工夫收拾乱糟糟的桌子了。

4. 发放贴好标签的文件夹并解释其各自功能。

5. 发放文具袋并说明其作用。告诉学生只有在需要取文具时才将它打开。

6. 告诉学生保持整洁的重要性，每周一早上大家都会拿到一块湿纸巾用来快速擦拭课桌。

7. 提醒学生把所有废纸都扔进垃圾桶。

演练

在介绍完程序后，马上给一些学生分发湿纸巾，让他们示范整理课桌。然后给全班发放湿纸巾，大家共同进行练习，注意观察学生的做法并予以指导。

在学生开始一分钟整理前让他们参考示例图片。将计时器设定为一分钟并开始倒计时。提醒学生各种文件夹和文具袋的功能。

在教室走动检查学生的完成情况，并对表现出色的学生予以表扬。一分钟过后，让学生留意即使他们未能在规定时间彻底完成整理工作，但其效果显而易见。

告诉学生他们可以在任何空闲时间进行课桌整理，如在老师发作业或提前完成课堂任务时。

“了不起的青蛙先生”

我们班的吉祥物是一只青蛙。每天学生放学离开后我都会挑选出一张“最整齐的课桌”。我把一只玩具青蛙“了不起的青蛙先生”放在那张课桌上。学生在第二天来上学时会非常迫切地想知道谁的课桌被选中了。

“了不起的青蛙先生”会在第二天早上“跳”到另外一位同学的课桌上。学生们都非常渴望自己整理的课桌能得到认可。

萨拉 · 乔达尔 ■ 布伦特伍德，加利福尼亚州再多给学生一分钟的时间让他们把整理工作完成。

如有学生在整理时遇到问题，请其他同学根据示例予以帮助。

书桌整理完毕后，给学生发放湿巾让他们擦拭桌面。提醒学生在放学前要把用过的湿巾和废纸一并丢入垃圾桶。

强化

理想情况下，每个班应该设一个“课桌专家”（参考程序14）。“课桌专家”的工作是在即将下课或放学时，快速查看一遍全班同学的课桌。如果看到谁的课桌比较乱，他/她会走过去轻轻拍一下那位同学的肩膀提醒他进行整理。

你在学生座位周围答疑时，也要不失时机地对整齐的课桌提出表扬。

如果有学生需要特别的帮助，可以利用放学后的时间进行指导，帮助他变得更加有条理。

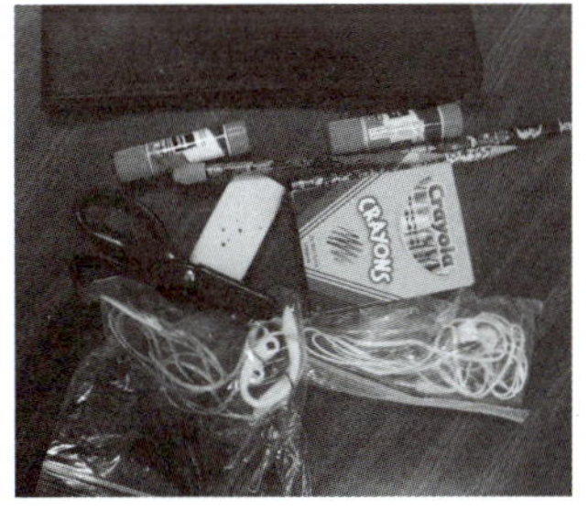

任何东西都有自己的位置和作用

佩吉·欧文（Peggy Ervin）来自田纳西州的金斯波特市，认为课桌整理程序能帮学生把所有的东西归置整齐。她就如何堆放书本给学生做示范：告诉他们当把软皮本和硬皮书摞在一起时会有什么后果。学生学会了要根据大小把硬皮书放在课桌一侧，软皮本放在另一侧。

“学生们每人都有一个作业文件夹和一个试卷文件夹（每周都需家长签字）。这些文件夹和笔记本减少了学生在桌子上乱堆乱放的情况。我眼睛只需一扫就能知道谁的桌子比较乱。在学年伊始我就强调了课桌整齐的重要性，这太有必要了。学生会在每周一早上用湿纸巾擦拭桌斗和桌面，干干净净地开始一周的学习。

铅笔袋在整理课桌时可起了大作用。数年前，蜡笔和文具都放在储物盒里，那个声音让我感到很心烦。有一次我在商店闲逛时，看到了一个零钱袋，它可以解决噪音的问题！那个零钱袋大概卖2美元，很轻松就能装下小盒蜡笔、剪刀、胶棒、铅笔和橡皮。现在每个学生都有一个可以用很多年的“工具袋”。

我也经常跟家长建议在家也为孩子们准备一个。通过程序让学生学会整理必要的工具对获得成功非常重要，再不会凌乱不堪。”

收发作业

让学生按固定顺序就坐可以简化收发作业的过程。在学生们都掌握了此程序后，可有效减少教学时间的浪费。

解决方案

收发作业可以变得很简单。一旦学生掌握了这个程序，授课过程就完全不会受到影响。

这个程序可以解决以下问题：

1. 简单快速收发作业
2. 保持作业整齐以便打分、记录和回收

背景

这是每天上课时老师会重复多次的指令，“请大家把作业传上来。”尽管已经成为习惯，但对很多老师来说仍然是个负担。无论你的班有多大或每周留多少次作业，你每年在处理这成千上万份作业时都可能损失了相当多的授课时间。

学生人数	作业次数	处理的作业数量		
		1周	9周	1年
25	5	125	1125	4500
150	2	300	2700	10800

有些老师让学生在进教室时把作业放在篮筐里或文件架上。尽管这样做不会耽误上课时间，但却给教师增加了工作量。这些作业都是无需摆放的，教师在评分或下发时就比较麻烦。使用这种方式的教师往往遇到如下问题：

1. 在学生坐好后在全班来回走动发放作业。
2. 把批改完的作业放回文件夹让学生放学时自取——往往造成混乱局面。
3. 请学生代为发放——需要一个一个发，这会使学生分散精力。

程序步骤

按照横排竖列将桌椅摆放整齐，按照学号或字母顺序横向排列，并**请学生依次就坐。这种排列方式便于按顺序回收作业。**

回收作业

让学生左右（不是前后）传递作业。如果前后传递，会产生如下问题：

- 当学生回过头去时，教师看不到他们在做什么；在把作业向前传时，需要戳前面同学的后背并来回晃动作业。
- 往往一竖列比一横排的学生多，学生会因此而分散更多的精力。

因此，前后传递作业会占用更多的时间，更大程度影响课堂秩序。

左右传递作业比前后更加简单省时。

返回作业

如作业是按照一定顺序上交的，那么也需按此顺序返回。将一摞作业放在第一张（或最后一张）桌子上，让学生依次传递。

如果课桌按组摆放，每组应由一名同学统一收齐。教师批改完毕后，也由该组一名同学统一领取发放。

小信箱

很多小学都给每位学生配有一个小盒子或抽屉作为个人“小信箱”。班级邮件管理员会代替老师把作业放在每位同学的小信箱里。学生们可以在指定时间（通常是放学前）查看信箱取走作业。

讲解

1. 为学生展示如何把自己的作业放在一叠作业的最上面并放在旁边同学的桌上。请最左边或最右边的（取决于是从左往右还是从右往左传）同学把作业放在旁边同学的桌上。为避免在此过程中学生拿着作业来回晃动，不允许学生把作业直接递到手上。
2. 下一位同学把他/她的作业放在最上面，继续把作业放到下一位挨着同学的桌上。一直重复此程序直到作业传至最左边或最右边的桌上。
3. 要求学生在传递作业时多加小心，避免把作业掉落或被弄乱。
4. 让各横排的同学都遵守相同程序——一个接一个横向传递作业直到到达本排最靠边一位同学。
5. 让坐在最后一排的最后一位同学把收集好的作业向前传。前面的同学要把手中的一摞作业放在最上面，继续向前传，直至传到此列第一排同学那里。作业现在已经按照字母顺序或学号顺序排列好了。
6. 把排列好的作业取走即可。

19 **学习如何给班上每位学生分配一个独一无二的学号，并了解这样做的益处。**

❑ 教师微笑着递上教室管理文件。

演练

请学生拿出一张作业纸，并在上面按要求写好作业抬头（见程序10）。

在开始收集之前通过提问的方式带领学生复习一遍传递程序，并用手势对所提的问题做出回答。你可以提出以下问题：

1. 你要把作业传给谁?

2. 需要把作业放在上面还是下面?

3. 如何传递才能使我更方便地收取作业?

请学生按照程序将作业纸传上来，监控整个作业传递过程，必要时予以指导，对表现出色的学生提出表扬。

告诉学生你现在要把作业返回给他们，提醒学生要从最上面拿自己的作业并核对姓名以防拿错。假设每排有5个学生，就把作业的前五份数出来递给坐在最右边的学生。这位学生会从最上面取走他的作业并把剩余的作业放在左手边同学的桌子上。第二位同学同样会从最顶部取走自己的作业并把剩余作业向左传……一直到最后一份作业被传至最左边同学的桌上。

反复进行作业收发练习直至学生熟练掌握。

强化

告诉学生每次在收发作业时都会使用此程序

前几次收发作业时要走到教室一边监视其传递过程，确保学生正确地执行了程序。

在学生能准确无误传递作业后，帮助他们提高速度。记录下每次收发作业完成的时间，并通过与其他班级完成速度的成绩对比进行激励。

6	→	5	→	4	→	3	→	2	→	1	↑
12	→	11	→	10	→	9	→	8	→	7	↑
18	→	17	→	16	→	15	→	14	→	13	↑
24	→	23	→	22	→	21	→	20	→	19	↑
30	→	29	→	28	→	27	→	26	→	25	↑

❑ 横排传递作业：把自己的作业放在最上面后放在右边同学的桌子上。当所有的作业都被传至最右边时，最右一列同学把收集到的作业放在最上面并从后往前传。当到达座位1时，所有的作业都按顺序排好了。

课堂过渡

当学生们知道该如何从一个课堂活动过渡到另外一个时，就可以避免因课堂混乱而造成的时间浪费。

解决方案

教学任务的无缝衔接可以使全天的教学一气呵成。当学生不知道什么时候结束当前学习任务、什么时候开始进行下一个的时候就会导致学习时间的浪费。**固定的课堂过渡程序能提高课堂学习效率。**

这个程序创造了以下条件：

1. 能保证室外、室内学习活动的无缝衔接
2. 能保证课堂学习效率
3. 师生可以为下一个活动做好准备

背景

课堂过渡是衔接全天教学活动的桥梁。有些学生在课堂过渡时会出现问题，原因是他们需要同时完成三件事。

1. **结束**当前任务。
2. **准备**下一项任务。
3. 为下一项任务**重新集中精力**。

如果全班同学都能顺利地完成课堂过渡，他们将获得更多的学习时间而不是想方设法专注于新任务。

避免要求学生立即进行过渡行动，至少要提前两分钟就告诉他们，这点对于自闭和多动症的孩子尤为重要。

程序步骤

顺利过渡的关键在于清晰、简明的指令，尽量做到简洁、容易完成。

1. 做好顺利转换的准备工作

2. 提前准备好上课的材料

1. 做好顺利过渡的准备工作

设计好你将用来完成课堂过渡的提示内容。

向学生介绍课堂过渡的提示。没有规定的过渡提示，你只需选择一个便于使用的即可。下面是一些常用提示：

- ❑ 放音乐
- ❑ 拍手

三步过渡法

当需要从一节课过渡到下一节课或从一个区域转换到下一个区域时，对学生宣布："一"。让学生知道当前的任务已经接近尾声，需要准备开始下一个任务了。宣布："两分钟后，我会说'二，行动。'"这是告诉学生过渡行动马上开始。

两分钟后，说"二，行动。把手头的工作放到一边，准备开始下一节课。"

一分钟后，说"三，重新集中注意力。"这时候给学生介绍新任务，比如把书翻到多少页、在作业纸上标上数字或划分小组。

三分钟后，学生已经顺利完成过渡。

视觉型学习者希望知道课堂过渡完成后下一步要做什么，把接下来的任务写在黑板上。要记住你在让学生做课堂过渡时是多步骤同时进行的，把下面的任务写出来有利于让学生马上找回学习状态。

1. Get out your history book
2. Turn to page 222
3. Start with question 3

在课堂过渡时间不要讲话，这会分散学生的注意力。如果你不断地发出新的指令，之前简短易完成的指令就失去作用了。

仔细观察，如果有学生没按要求执行，要面带微笑并指向黑板上的要求。使学生在课堂过渡的末尾把注意力集中到新的任务上。

- ❑ 摇铃
- ❑ 口头倒计时
- ❑ 颜色变化
- ❑ 视觉倒计时

选择出最恰当的提示方式并固定下来。

学生们会提前知道每项任务的完成时间，任务过程中也会被告知剩余时间。这样做可以避免前紧后松或前松后紧的状况出现。

在一项学习活动开始时，告知学生完成时间以及如何向下一个活动过渡。

你有十分钟的时间和你的同桌共同完成这页数学题。在你开始做最后一道题时，我会提示你还剩一分钟。

十分钟时间到后，你会听到这首歌曲（让学生听一下歌曲的开头熟悉一下）。

一听到歌曲你们就要把作业纸传上来并拿出《文学圈》教材。歌曲持续三分钟，在听到歌曲后就马上开始从数学课到阅读课的过渡。

大家不用匆忙，三分钟时间足够你上交数学作业并拿出阅读教材了。

再次希望大家能保持安静，让我们能静静地欣赏这首歌曲。

谢谢，你可以开始了。

学生们在知道任务的完成时间和剩余时间后，就能更好地安排管理学习活动了。他们能轻松自如地完成过渡而不出现慌乱。为学生准备有趣的过渡提示，让他们享受过渡的过程。

2. 提前准备好上课的材料

提前把上课材料准备好以便使学生在上课时尽快拿到材料并开始学习。材料的发放形式取决于班级的大小、桌椅摆放方式和材料的种类。

讲解

1. 向学生解释过渡时间的作用。
2. 告诉学生你将采取什么过渡提示用来终止一项任务并为下一项任务做准备。
3. 让学生知道各项任务的之间的时间间隔。
4. 为学生提供可视的步骤清单帮助他们完成课堂过渡。
5. 向学生展示课堂过渡的各个步骤。

大脑休息

大脑休息是学生在完成一项任务后的短暂休息。大脑休息是身体需要，同时也能使你为下一节课做好准备。学生可以利用大脑休息时间：

- 喝点水；
- 削铅笔；
- 和其他同学聊聊天；
- 起身活动一下

用计时器计时一分钟。当计时器响起，学生停下手中的事情，如削铅笔等，立即回到座位上。还剩几秒时可以进行倒计时，提醒学生回到座位上开始下一项活动。

演练

请学生假装正在做课堂作业。告诉学生你的过渡提示。口头说出每个步骤，并让学生根据你的提示执行，同时作出必要的纠正。

请学生准备好自己进行课堂过渡。

再次让学生装作正在做课堂作业，并告诉学生你的过渡提示。告诉学生这次要由他们自己完成课堂过渡。观察学生的完成状况，必要时予以纠正并指向黑板上的步骤提示。课堂过渡期间不要讲话以免学生分心。

课堂过渡练习结束后，感谢学生认真遵守程序。

20 学习如何在过渡时间保持学习材料的整齐以减少混乱。

学龄前儿童的课堂过渡

恰当的过渡能使学龄前儿童顺利地从一个区域走到另一个区域。

教给学生你的过渡提示：

- 闪烁灯光
- 拍手
- 放音乐或唱歌

更重要的是，你要先走到目标区域并低声地讲话。孩子们会很快跟上来看你在干什么。

唱着歌谣

当学生来教室上课时，我经常站在走廊里唱着歌谣迎接他们。这能为后面的课制造友好的气氛和关系。

在向新学习活动过渡时我也会为学生（初、高中生）唱歌谣。他们很快就学会了这些歌谣并和我一起唱。他们喜欢唱歌，并熟悉程序，这能使课堂过渡在简单欢乐的气氛中得以顺利的完成。

到2010年6月，我的教学生涯就满40年了，我很爱我的工作，因为我知道自己是个高效能的教师。

戴夫 · 艾伦 ■ 沙士达山，加利福尼亚州

强化

在进行第一次真实的课堂过渡时，提醒学生过渡提示是什么以及在听到提示时该如何做。观察学生课堂过渡的过程并对其出色表现表示感谢。

一声“谢谢”能让学生知道你清楚他们在做什么、做的怎么样。

程序 21

使学生保持专注

建立明确的程序能够避免学生在活动中过度活跃，使其能及时调整自己的行为以符合课堂规范。

解决方案

有些课堂活动会使学生过度活跃，在完成过程中无法控制自己的行为。**“STOP”策略对恢复正常的课堂气氛非常有效。**

这个程序提供了如下条件：

1. 避免吵闹的、与学习任务无关的课堂行为发生
2. 使教室的学习气氛恢复正常

背景

学生们对于探索性或动手性的活动可能会过度兴奋而不能遵守程序。放假前一天或特殊事件会使学生们情绪高涨，能量大爆发。当学生们大声吵闹、制造混乱或者犯晕开小差时，你需要发出一个停止的信号使他们意识到他们的行为不太合适，需要回到学习正轨上。

程序步骤

这个技巧只适用于多数学生精力不集中的状况，不适用于个别学生。

这个程序不需提前练习，只需在有以上状况发生的情况才使用。如果提前教给他们，会给他们传递错误的信息——你希望他们吵架或开小差。

要解决这个问题，在黑板上写一个大写的“STOP”(停下来)。每当大部分同学出现心不在焉的状态，就划去一个字母。当四个字母全被划掉时，就应停下所讲的内容并对课堂纪律进行整顿。

随时准备好备选任务。这项备选是当学生们回过神来时自己要去完成的任务。备选活动有可能是以下一项：

- 完成一张工作表
- 阅读他们选择的书
- 写自己的日志

备选任务不一定会用到，但你随时应该准备好。

- 看到教师做出这个信号，学生们必须停下喧闹，重新聚焦于适当的行为。

讲解

1. 告诉学生“STOP”策略只是最后的解决办法。如果学生们开始吵闹、不集中精力，先用之前要求学生们安静的信号引起他们的注意。（参见程序13）提醒他们安静学习和坚持学习是很重要的。

2. 如果这个办法还是不起作用，在黑板上写下“STOP”并解释每当课堂变得吵闹或偏离了学习任务，你就会划掉一个字母。让学生互相监督维持课堂纪律。

3. 告诉学生如果这四个字母都被划去，你将中断教学内容并让学生继续进行课堂纪律学习。不用向学生说明课堂纪律的学习内容，只要有所准备即可。

4. 每次当班级太吵或偏离任务时，用这一安静的信号吸引学生的注意力。郑重其事地划去STOP的一个字母并严肃宣布：“同学们，你们已经失去了一个字母。”你也不必再大声质问学生为什么会把那个字母划掉，他们心里都非常明白。

5. 当STOP只剩下P的时候，提醒学生他们只有一次机会来证明自己可以保持课堂纪律了。在划去最后一个字母时，千万别犹豫不决，否则起不到任何效果。

6. 如果学生有所改进，在教室走动一圈并对学生表示感谢，那四个字母仍要留在黑板上。

7. 如果P也最终被划去，就开始进行课堂纪律学习。强调课堂上没有讲完的内容都将作为家庭作业回家完成。

8. 在这种情况下，教师就不要继续讲课了。如果你实在觉得要说点什么，简单的一句：“你们的说话声音和行为不适合讲课。也许我们明天可以再讲。”就足够了。

演练

告诉学生对于STOP程序不需进行练习，只要课堂上出现过于吵闹或偏离学习任务的行为就会使用。他们只要看到老师在黑板上写出STOP，就说明他们的行为已经不适于学习活动。

强化

第一天未讲完的课可以在第二天继续。希望学生在控制说话声音和课堂行为上有所进步。

在使用这个程序时，每次都能剩下P未被划去，说明它已经起到作用了。课上因此耽误的时间可以通过个人作业和家庭作业的方式弥补——这对某些学生来讲损失太大了，大多数学生都不会愿意。

恰当的语气是关键

课上有一个学生捣乱就会分散全班的注意力。通常，仅仅是一个学生的一句话，就会改变教室里整个的学习环境。帮助口无遮拦的学生学会克制，对保持学习氛围极为关键。

课堂上说脏话会破坏精心创设的学习环境，无论该学生是不是故意的，脏话在教师中是不允许的。

珍妮·帕鲁伯（Janene Palumbo）在都市学区（美国贫民集中的地区）教7、8两个年级的英语。她知道自己会听到更多的脏话，但也知道这种状况会得到改善。珍妮开始思考消除这种现象的方法。考虑到他们的成长背景，珍妮认为还是要给他们“留面子”。她采取了一种主动的方式而非反对的方式来介入这个问题。

珍妮告诉学生希望他们在堂上使用文明用语。当然，学生们整

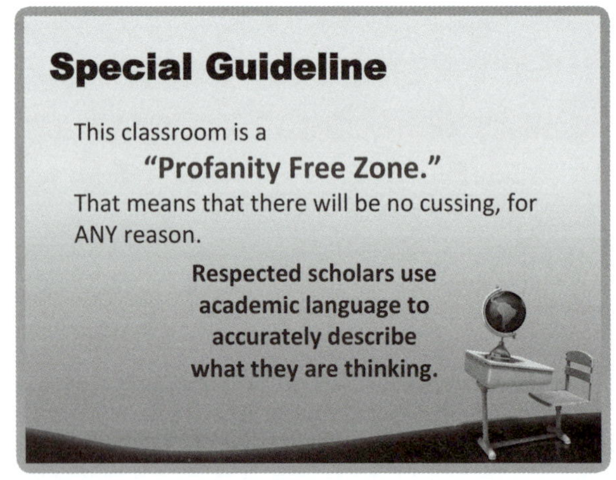

❑ 珍妮用PPT教学生课堂上不说脏话的程序。

个暑假都和朋友们在一起，回到学校每天都要说文明用语可能有些不适应，这点她表示理解。

她也理解，骂人通常是一种习惯，“有可能你意识不到你在骂人。”珍妮用了“理解”这个词汇，让学生觉得她不是在说教也不是在故作正派，而是在体谅他们。

然后珍妮给学生看了她未婚夫的照片，并告诉他们他也在努力改掉说脏话的习惯（他的确这样）。他正在尽力改正，但长期养成的习惯很难一下破除。尽管她未婚夫是个聪明的人，但当他骂人的时候就忘了这点。

以此作为导入——未婚夫的故事真实贴近生活——珍妮开始向全班讲授程序。

珍妮说，“如果我听到你们骂人，我会说‘注意语言’”。珍妮讲授程序时的语气不温不火，她说中立的语气才是程序起作用的关键。

尝试用各种语气说“注意语言”几个字，你会发现当时使用中立、真诚的语气时效果最好。

珍妮说当她说“注意语言”时，学生会马上改正。但她希望学生能遵守程序自我改正。

在改正错误时，学生会说：“抱歉。我想说的是……”，当学生用正确的语言替换时，他们也学习了文明用语。

珍妮说：“它起作用了！学生们对这个程序都做出了反应。他们会立即道歉并重新改正刚说的话。事实上，在我说‘注意语言’之前，学生就开始自我检查了。很多人已经彻底纠正了坏习惯，开学几周后已经不说脏话了。我现在会听到学生说‘注意语言’互相监督！”

这个程序的关键在于，一定要使用中立、真诚的语气。

提前完成作业

给提前完成课堂作业的学生准备一份接下来需要完成的任务清单，能帮助他们最大程度地利用课上学习时间。

解决方案

如果学生提前完成课堂作业后无事可做，富有成效的课堂时间就会被白白浪费。甚至还可能发生违反课堂纪律的不良行为。很多教师都让学生默读来填补这段时间，除此之外还有很多其他的方法可以使用。

这个程序可以解决以下问题：

1. 学生在做完课堂作业后无事可做
2. 浪费课上时间
3. 给完成作业的学生重新分配任务
4. 避免学生提问："我做完了。现在要干什么？"

背景

只要有事可做就能有所收获。如果有学生提前完成作业等待别的同学或下一项任务，教师们通常会给他们找点事做。

一张"开始"和"结束"任务表能使提前完成作业的学生在等待其他同学时有事可做。你就不用在教室里跑前跑后忙着给他们找事做了。

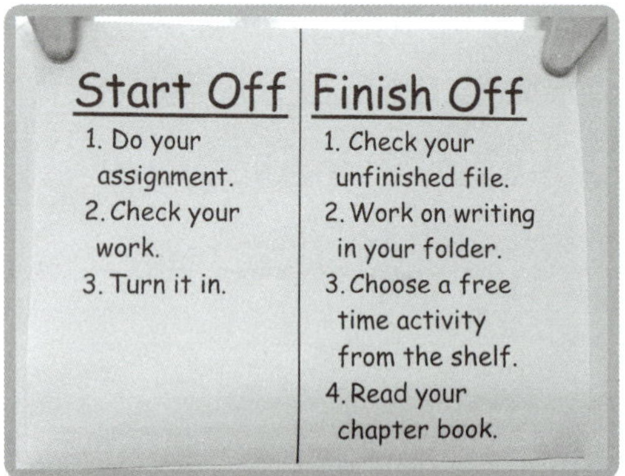

❑"开始"和"结束"任务表使学生在任何时候都专注于学习任务。

程序步骤

准备一张足够大的十字分类表贴在教室中。在一侧标上"开始"，另一侧标上"结束"。

在“开始”栏中依次列出学生在完成课堂作业后需要完成的一系列任务或活动。

在“结束”栏中依次列出一系列额外任务，学生在完成“开始”栏中所有任务后可以根据意愿从中选择。

讲解

1. 给学生展示“开始”和“结束”任务表并说明各任务栏。
2. 强调“开始”栏中的各项任务要按所给顺序完成。
3. 在学生完成“开始”栏中所有的任务后可以从“结束”栏中选择其他任务完成。
4. 告诉学生在完成规定的课堂作业后只能从“开始”和“结束”任务单中选择任务，也只能在等待其他同学时完成。
5. 告诉学生任务单内容并非一成不变，会随着学习的不断深入而进行增减。当你做出调整后要让学生了解。

演练

当学生完成规定课堂作业后，提醒学生看“开始”和“结束”任务单。

对提前完成任务的学生进行观察，对按正确次序做“开始”任务的学生予以肯定。

如果学生完成规定课堂作业，但未能开始接下来的程序，要引起他的注意，面带微笑地指向任务单。如学生按要求继续完成任务，则通过点头对该生表示肯定。

强化

在本节课即将结束时，让学生了解有效利用课堂时间的重要性。告诉他们“开始”和“结束”任务表每天都会贴出，直至课堂作业时间结束。

名字的含义?

开始/结束任务表对任何年级和学科都适用。可根据不同的班级特点赋予不同的名称。

课程名称		课程类别
开始	结束	
A	Z	小学各年级
1	2	
B先生规定	你自己选择	
P1 优先选择1	P2 优先选择2	适用于数学课
第一章	第二章	适用于文学课
开胃菜	甜点	适用于家居艺术课
触底得分	附加分	适用于体育课
Uno	Dos	适用于西班牙语课
称呼	签名	适用于写作课
地核	地壳	适用于科学课

不会出现混乱

一位职前教师来我的课上观察学习。我对他表示了欢迎并请他帮助监督学生、监视一天的事件并组织实验活动。

第二天我问他，“那么，你觉得教师的工作怎么样？”

他的回答出乎我的意料。

他平静地答道：“这不像我想象的有那么大的压力。”

我问他你想象的是什么样子。

“我认为教室里会出现各种冲突、争论和混乱。我上中学时就是那样，所以我以为在这里也会看到。但在您的教室里什么都没有发生。”

我告诉他，所有的教师在学年的第一周都会讲授程序，我会一件不落地告诉学生他们应该了解的每一件事，甚至包括在课堂上如果感觉身体不适该怎么办。对课堂发生的所有事件我都做了安排和程序。

当学生一进教室就知道该做什么了。不会发生混乱是因为他们知道程序。不止是在我的教室，锡赛顿中学的所有教室，都有固定下来的相同程序。

塔米·梅耶 ▪ 锡赛顿，南达科他州

创建一个学习的区域

五年级的教师埃尔默·桑切斯任教第一年的课堂上充满了抱怨和叫喊。他的学生从头说到尾，他们不遵守纪律、不听指挥、不停地抱怨。埃尔默也常因此对他们大喊大叫。

整个第一年，埃尔默都感到极为沮丧。他的职业让他充满失败感，甚至影响到了家庭生活。暑假期间，埃尔默参加了迈阿密-戴德学区组织的教师工作坊，听到了黄绍裘夫妇有关课堂管理的讲座。灵感在他的脑中突然闪现，埃尔默开始着手提高课堂管理水平。

他花了大概一个月的时间准备PPT(同时准备了西班牙语版本)，用来向全班介绍课堂规定和程序。埃尔默把教室创建成了一个学习区域——一个可以让学生自由学习，远离抱怨和叫喊的场所。

新学年伊始，他站在教室门口热情地迎接每位学生。“欢迎来到我们班。”他跟每位同学握手，“你来到这里我感到非常高兴。”

当学生们进到班里之后，马上开始完成热身作业。当埃尔默回到班里，他的学生们都在忙碌。

他向学生介绍了程序，并告诉他们要把课堂建设成一个学习区域。尽管很多学生是非英语母语，但也能非常清楚地了解他们应该怎么做。他们知道在需要使用洗手间时如何获得许可，交作业时如何把自己的放在最上面，在提前完成课堂任务后应该干什么，如何友善地对待同学等。

当放学铃响时，埃尔默的学生都安静地坐在座位上等待他宣布放学。他们都面带笑容地走出教室，埃尔默比他们笑得更开心！

埃尔默的课堂上再也听不到抱怨、窃窃私语和叫喊声了。有家长告诉他孩子为生病而不能来上学感到遗憾。他通过课堂程序和策略把一度乱糟糟的课堂变成了宁静的学习区域。他和家人都很开心；他的学生也非常开心。

未完成作业记录单

有了责任卡，学生需对漏交作业的原因进行汇报；也便于你对相关文件进行归档。

Student Responsibility Card

For students who do not have the assigned homework

Fill it out.

Sign and date it.

Turn it in with the homework papers.

Student Responsibility Report

Date: _________ Printed Name: _______________ Subject: _______________

Completing your homework or assignment is your responsibility as a student.

Missing Assignment: __________________________

I do not have my homework today because:

_____ I did the assigned homework, but I did not bring it to class.
_____ I chose not to do my homework.
_____ I forgot to do my homework
_____ I did not have the appropriate materials at home.
_____ Other reason is ___________________________

Explanation of checked item above (provide detailed explanation).

____

____

Signature: ______________________

解决方案

责任卡可以记录学生未交作业的原因，在很大程度上能提高其补交作业的速度。这也为你在家长会上提供了很好的沟通材料，你不必大费周章向学生家长解释该生作业不及格的原因了。

这个程序可以解决以下问题：

1. 缺乏对未完成作业的记录
2. 无人对未完成作业负责

背景

除非借助记录工具，否则你不可能记住学生未完成作业的原因。学生责任卡可以记录相关数据，并在需要时为学生表现不佳提供证明。

学生将未完成作业的原因填写在表格上，教师的正常授课不会因此而中断。

被称为“粉色记录单”的学生责任卡在切伦达·瑟罗亚的讲座中和《如何成为高效能教师》都有所提及，它总会给老师们一种负面的感觉。

这起源于一位资深教师在收拾办公用品柜时送给切伦达的一包粉红打印纸。当时正值学期末，这包粉红色打印纸使她预感到有可能将被学校解聘（pink-slipped，意为解聘）。

幸运的是，这些想法在她头脑中产生了积极的作用，很快她发明出了“粉色记录单”。

切伦达说：

最初这个程序是从麦迪森城市学区自由中学的一位老师那里“偷”来的。后来，我对它进行了修订使之适合我班的实际需求。我把改良后的版本称为“粉色记录单”。

这个程序太有用了，它为我提供了宝贵的记录；鼓励学生对自己的作业负责；也能让学生把一些关键信息告诉我。

在家长会上，我可以非常有准备、有条理地解释学生作业得零分的原因，没有人再为此产生怀疑。

这也给了那些未能完成作业的学生解释的机会，也使他们知道我时刻在关心着他们。

记录单上有一个选项是“故意没有做”。我想让他们知道我们每天都会做清醒的选择，在他们选择不做作业的时候，需要为做出这个选择承担责任。

另外，我发现他们会做一小部分的作业，这样他们就不必去填写那个表格了。这样也算有收获，无论如何都比零分要好。

程序步骤

“粉色记录单”程序需在第一天留家庭作业时进行讲授。如学生在第二天未能上交作业，便可使用这一程序。

用粉红色的纸打印“粉色记录单”，其中包括先写内容和相关要求：

- 日期
- 姓名
- 课程
- 未完成的作业
- 要求学生在勾选框里划出未能完成作业的理由：
  - 我做完了，但是忘记带到学校。
  - 我故意没有做。
  - 我忘记做了。
  - 我家里没有合适的材料。
  - 其他原因——请写在下面（留出空白）
- 学生签名行
- 家长/监护人签名行（可选）

讲解

1. 向学生介绍“粉色记录单”。
2. 分发给学生人手一份，讲授记录单使用方法及发放时间。
3. 告诉学生如果未能完成作业则需填写记录单并在交作业时交给你。
4. 让学生知道未交的作业你会记为“M”（Missing），并鼓励他们及时补交作业并取得相应分数。
5. 向学生说明他们不会因填写记录单而收到惩罚——但是未完成的作业不会有成绩。
6. 让学生知道完成作业是他们自己的责任，因此你不会因他们对自己不负责而惩罚他们。
7. 他们的记录单会一直被保留，将在家长会上作为未完成作业的证明。

对“粉色记录单”的变通使用

“粉色记录单”是一种记录而非一种规定。由于学生数量众多，这对于建立公正合理的未完成作业处理程序非常重要。

- 如有学生填写了“粉色记录单”，但很快就补交了作业，你可以考虑给该生部分成绩。
- 你可以把记录单寄给家长查阅和签字。
- 如有学生拒绝填写记录单，你可代他填写上姓名、日期及未完成的作业，并在记录单上写明“学生拒绝填写”后进行存档。

21 切伦达·瑟罗亚的“粉色记录单”模板。

日期________
姓名（印刷体）________
课程________

你被开出了“粉色记录单”！

按时完成作业是学生的责任。
未完成的作业________________
我今天没交作业因为：
____我做完了，但是忘记带到学校。
____我故意没有做。
____我忘记做了。
____我家里没有合适的材料。
____其他原因（请写在下方）
____
____
签名________

❑“粉色记录单”使选择不写作业的学生有机会说明原因。

演练

向学生示范“粉色记录单”的发放及填写过程。当有学生未能按时交作业时，你会做以下事情：

- ❑ 把一张“粉色记录单”放在该生的桌子上。
- ❑ 让该生填写记录单并同其他同学的作业一起上交。
- ❑ 对未能完成的作业用“M”进行标记。
- ❑ 把“粉色记录单”存档。

让学生填写“粉色记录单”进行练习。

抽取几个学生的“粉色记录单”并在全班大声念出，对填写正确的学生表示肯定。

将全班同学的“粉色记录单”收上来并查看是否都填写正确。

对填写错误的学生予以一对一的指导并使其改正。

强化

第二天早上再带领学生复习一遍“粉色记录单”程序。当开始收作业时间问全班有无同学需要填写。把“粉色记录单”发给需要的同学，在收作业之前给他们一分钟进行填写。如果时间允许，对填写内容进行检查。

为什么不要给零分

一次作业得零分需要巨大的努力才能弥补回来。

以0–100分的百分率进行评分为例，A=90–100分，B=80–90，C=70–80，D=60–70，及F=60以下。在100分满分的评分标准里，一般都是10分一个档次，然而从0分到及格线之间这一个档次却分布了60分，所以给0分无论从逻辑上还是数学意义上都是不合适的。

如果一个学生得了0分，那他在下次作业或测验中即使得到满分，两次的平均分数还是50分，仍然是不及格。

这样的学生需要得两个满分才能平均到C，得四个满分才能平均到A。

与其给0分，不如给任意一个评级。如果非要打分，考虑一下50分。这样学生要爬回及格线相对会合理一些。

22 阅读托马斯·古斯基的文章“0分之外的选择”，了解其他评分办法。

每日结束信息

在每天即将放学时，用每日结束信息概括每天发生的事和学过的内容。

Class Recap
These are some of the things we did today, Wednesday, December 4, 2013.

In Reading, we
1. started reading *2030: A Day in the Life of Tomorrow's Kid*.
2. looked for common nouns and the adjectives that made them futuristic like plasticized blocks, smart trampoline, and magnetized hovering skateboards.

In Math, we learned how multiplication and division are related to each other.

For Writing, we worked on using adjectives to improve our writing.

Tonight for homework, please
1. read the next 10 pages in our *2030* book.
2. practice your multiplication tables 7 and 8.
3. use adjectives in the 10 sentences copied in class to create stronger images.

Don't forget to bring magazines for our art project next week.

Have a great rest of the day and I'll see you tomorrow!

解决方案

有了每日课程简要重述，就不会出现学生回到家声称这一天什么都没干。

这个程序可以创造以下条件：

1. 和学生一起复习一天的学习活动
2. 提醒学生作业和第二天的内容
3. 把一天的学习内容传递给家长
4. 为孩子和家长创造沟通机会

背景

学校的每一天都排满了各种学习活动和课程，因此当学生回到家告诉家长一天什么都没做时，教师可以用事实说话。

家长：今天在学校干什么了？

孩子：什么也没干！

教师可以用半页备忘录的形式准备每日结束信息，并在每天放学前大声念给学生听。这可以让学生对一天学习的知识和活动进行快速复习，并对家庭作业和即将要讲解的内容进行提醒。这也为家长和学校之间创造了沟通途径。

每日结束信息的长度根据所剩时间来确定，尽量简短，只强调全天的重点即可。可以准备一个固定的模板以减少每天的工作量。

以下是自莎拉·乔达尔的每日结束信息之一。

每日结束信息

1月15日

以下是我们今天做的一些事情：

今天早上，我们上了阅读课。

1. 我们学了一则新故事，学了一些新单词。
2. 我们也学了形容词。我们了解到形容词是用来修饰名词的词汇。
3. 今天回去后和父母继续往下读。
4. 今晚在你读书时，找到故事中所有的形容词。

数学课上，我们继续学习了乘法表。

1. 今天，我们重点学习了除法。
2. 我们分小组做了除法游戏。
3. 回家后用闪视卡片完成所有数学题。

我们学习了如何写段落。

1. 今天，我们学了如何写主题句以及对主题句进行解释说明的扩展句。

2. 当然，我们也应该记住每一段话都有一个结束句。

3. 我们应该知道每段话都应围绕一个主题展开。

4. 你在家可以练习写段落。

以下是你今晚的作业：

1. 完成有关除法和乘法的练习页。

2. 完成关于形容词的练习。

3. 做单词拼写练习，别忘了跟父母读一遍。

今天要好好休息！

> **每日结束信息**
> **日期**
> **以下是我们今天做的一些事情：**
> **阅读课上，我们……**
> **数学课上，我们……**
> **写作课上，我们学习了……**
> **今天的作业，请……**
> **不要忘记……**
> 明天见！

> **每日课堂简要**
> **日期**
> **今天，在______课上，我们**
> 1.
> 2.
> 3.
> **今天的作业是**
> 1.
> 2.
> 3.
> **我们即将要学习的内容是**
> 明天见！

❑ 为每日结束信息创建一个模板，你每节课或每天都可以在空白处填上相应内容。

程序步骤

根据你的需求为每日结束信息制定一个模板，这能简化每天的工作。

讲解

1. 在第一天快放学时，为每位学生发放一份每日结束信息。告诉学生每天都要把每日结束信息读一遍。

2. 示范朗读每日结束信息的正确程序。告诉学生你会选择不同的同学朗读这个程序，这样每个学生都会遵守而且能保证到家后还会念。

3. 一旦学生们大声读完“每日结束信息”，老师要指示学生把它和其他学习资料一起带回家并告诉学生在他们到家后给家长朗读“每日结束信息”是他们每天的任务。

4. 告诉学生们你给家长们的信里已经告知家长你将每天给家长放送“每日结束信息”。这样学生们就能知道他们的家长每天都会找他们要这张信息表了。

演练

当你看完“每日结束信息”后，找几个学生把它大声念出来。解释给学生们：他们的同学念的东西，他们也都要遵守。

感谢那些朗读“每日结束信息”的学生，然后展示给全班如何正确操作这个程序。

提醒学生们把信息表和其他学习材料一起带回家并在看到家时和家长一起分享。

强化

当朗读“每日结束信息”时，如果有学生没有跟着读，你要提醒他们：“还记得‘每日结束信息’的程序是什么吗？”

了解他们对该程序的掌握情况。

请一个或更多学生继续练习，直至全班同学都熟练掌握并能正确展示。

在开学第一次跟学生家长交流时，告知他们每天孩子都会带“每日结束信息”回家。

每周一次的交流

马可·坎波斯是休斯敦独立学区的一位小学教师，在这一学区有99%的学生够资格享受免费或减价的午餐。85%的学生住在政府保障房中，42%的学生被认为是“问题学生”。然而，在过去几年，马可的学生全部通过了德克萨斯州的数学知识和技能考试。这是怎么做到的呢？

马可在开学第一天就给他的学生介绍了课堂程序。他告诉学生这些程序会使他们受益“如果你们能遵守这些程序，学校就不会为你们感到那么头疼了。”

他的程序之一是“家庭作业指导管理单”。他通过这个单子跟学生的家长或监护人保持联系。每周学生都会带回家一份需要跟他们共同完成的任务清单。这个清单包括本周需要完成的家庭阅读、西班牙语、数学和英语等学习内容。

每天的家庭作业对当天在学校学到的东西进行了强化。当父母或监护人同孩子共同完成作业后，他们需要在任务清单上签字。“家庭作业指导管理单”也变成了马可与家长之间双向沟通的工具，马可每天都会收到来自家庭的反馈信息。家长也能很容易地与马可取得联系。

马可受邀参加了“渴望项目”——一个由学区组织、高效能教师参加的学习项目。教师们聚集在一起讨论分享他们的有效教学方法。刚开始，马可对那些“大专家”们充满敬畏，但后来他发现其实在每位教师身上都存在一些共同特点。每一个人都是“激励者”，他们都知道同学生和家庭之间建立稳固联系的重要性。教师们一致同意教学取得成功的关键在于激励、坚持、热情和程序！

用马可的话说就是，“作为高效能的教师，你必须保持头脑清醒，要有积极向上的心态并给予很高的期望——对学生和你自己。”

准则违反通知

当学生违反课堂准则时，采用相应的程序予以解决，能在不影响课堂教学的情况下让该学生提起注意。

Guideline Infraction Notice

Please correct your behavior ☐

Please return to task ☐

See me after class!

Signature ______________________

Offense ______________________

Conference results ______________________

As conceived by Lawana Welt – Liberty Middle School

解决方案

使用“准则违反通知”，你可以有效防止课堂不良行为的发生，并避免让学生在全班同学面前出丑。你要在私下与学生进行恳切的谈话，并与该生共同商量出解决方法。

这个程序解决了以下问题：

1. 因处理学生的不当行为而浪费课上时间。
2. 与学生产生正面冲突，或对学生不当行为的原因作出错误判断。

背景

在学生违反课堂纪律时，教师通常会采取两种典型的处理方式：要么对学生的行为视而不见，要么当着全班同学对违纪的学生提出批评。两种方式都会耽误正常教学。

由于学生的不当行为扰乱了课堂，因此视而不见的做法会使教师浪费宝贵的授课时间。

视而不见会让学生觉得他的行为并没有违纪，也让他觉得老师根本不知道如何处理这种情况。这样做往往会导致学生不当行为的升级，最终被带到办公室处理。

相比之下，使用恰当的程序可以对课堂不当行为起到限制作用，并能为师生保持健康、轻松的学习氛围。

当面指出学生的不当行为往往会引起尴尬，对师生关系产生消极影响。还会使学生感觉受到歧视，师生双方都会感到沮丧和愤愤不平。这种消极情绪会影响课堂氛围、阻碍学习进程。

受到当面批评的学生会比教师的损失更大。他们宁愿接受纪律处分也不愿意让老师“赢”了这场对决而在全班同学面前“丢面子”。

这个程序一方面能让学生感到你对他的关心，另一面能通知他在课后去找你谈话。

学生课堂上的不当行为通常有深层原因。他们有可能是困了或是受到家庭生活的困扰，需要用出格的行为吸引同学的注意。这往往源于更严重的问题，你需要与学生家长共同商量对策。

不要认为学生作出这些行为单纯是为了扰乱你的生活；这会使你变得非常气愤而忽略了去挖掘这个现象的深层原因。

课后与学生就此事进行会谈能让你对学生的不当行为有个全面的了解。

根据不同年级或违纪情况，你可以在当天学生拿回家的文件夹中带给家长一个“准则违反通知”。

程序步骤

创建“准则违反通知”模板并用卡片纸或彩色纸打印出来以备平时使用。通知中可包含以下内容：

- ❑ 用勾选框列出你对学生的要求。比如，“请改正你的行为”，或“请回到任务中”。
- ❑ 留出空白用来填写违纪的细节
- ❑ 请学生课后去找老师的通知
- ❑ 学生签名
- ❑ 家长签名
- ❑ 日期
- ❑ 留出空白填写教师和学生会谈的结果

姓名________________ 日期________________

□ 请改正你的行为。 □ 请回到任务中。 □ 课后来找我！

准则违反细节________________________________

会谈结果________________________________

学生签名________________ □ 家长签字________________

备注：

❑“准则违反通知”能使你冷静处理不当行为并减少因此而浪费的时间。

讲解

1. 为每个学生发放一份“准则违反通知”。
2. 告诉他们使用方法和时间。当有学生违反课堂秩序时，你会：
   - ❑ 在相应勾选框中标记。
   - ❑ 写出过错。
   - ❑ 不做声响地把通知放在学生的桌子上。
3. 强调当有学生违反课堂准则时，会耽误教学时间。你对学生不当行为背后的原因表示理解，也不会当全班同学的面对其进行批评，但希望他/她在下课后能找你谈谈。
4. 告诉他们如果有人扰乱课堂秩序并屡教不改，则是对课堂准则的公然漠视，你会考虑跟他们进行一次彻底的交谈。
5. 告诉学生如在上课时有不当行为，他们会被开出“准则违反通知”。你会把通知轻轻地放在他/她的桌子上，然后继续上课。
6. 如果勾选了“课后来找我！”选项，学生则需要在课后去找你就违纪的问题进行讨论并达成一致的解决方案。
7. 学生通过在通知上签字对自己所犯错误作出确认。

演练

选择一名学生扮演违反了课堂准则。

示范你如何勾选“准则违反通知”并让学生根据你的指导填写手中的通知。

向学生展示你将如何把“准则违反通知”放在他们桌子上。

让学生用点头或其他简单动作作出回应，表示他们已经得知课后要到你那里谈话。

告诉学生“准则违反通知”将被存档并可能在家长会上出示。

询问学生对通知的使用过程还有什么问题。

如有需要，再次示范。

强化

当第一次课堂不当行为出现时就开始使用本程序。如果学生对此表现出困惑，你可以提问：“‘准则违反通知’程序是什么呢？”

课后，在个别谈话时对程序进行进一步说明。

“准则违反通知”的别名

为你的通知起个吸引人的名字能让学生很容易记住。

有些老师把他们的通知称为“停止标志”。这个通知传达这样的信息：请停下你手中的事情并回到学习当中。这些通知往往是彩色的或打印在红色纸上。

开发出一系列图片来表示各种不良行为并打印在通知中。对年幼的孩子来说，通过对图片的讲解会比直接讲授程序取得更好的效果。

❑ 用彩色打印的“停止标志”警告学生他们的行为违反了课堂秩序，需要重新回到课堂学习中。

❑ 用图片表示的“准则违反通知”能传达与文字相同的信息：请中止不当行为，回到学习之中。

切伦达·瑟罗亚的“准则违反通知”模板。

晨间会议

每天早上的晨间会议能使师生在相互信任的气氛中共同练习交流技巧。会议内容主要包括回答学生提问、概述全天学习目标以及介绍未来学习活动。

解决方案

晨间会议能使教师对讨论作出示范并向学生讲授有效的问题解决技巧，学生将一生受益。有规律的会议可以打造优良班风，使学生学会通过礼貌、非对抗的方式解决问题。

这个程序创造了以下条件：

1. 把全体同学聚在一起进行交流
2. 讨论每日课程安排或校历安排
3. 讨论学生提出的任何问题
4. 事先告知学生未来的学习内容

背景

晨间会议可根据需要确定时间和频率。

典型的晨间会议一般在早上起始活动之后召开，时长不超过十分钟。在会上，教师会和学生分享当天的课程安排以及未来重要的学习活动。

学生也可以在晨间会议上提出让他们困扰的问题。比如，在教室或操场上跟同学的冲突、未能理解的程序等。教师可以在会上就这些问题进行讨论并找到解决途径，但不要提及姓名。

晨间会议可以就热身作业进行讨论并对一天的学习给予积极的期望。

构建和谐

我利用晨间会议构建了学习者社区。它建立在同学们相互关心、相互认同的基础上。

我希望学生们能在课上互相帮助，以满足一些特殊孩子的需求。

在根据程序运转的课堂中，学生们相互尊重，共同构建和谐的学习环境。

劳拉·其伦 ■ 布瑞克，新泽西州

程序步骤

为晨间会议确定时间并在教室中选择适当的开会地点。确定学生就坐的方式，理想的安排是围坐成椭圆、圆形或正方形，这样便于所有人进行眼神交流、人人参与其中。

制定晨间会议的程序并固定下来，张贴在教室里以便学生参考：

1. 相互问候。
2. 阅读晨间信息。
3. 预览当天课程安排。
4. 了解未来学习活动。
5. 讨论学生关心的问题。
6. 复习讨论热身作业。
7. 与学生分享当天的课程安排以及未来重要的日子和活动。
8. 对学生关注的问题展开讨论，提醒学生不要提及姓名。你可以先给他们做出示范。讨论过程尽量简短，保证每个有问题的学生都有机会提问。不要因为某一个问题使全班偏离主题，也不要重复相同的问题。
9. 晨间会议最后对热身作业进行复习。
10. 表达对大家的祝愿后结束会议。
11. 引导学生有序回到座位。

讲解

1. 说明晨间会议的目的及作用。提醒学生在讨论个人关心的问题时不要提及姓名。
2. 请学生按照规定的时间按位置就坐。
3. 简要介绍会议内容并要求学生按照此安排进行。
4. 告诉学生所有的会议都要按要求坐在一起，先互相问候。
5. 当学生围坐好之后，你扭头向右边的学生说：“早上好，克里斯。”克里斯要回答你：“早上好，乔达尔太太”之后再向右边的同学继续表达问候。依次轮流，直至到达你这里。
6. 为学生朗读会议开场白，它可以是一条有趣的新闻，让学生了解为什么今天是学习的好日子，或者直接进入主题，告诉他们今天将要学习的内容。

演练

在开第一次晨间会议时要让学生均匀分布，之后对学生的表现提出表扬。

告诉学生会议安排张贴的位置，并请他们积极参与每项会议内容。

提醒学生在问题讨论环节不要提及姓名。对在讨论过程中表现出色的学生提出表扬，并重点强调他/她什么地方做的好。比如，“玛丽在表达她对……的关注时，表达的非常准确。”

告诉学生刚开始由你来主持晨间会议，但今后每一位都有机会做会议主持。

强化

晨间会议应按张贴出的程序进行，以便在学生做主持时也能有章可依。

学生做到只讨论问题但不提及姓名可能需要时间。要提醒他们晨间会议的目的之一是在不伤害同学的前提下帮助他们解决问题。

当你对学生主持晨间会议有足够的信心时，你就可以作为一名学生坐在他们中间参加会议。

对晨间会议的改进

在问题讨论环节，找一块白板用来书写所关注的问题能简化讨论程序并使问题条理清晰。在一块可移动白板的中间划一道分割线，左边写上“赞扬”，右边写上“关注”。

学生可以在“赞扬”的下面写上做过的好事或帮助过他们的同学的名字；“关注”下面则写上学生们想要进行讨论的问题。

在会上，把白板放在大家都能看到的地方并对一周中获得赞扬的同学和大家关注的问题展开讨论。

会议主持人可以在会议开始或结束时与大家分享一则有趣的信息。

33年教学生涯中最有用的三个程序

我于六年前退休，但如果我还在教学的话，我在课堂上仍旧会使用相同的组织和程序。我的课堂和我自己都从中获益良多。

让我最有成就感的程序是学生一上课就开始自觉做热身作业。作为一名社会科学的老师，我使用了一本时事杂志作为热身作业的内容之一。到现在还有学生告诉我，我的课堂使他们印象最深刻的是每天早上写的日志。

另外两个记忆深刻的程序是从左向右传作业而非从后往前传；以及击掌集中注意力的方法。这些技巧已经被其他同事广为传用了。

三十三年中，我对这份工作一直充满着热爱。

莱萨 · 舒尔策 ■ 圣萨巴，德克萨斯州

程序 27

课堂讨论

建立程序引导学生参加课堂讨论能使他们信心十足地分享他们的观点。你要让学生了解在课堂上什么时候应该听讲、什么时候可以发言。

解决方案

所有的学生都能自愿参加课堂讨论，不用担心其他同学会对他们说三道四、打断他们或对他们不尊重。当学生们学会如何认真听取别人观点的时候，他们就会从这节课学到更多东西。

这个程序可以解决以下问题：

1. 学生不能全部参与课堂讨论——学生抢着发言，个别同学总在发言，或有人根本不参与。
2. 打断同学的发言。
3. 学生因在公众场合发言而胆怯。
4. 教室不是让学生感到安全、值得信任的学习环境。

背景

有些老师在课上采取让学生抢答的方式，而有的老师则更倾向于让学生轮流作答。

学生在教室里参与讨论时应享有充分的自由和安全感。有的学生很善于在公共场合发言，但课堂讨论也不能让他/她一人当主角。不爱发言的学生也应该得到鼓励与大家分享观点，但前提是能确保在他们发言时其他同学认真聆听，不打断、轻视或漠视他们。

鼓励学生参与课堂讨论的技巧取决于学生的年龄。对于年纪较小的孩子们来说，借助一种“讲话工具”——一个橡胶丝玩具球、一个沙包或一个毛绒玩具可以使学生参与过程更加公平和相互尊重。只有手持“讲话工具”的学生才能发言，其他同学要保持安静，全神贯注地倾听。有“发言工具”的课堂讨论会更加积极有效。

“讲话工具”也能帮助教师更好地了解学生的参与情况。当“讲话工具”

❑“讲话工具”能让学生关注“轮到谁发言了”。

作为榜样的教师

学生在课堂上每天都会观察教师如何聆听和参与课堂讨论。高效能的教师会做出以下示范：

- 恰当的眼神交流；
- 笔直的坐姿；
- 如何对其他人提出的观点进行解读；
- 如何采纳同学的观点并提出自己的意见。

这些交流技巧能让学生快速习得并在课堂上使用，甚至使其终身受益。

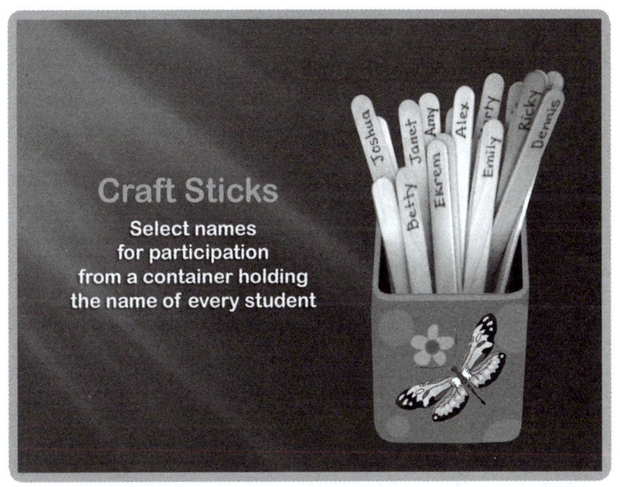

在全班进行传递时，发言次数多的学生很容易被发现。“讲话工具”能为不爱参与讨论的学生提供发言机会。

程序步骤

如果你打算借助“讲话工具”，请确保它在学生传递时的安全性。全班讨论或小组讨论都需要相应的指导，以下可作为参考：

- 只有在拿着“讲话工具”时才可以说话。
- 必须注视讲话者并认真倾听其发言。
- 相互尊重——尊重讲话者，讲话者也应尊重其他同学。
- 教室是个安全的场所——任何人在参与讨论时都不必紧张。
- 发言前请举手，等拿到“讲话工具”时才开始说话。
- 传递“讲话工具”时要注意轻抛。
- 在传递“讲话工具”前要喊出同学的名字，以便让他/她做好准备接住它。

除此之外，还有其他鼓励学生参与的技巧。把学生的名字写在小木签上或写在纸条上放在鱼缸里，通过抽签的方式选择学生发言。

也可以用写有学生姓名的索引卡片，在需要学生回答问题时从中抽取一张。

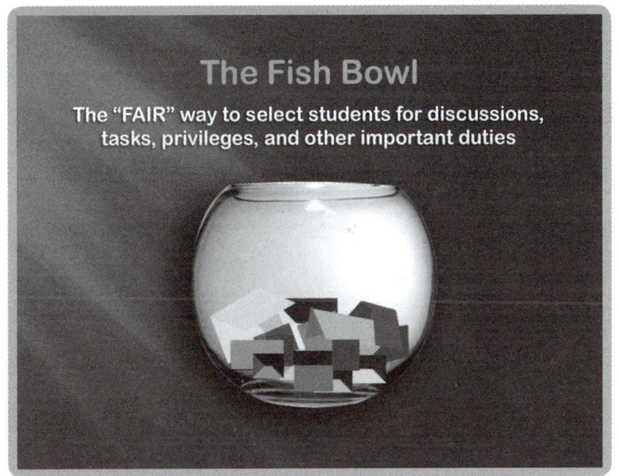

24 从一位大学教授那里学习一下她是如何使用卡片小诀窍让学生发言的。

讲解

1. 学生可以坐在座位上或地上，但要保证面对面，能够看到讲话者。

2. 介绍发言学生选择的方式。展示你将使用的辅助工具——讲话工具，小木签，鱼缸，索引卡片等。

3. 提醒学生当有人讲话时，必须注视着他认真倾听。只有"获得发言权"的同学才可以讲话。介绍你为课堂发言设定的其他规则。

4. 在课堂讨论开始时，教师拿着"讲话工具"并介绍讨论的主题。想发言的学生必须举手并等待把"讲话工具"传递过来。只有当拿到"讲话工具"后才可以开口。这种方式可以确保其他同学认真倾听，不会在他/她发言时窃窃私语。在一个学生发言完毕后，要轻轻地将"讲话工具"传递到下一个想发言同学的手里。

5. 教师可以说："下面几分钟，我希望还没有发言机会的同学跟我们分享一下他们的观点。"来鼓励不爱参与的学生。

6. 或者，在讨论刚开始教师就说："我希望每人都参与到讨论中，至

为"特殊"发言人准备的"特殊座位"

摇椅、凳子或斜靠背椅都可以作为学生在课堂上分享观点时的"发言席"。"发言席"设在大家都能清楚看到的位置。当有同学坐在这个特殊的椅子上时，其他同学必须认真聆听。

塑料或树脂的阳台椅可以作为"发言席"专用椅。这种材质的椅子容易粉刷和装饰。学年初，学生带来各种物品对它进行装饰，可以与课程相关，也可以是团队精神、互相尊重、诚实和其他优点的象征物品。

当学生坐在"发言席"上时，他/她会使用老师的语气请同学们提起注意。全班同学都要遵守"三个R"：Respect, Relationships和Responsibility（尊重、关系和责任）。如果发言者看到有同学在说话，他会停下来说："我会等待大家准备好。"当这句话从学生口中说出来的时候，会变得十分有威力！

如果有学生在课堂讨论时使大家分散精力，教师可以坐在或走到他旁边。用手势做出提示请他/她尊重其他同学并认真参与课堂讨论。

- ❑ 把手放低表示：请降低音量级。
- ❑ 暂停手势

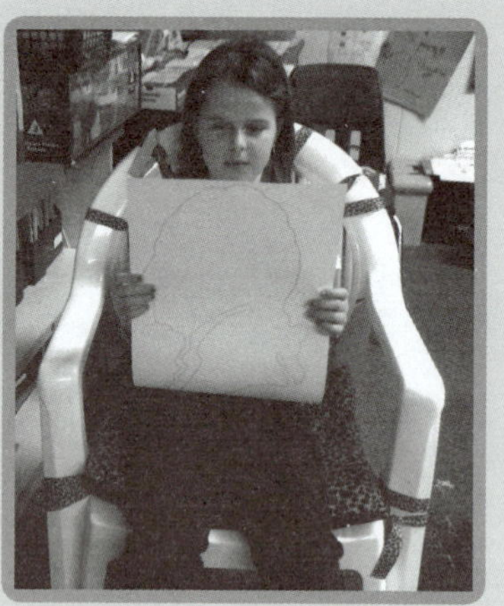

- ❑ 把手指放在嘴唇上要求保持安静
- ❑ 做出封住嘴唇的动作要求保持安静

对于那些过分热衷于参与课堂讨论的学生，课后找时间与他们谈话并建议他们每次参与课堂讨论的次数不超过三次。鼓励他们认真聆听并向其他同学学习。如果他们仍有想法需要分享，请他们写在纸上交给你。

少发言一次。因此，如果你发现还有同学没有发言，而你已经参与了多次，请把机会让给他们吧。”

7. 教师可以直接邀请学生参与。

- “乔纳斯，既然你是那么好的一位聆听者，你能否跟大家分享一下你的观点呢？”
- “我打算讲解这个句子。你能说说如何完成这个句子吗？”给出跟讨论主题相关的一个句子，让学生填写个人观点把句子补充完整。

8. 课堂讨论的最后要对参与的同学和正确使用“讲话工具”的同学表示感谢。

演练

请全体同学围坐在一起并发起课堂讨论。在开始之前，带领学生复习一遍课堂讨论的正确步骤。

提出一个问题，请一个学生来回答并把“讲话工具”抛给他/她。

当更换发言者的时候，顺便让学生回忆一下程序。

继续练习直至所有学生都参与讨论。

如果有学生忘记使用“讲话工具”，或出现不尊重行为，请其他同学提醒该生正确遵守程序。

对学生进行了成功的课堂讨论表示感谢。

强化

在下一次进行全班课堂讨论时，对学生进行观察，看他们是否正确遵守了程序。对出现错误的学生予以纠正。在每次课堂讨论结束时，都要对学生表现出的尊重态度和参与精神表示感谢。

熟能生巧

我做过几年的篮球教练，就把篮球场上常用的一句话“熟能生巧”迁移到课堂中了。

我们对程序进行反复的训练直至变成惯例并能正确执行。我用各种手势表达我的期望，这使我能少用嗓子，特别是需要他们保持安静的时候。最终，学生们都接受了这些手势并也开始学着使用了。

一年中手势需要被复习多次，特别是在寒假和春假过后；但用不了多久学生又可以使用自如了。

克里斯汀·陈 ■ 安吉利斯港 华盛顿

25 了解“等待时间”对提高学生应答能力的重要性。

我知道答案

莫妮卡·伯恩斯在纽约任教，她在课堂上用一种安静的方式使所有的学生全程参与讨论。

学生在与正在回答问题的同学有相同观点时，不会大喊着："我也知道答案！"，而是拍拍自己的头来表达此意。这个视觉上的赞同动作能使莫妮卡知道谁参与到了讨论中，谁需要额外帮助。

这个"拍头"的技巧能使所有的学生参与讨论，无论实际发言的是谁。以下是莫妮卡使用这个技巧的原因：

- 减少过于外向学生的发言机会。
- 让全班同学都参与讨论，即使他们无法给出自己的答案。
- 在教师提出相关提示如，"我同意__________（名字）的看法，因为……"时，能够得到回应。
- 当学生之间出现意见分歧时，增加讨论内容（"我注意到你不同意__________（名字）的观点？"）
- 不会出现学生因未被叫到而感到沮丧、拍桌子或叹气的情况。
- 学生不会大喊，"我知道！"或"我有答案了！"
- 能发现谁在走神，并使每个学生感到有责任参与其中。
- 可以把讨论拓展到各个学科。

比如，莫妮卡正在讲授加减法的基本性质。她让学生描述"3+4"的基本性质。

学生1："4+3"

（莫妮卡看到全班同学都拍了自己的头表示赞同。）

学生2："4–3"

（如果有一个学生没有拍头，莫妮卡会紧接着问一个问题使他/她明白。）

莫妮卡："阿里，我看到你有不同的意见，你能说说你的想法吗？"

（学生会具体解释他/她为什么会对其他同学的意见提出赞同/反对。）

这一技巧能使学生在别人发言时认真聆听，并能委婉地提出自己的不同意见。

程序28

分组学习

使学生快速、安静地分成小组，有助于提高小组学习的效果并减少课堂时间的浪费。

解决方案

分组学习能培养学生的团队意识、友谊及积累适应未来工作的经验。学生们每天都需要进行小组学习，创建相关程序对于节省课上时间是必不可少的。

这个程序可以解决以下问题：

1. 学生在分组时来回跑动，造成混乱。
2. 不太受欢迎的学生会被落下。
3. 教师因忙于分组而耽误授课时间。

背景

能有效地参与小组学习，为完成共同的目标而努力，在小组中勇于承担责任是在学校、工作乃至一生中必备的能力。从教学模式转变为小组学习模式的过程需要进行反复练习以确保高效有序。

程序步骤

这个程序成功的关键在于前期的规划。你提前考虑的越周到，效果就越好。在让学生组成小组之前，你要先问问自己：

❑ 学生按什么分组?

❑ 各个小组在教室里怎么分布?

❑ 小组以什么形式进行学习?

❑ 告诉学生小组活动结束、回到教学模式时要发出什么提示信号?

把学生分成组

分组的目的在于让学生在团队中进行学习。因此，每个组员都应该有自己的职责并在小组中发挥作用。提前分配好各组组员，而不是让学生自由结组。这样做避免了有学生被落下或因四处寻找组员而造成混乱。在分组时，注意把水平不同、性格有差异的学生编排为一组。

可根据学习活动确定小组的规模，可由3-7人组成。

在确定小组构成时应考虑以下问题：

❑ 小组学习中是否每人都有事可做?

- ❑ 小组成员是否能够互相帮助?
- ❑ 小组成员是否能相互学习?
- ❑ 小组是否能有效进行学习?

可根据不同的学习活动对小组成员和规模进行调整。学生也因此而有机会和全班同学合作，而不是只固定在一个小组中。

小组学习的位置

在教室中选择最适于小组学习的位置并把各个小组安排在这些位置上。根据学生状况、教室布局、活动类型，可以让学生搬动桌椅或换座位到达自己的小组位置。

小组位置由你来确定，不能让学生自由选择。

如果小组活动时间较长，你需要制作一张小组分布图，把各小组在教室中的位置标记出来并贴在班级公告栏上，紧挨着各组成员名单。

小组学习程序

为学生小组学习创建一系列程序。

- ❑ 你要对自己在小组中的学习和行为负责。
- ❑ 如果有问题，向本组其他同学请求帮助。
- ❑ 如果组内其他同学请求帮助，你要尽力帮助他/她。
- ❑ 只有在全组都遇到同一问题并无法解决时，才向老师求助。

这些程序鼓励学生互相帮助，而不是完全依赖教师。你只需要帮助那些所有成员都遇到共同问题的小组即可。

使用固定的转换信号

根据不同的年级，选择恰当的转换信号完成从小组模式到教学模式的顺利转换。

让学生从教学模式到小组模式适合使用口头信号，只需简单一句："请大家开始小组学习"就行了。

可以用一个倒计时器进行计时。

播放音乐是从小组模式转换为教学模式常用的一种提示方法。学生在播放音乐时可以尽快完成小组任务并回到听课状态。音乐还可以降低转换时的噪音——告诉学生他们发出的声音一定要低于音乐声。

口头倒计时也是很有效的提示方式。给学生留出一定的时间并用倒计时器或口头开始大声倒计时。这让学生知道他们需要在多少分钟内完成转换回并到自己的位置上。

熟悉的转换信号能使学生在教学模式和小组学习模式之间转换自如、高效，大大增加了小组学习活动的时间。

讲解

1. 向学生说明你已经为他们分配好了小组。
2. 告诉他们这个分配方式仅适用于本次活动，下一次活动可能会对小组规模和组员进行调整。
3. 宣布第一组成员的名单。
4. 指出每个小组在教室中的具体位置。

26 **学习一些在不使用任何卡片、弹珠、糖果或其他物品的情况下快速分组的方法。**

27 **了解一下这些能让学生做好转换准备的免费倒计时器。**

5. 如果可行，向学生展示学生组员名单及小组分布图并告诉他们在哪里可以找到。

6. 演示开始小组学习的提示信号。

7. 当学生分成小组后，向他们介绍以下程序：

- 你要对自己在小组中的学习和行为负责。
- 如果有问题，向本组其他同学请求帮助。
- 如果组内其他同学请求帮助，你要尽力帮助他/她。
- 只有在全组都遇到同一问题并无法解决时，才向老师求助。

8. 示范从小组模式转换到教学模式的提示信号并告诉学生这个信号会一直不变。

9. 告诉学生当信号发出后应遵守什么程序。比如，当老师开始倒计时，程序应该是：

- 尽快结束小组中正在进行的任务；
- 把材料上交；
- 把桌椅摆放回原来的位置；
- 当倒计时结束时，回到自己的座位上。

演练

指定几个学生组成第一组并告诉他们小组的位置。

给该组分配一项需要他们互动的简单任务。

让其他同学认真观察小组活动的程序。

发出分组的提示信号。

当这几个学生组成小组并开始学习时让他们停下来并请其他同学对他们的表现提出反馈。指出程序执行过程中存在的问题并纠正错误。

让该组同学继续进行小组学习。走到他们身边并提问当他们有问题时应该怎么办，在小组成员给出答案后请全班同学判断是否正确。如果存在问题，予以纠正。

请该组同学继续小组学习。之后，发出转换回授课模式的提示信号。

当小组成员都回到各自座位上后，问其他同学他们表现的如何，如存在问题，要进行改正。

对参与示范的第一组同学表示感谢，重点强调他们在执行程序时一些正确的做法。

角色转换——刚才参与第一组活动的同学变成了观察者，指定其他同学组成小组并到指定位置开始小组学习。

发出小组学习的提示信号。适时对小组活动进行打断并让观察的同学提出反馈，及时纠正错误。

在练习过程中要不断提醒学生注意关键环节，直至学生将如何加入小组、如何进行小组学习以及小组学习结束后如何回到自己的位置上等问题熟记于心为止。

强化

在第一次真正的小组学习之前，带领学生把程序复习一遍。当学生在执行程序时，对他们成功地完成程序的每一个环节表示感谢。“汤姆，谢谢你非常安静地走到了你的小组中。”要注意强调具体的行为，这会比“汤姆，你在参加小组活动时做的不错。”更有效果。你表扬的话越具体，学生就越清楚你对他们的期望。

当学生们回到自己座位上后，对刚才程序的完成情况进行反馈。对表现优异的地方予以肯定，对出现问题的地方进行纠正。

程序 29

记笔记

掌握有效记笔记技巧的学生知道如何辨别重要信息并能对授课内容有更深入的了解。

解决方案

运用康奈尔笔记法可以改善学生课堂笔记杂乱无章的状况，并有助于捕捉重要信息为考试做好准备。

这个程序可以提供以下条件：

1. 保证学生笔记的准确性、完整性和连贯性。
2. 让学生学会把学习内容用关键词、短语和句子概括出来。
3. 使学生从被动地接受转变为积极的学习。

背景

研究表明记笔记的学生在考试中的成绩会优于不记笔记的学生。然而，很多学生把记笔记理解成文字转录——他们拼命地想记下老师课堂上说的每一个字。结果导致他们的笔记缺乏层次、不易于辨认和复习。更糟糕的是，有的学生在课上只顾疯狂记笔记而无法认真听讲、思考、提问和学习。

学生们应该学习在记笔记过程中如何辨别和组织重要的信息，不会因为记笔记而影响正常听课。真正理解了如何有效记笔记的学生会从被动的学习者转变为主动的学习者。

程序步骤

康奈尔笔记系统能够帮助学生记录下重要信息。在这些内容被记录下来后，会进一步被浓缩为关键词或短语，然后再总结成一两个句子供复习使用。

为了避免凌乱，康奈尔笔记法把一页纸划分为三个区域：记录区、提示区和概要区。

1. **记录区：**学生对重要信息的记录。
2. **提示区：**将所记内容简化成一个描述性词汇或主要观点。
3. **概要区：**将所记内容概括成某一观点；需要进一步探讨的问题。

1. 记录区

向学生展示如何将一页笔记纸根据以下维度分成三个区域：

- 左边2.5英寸
- 右边6英寸
- 底部2.5英寸

告诉学生如何把每个区域标记上记录区、提示区和概要区。

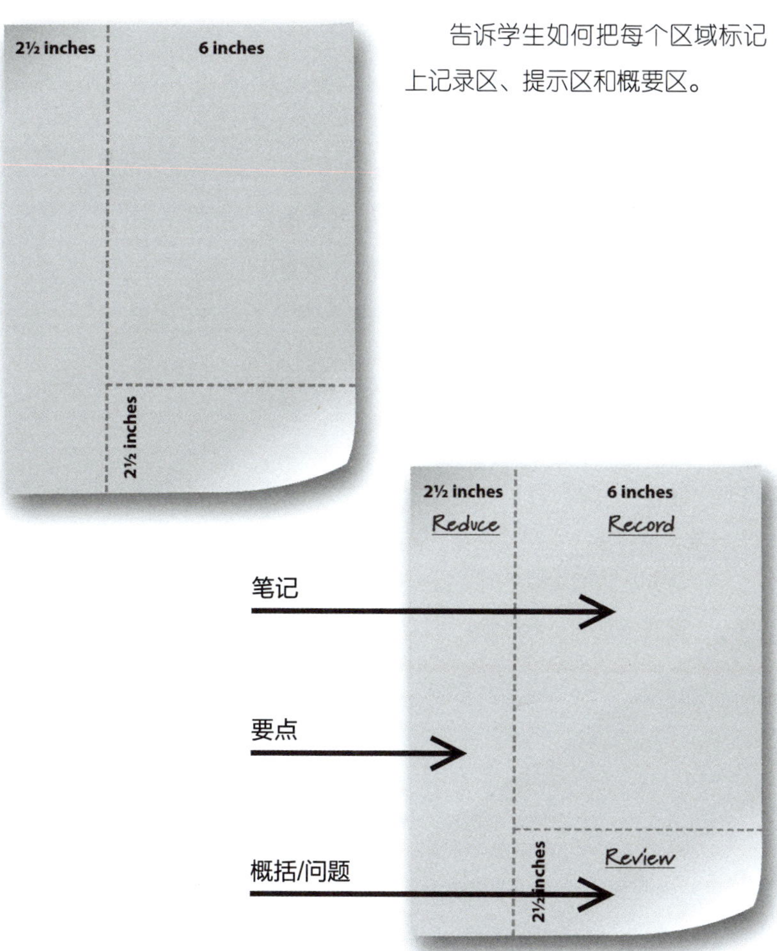

让学生在记录区把有意义的信息记录下来。强调条理性是有效做笔记的关键并帮助学生根据以下建议学习记笔记：

- 省略对理解无关紧要的内容。
- 删掉重复的信息。
- 使用缩写。
- 使用短语。
- 各个观点之间要留出间隔。

2. 提示区

在提示区，让学生根据所记内容学写简单的短语、提示词或要点。注意一定要简短。

写在提示区的词是用于复习和回忆所学内容的提示词。

3. 概要区

将所记内容用一两个句子概括出来并写在概要区。学生也可以利用这个区域记录说明性的观点、尚未解决的疑惑以及对未来研究的思考。

学生如在总结时遇到困难，说明他/她还未能充分理解课上所讲授的内容，需要再次学习。你也可以通过了解学生概括总结的情况衡量你的教学效果。

教学生如何通过有条理地记笔记提高学习效果。

- 引导学生用索引卡片覆盖记录区，这样就只能看到提示区的内容了。
- 根据提示区中的关键词，学生尽量回想记录区的具体内容。
- 通过这种方式能在考试到来时帮助学生尽快记住学过的内容。

讲解

为学生讲解康奈尔笔记法并解释为什么它比逐字记录更加有效。

通过使用白板、液晶投影仪、实物投影机等手段带领学生学习用康奈尔笔记法做笔记。

突出强调重点学习内容并把它写在记录区中。同时让学生也进行抄写。

提取出提示词并写在提示区中。

再读一遍两个区域中的信息并用一两个句子概括出来写在概括区中。告诉学生这个区域也可以用来记录未解决的问题和观点以便进一步开展研究。

演练

第二天，和学生共同复习康奈尔笔记法。

在授课过程中，停下来让学生辨别哪些是重要信息需要写在记录区中。

请学生提炼出提示词并写在提示区中。

让学生分享他们写在总结区中的内容。

展示如何通过笔记提高对信息的记忆能力。拿一张纸覆盖住记录区中的内容，只能看到提示区和概括区的内容。

根据提示区的提示词或概括区的总结，请学生尽可能背出记录区中的内容。

在学生学习过程中不断询问他们是否遇到问题并予以解答。

强化

每隔一段时间就对康奈尔笔记法进行复习，走到学生面前仔细查看他们记笔记的过程。

跟学生强调有了条理性，未来的学习会变得轻松；同时也强调康奈尔笔记法会使他们在准备考试时效率倍增。

笔记指南

帮助年轻的孩子学记笔记。制作一份笔记指南——一份现成的笔记，其中有策略地留出一些空缺。学生不必大费心思地去留意重要信息并组织信息。

笔记指南是这样的：

教师说："同学们，当美国宪法制定完毕后，制定者们担心政府的权力过大。他们把政府分成三个不同的分支，立法、行政和司法分支，每个分支都承担不同的职能。立法分支制定法律，行政分支执行法律，司法分支决定是否触犯或曲解法律。"

在讲授的同时，可以使用PPT幻灯片简要展示相关信息。

美国政府的三个分支

立法 = 制定法律

行政 = 执行法律

司法 = 决定是否违反法律

以下是学生的笔记指南：

美国政府有__________个分支。立法分支__________法律。行政分支__________法律。司法分支决定是否__________法律。

教师在读到空缺处时应适当停顿，让学生填写。

随着学生的不断进步，可以用康奈尔笔记法逐步取代笔记指南。

阅读课本

帮助学生学会使用SQ4R技巧（浏览、提问、阅读、复述、复习、思考，survey，question，read，recite，review，reflect）能使他们对学习材料有更深的了解，并能将这个技巧运用到其他课程中。

解决方案

“SQ4R”技巧需要学生投入大量的时间，但的确能帮助学生学习、回忆及使用学到的信息。教学生如何阅读课本能帮助他们找到其中的细节信息。

制定一份主动阅读的计划可以解决以下问题：

1. 对所给信息理解不透彻。
2. 对信息记忆不牢固。

背景

大部分学生在阅读课本时采用英语课上阅读小说的方法。他们往往从第一页读起，连续往下读一直到最后一页。尽管这种方法很适合阅读小说，但绝不是阅读课本的最佳选择。

画出重点是用来强调重点内容的方法。然而，学生经常缺乏对重点信息的思考及选择，以至于画得满篇花花绿绿。

“SQ4R”法把课本中的信息简化成了一个个要点，便于学生记忆。

程序步骤

教学生在阅读课本时使用SQ4R法，使他们更好地理解课本内容并加深记忆。在挂图上标出阅读课本的步骤，并在全学年挂在教室中。

1. 浏览
2. 提问
3. 阅读
4. 复述
5. 复习
6. 思考

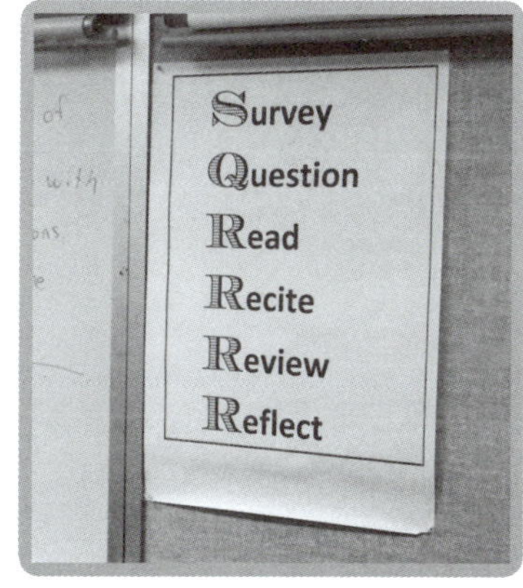

❑ 利用挂图作为阅读步骤的视觉提示。

讲解

1. 向学生介绍SQ4R法并讨论它对于学生的学习及记忆信息的作用。

1）浏览

- 粗略看一遍章节内容并收集有关信息。
- 读章节标题并大概了解主题。
- 读章节介绍或总结。这能使读者了解本章要点。
- 读各小节标题。这些标题能使学生理解材料的组织方式。
- 读所有的黑体、斜体、下划线及方框内的文本。
- 查找所有的图示并阅读文字说明。图示用于说明特殊的内容并帮助理解。
- 读所有的定义、学习目标及章节最后的思考问题。

2）提问

- 思考正在浏览的内容。
- 把章节的各个标题想象成问题有助于增强阅读的目的性并加深理解。
- 提出问题并在阅读材料中寻找答案。
- 当读者积极地寻找答案时，他们才真正参与到了阅读的过程。

3）阅读

浏览和提问为理解课本内容搭建了框架。下一个步骤，阅读，就像填充框架的砖瓦。

阅读就像盖房子。在框架搭建完毕后才能垒墙。学生只有在对章节进行浏览和提问之后才能开始阅读。

- 为提出的问题寻找答案。
- 让学生用自己的话把找到的答案记录下来。
- 为了避免信息量过大，让学生集中精力领会章节的中心思想，不要过分专注于细节。

4）复述

鼓励学生在每章结束后进行自测。让他们大声念出自己提出的问题，并用自己的话给出答案。当学生能用自己的话复述所学内容时，他们更容易深刻理解并为将来的考试加深记忆。

5）复习

建造房屋的最后一个阶段是接受检查，看它质量是否合格。与此相似，学生们完成了本章节的浏览、提问、阅读及复述，但这并不意味着他们的任务彻底完成了。

在本章即将结束时，请学生对笔记进行复习检查，看看是否有漏掉哪些细节或误述了哪些信息。复习还能使学生加深印象。

6）思考

- 鼓励学生把收集到的信息在头脑中进行加工。
- 再次思考提出的问题以检查对内容的理解程度。
- 寻找各观点之间的联系，进一步加深理解。

2. 从课本中选取一章并用它来示范SQ4R法。带领全班学习各个步骤。

- 读章节标题和总结。
- 说明黑体、斜体、下划线及框内文本的重要性。
- 花一点时间查看本章中的图示及文字说明。
- 查看相关定义、学习目标及思考问题。

3. 问学生这章主要讲了哪些内容。在阅读文本时对学生需要牢记的问题进行讨论。

4. 问学生每一节分别讲了哪些内容。在阅读每节时对学生需要牢记的问题进行讨论。

5. 请学生带着相关问题阅读本章。

6. 请学生回答在阅读前提出的问题。

7. 请学生暂停并思考他们刚学到的概念性知识。让学生自愿回答通过SQ4R法收集到的信息。

演练

指导学生根据课本中的内容和同桌轮流互测。一个就课本内容进行提问，另一个则根据SQ4R笔记找到答案。在此过程中要鼓励学生尽量用自己的话作答。

在同桌做测试练习时对他们进行观察和指正。

在完成测试和复述之后，学生们应再复习一遍本章的笔记以便进一步加深印象 。

28 杰夫·高尔分享了他的SQ4R模板供你教学使用。

强化

下一次班级阅读时，继续让学生两人一组使用SQ4R法完成阅读内容。对各组进行检查并提供帮助。在学生能熟练掌握SQ4R法并可以单独完成阅读过程前，一直保持两人一组的方式。

SQ4R指南

在学生阅读课本时为他们准备一份SQ4R指南。肯塔基州丹维尔的杰夫·高尔使用这个指南帮助学生记录他们的想法。

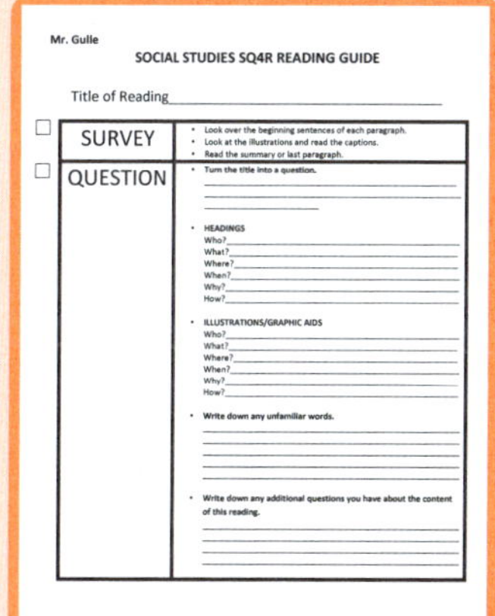

Mr. Gulle

SOCIAL STUDIES SQ4R READING GUIDE

Title of Reading________

☐ SURVEY	• Look over the beginning sentences of each paragraph. • Look at the illustrations and read the captions. • Read the summary or last paragraph.
☐ QUESTION	• Turn the title into a question. ________ • HEADINGS Who?____ What?____ Where?____ When?____ Why?____ How?____ • ILLUSTRATIONS/GRAPHIC AIDS Who?____ What?____ Where?____ When?____ Why?____ How?____ • Write down any unfamiliar words. ________ • Write down any additional questions you have about the content of this reading. ________

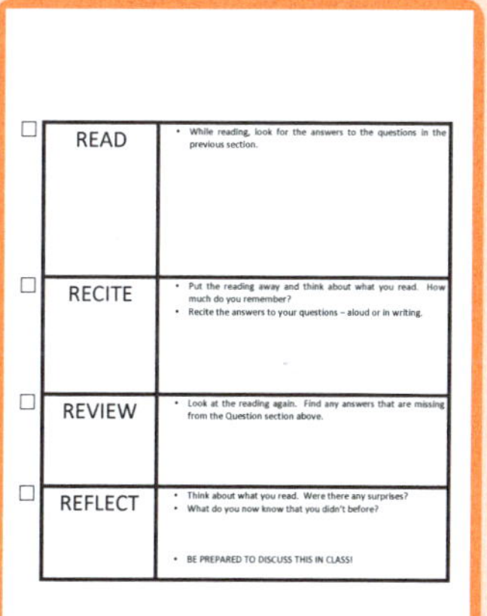

☐ READ	• While reading, look for the answers to the questions in the previous section.
☐ RECITE	• Put the reading away and think about what you read. How much do you remember? • Recite the answers to your questions – aloud or in writing.
☐ REVIEW	• Look at the reading again. Find any answers that are missing from the Question section above.
☐ REFLECT	• Think about what you read. Were there any surprises? • What do you now know that you didn't before? • BE PREPARED TO DISCUSS THIS IN CLASS!

有了这个指南，学生能跟上整个学习过程并能把注意力集中在课本中重要的信息上。一旦学生们学会了这个方法并熟悉了各个步骤，这个过程就成为了他们的第二天性，在需要时可轻而易举唤醒。

程序 31

随处阅读时间

把读书列为每日安排的一部分能使学生每天都有时间为快乐而读。学生读的书越多，他们就越有可能获得成功。

解决方案

阅读是学习各个学科必备的能力。它也能为学生带来巨大的愉悦。读书能为他们开启知识的大门。**随处读书（RAP）时间可以鼓励学生积极参与阅读。**

这个程序可以提供以下条件：

1. 鼓励学生为乐趣读书
2. 使学生能够独立阅读
3. 实现图书共享以鼓励他人阅读

背景

使学生把阅读作为爱好或乐趣能将他们从电视或电子游戏中解救出来。

在随处读书时间，学生可以自由选择阅读任何适合他们年龄的读物。只要他们能遵守RAP程序，就可以在教室的任何地方阅读。

- 学生之间必须间隔一臂的距离。
- 只能默读——不能跟同学讲话。
- 学生们轮流使用特别座位和靠垫。
- 当RAP时间到时，学生们必须把图书放归原位。

如果学生提前完成了课堂任务，可以建议他们拿出RAP图书进行阅读，同时等待其他同学。

RAP时间可以培养独立阅读的能力。

程序步骤

要为学生在RAP时间提供各种阅读材料，包括儿童杂志和报纸，漫画书，绘本，小说等；学生可以随心所欲地从中选择。

在教室中开辟一块舒适的小区域，并将班级图书放在这里。小方地毯、靠垫、趣味座椅或沙发都能让学生在RAP时间有温馨舒适的体验。

根据阅读难度、读物类别、主题和兴趣对图书进行分类，并在书上、篮筐上或书架上贴上分类标签。通过这种方式，学生很容易找到自己感兴趣的书，也在完成阅读后便于归还。

讲解

制作一张关于RAP时间指南的海报并贴在教室中显眼的位置。在开学第一周讲授RAP时间的具体程序。

1. 向学生介绍教室中用于阅读的舒适区域。

2. 留出固定的时间作为RAP时间，并在课程表中予以说明。根据课程安排，RAP可以是每日一次也可以一周几次。

3. 讨论RAP时间指南以及它的作用。

4. 告诉学生你会和他们一同参与RAP时间的阅读。

5. 当RAP时间即将结束时，请学生对读到的令人激动的内容进行简短的分享。

演练

示范RAP时间应该怎么做。向学生展示如何选择阅读材料、在哪里就坐。提醒学生同学之间要保持一臂间隔。请几名学生对此进行示范。

在讲解程序时，提醒学生RAP时间需要保持安静，对未能安静阅读和独立阅读的学生进行纠正。

宣布RAP时间开始，请一半的学生停下手中的任务并展示程序。

请另外一半学生注意观察，并指出同学的错误。之后交换角色进行练习。

让学生们分享读到的精彩内容。

强化

对能遵守程序的学生表示认可。如果有学生在执行程序中出现错误，只需问他：“你能说说RAP时间的程序吗？”

如果有提前完成任务后呆坐着等待的同学，那么可以问他：“当你等待其他同学时，可以做点什么呢？”

教室和学校图书馆

研究表明教室里大量各种门类的藏书对学生的学业成功有很大帮助。喜爱读书的学生会比较善于写作；擅长写作的学生都比较喜爱读书。一旦有了恰当的程序，建立并保持一个教室图书馆就是轻而易举的事情了。

教室图书馆可以让学生读到各种书籍。但是，在学生从中借取图书之前，需要设立一些借书程序。

1. 确定恰当的借书时间。

- 课前和课后
- 课间
- 午餐时间
- RAP时间开始时

2. 开发借书和还书系统对外借的图书进行备案。

- 使用粘贴在图书前页纸袋中的借书卡。学生需取出卡片，把姓名、日期、第几节课等内容写在卡片上，并把借书卡放在以字母顺序排列的卡片盒中。当还书时，学生从卡片盒中找到这张卡片并插入图书前页的纸袋中。
- 使用电子登记系统。建立一个WORD文档或EXCEL表格，让学生在班级电脑上进行登记。他们要在电子文档中输入姓名、书名、借书日期和第几节课等信息。学生在还书时需在文档中插入还书日期并存档。

3. 整理图书

- 可以根据图书的种类或小说/非小说进行整理归类。在书架上划分出不同的区域用于摆放不同类别的图书。
- 在书脊上贴上彩色的胶带或其他点缀，将不同类别的书在书架上区分开。

4. 分配教室任务

- 可以采用荣誉制度对教室图书进行管理，由学生来负责图书的借出、归还及书架的整理。
- 可以设立教室图书管理员和助理管理员。管理员负责图书的借出与归还登记，助理管理员负责将图书放回书架。这两项工作可以让学生轮换负责，共同承担维护教室图书馆的责任。

5. 保持图书馆长期开放

- 鼓励学生在早晨上课前或放学后来浏览图书馆藏书。
- 你要熟悉教室中的图书并能向学生推荐。善于把握促进学生增长知识的每次机会。

教室图书馆的管理程序与学校多媒体中心的程序非常相似。加利福尼亚州加登格罗夫的乔安妮·拉德维格是一位图书馆多媒体技术员，她认为孩子们在知道他们应该做什么及怎么做时会表现的更好。

在她的图书管里，对政策、程序和规章进行了区分。

政策是总的管理声明，对图书馆的总体运行进行规定。

- ❑ 图书借阅期为2周
- ❑ 需将图书带来进行续借
- ❑ 损坏图书需进行赔偿
- ❑ 每次每人不超过三本
- ❑ 在阅览室阅读完毕后将座椅推入桌下
- ❑ 保持图书馆整洁

程序主要涉及工作的完成方式和具体行动。即便程序执行错误，也不会受到惩罚；但学生需要重新按正确的方式做一遍。比如，冲进图书馆的学生需要重新出去再慢慢走进来。

- ❑ 要安静有序走进图书馆。
- ❑ 到固定位置就坐。
- ❑ 将看完的书放回原位或书车中。
- ❑ 在借书前，仔细检查图书是否有缺损。
- ❑ 请带借书卡。

规章主要用来衡量行为，违反规章后会造成相应后果。

1. 尊重图书及其他图书馆资料。
2. 尊重图书馆设施。
3. 尊重图书馆里的每个人。
4. 合理使用时间。
5. 保持图书馆安静的阅读环境。

程序 32

考试

当教师提前为考试日做好规划时，这一天将变得富有成效并减少了时间的浪费。

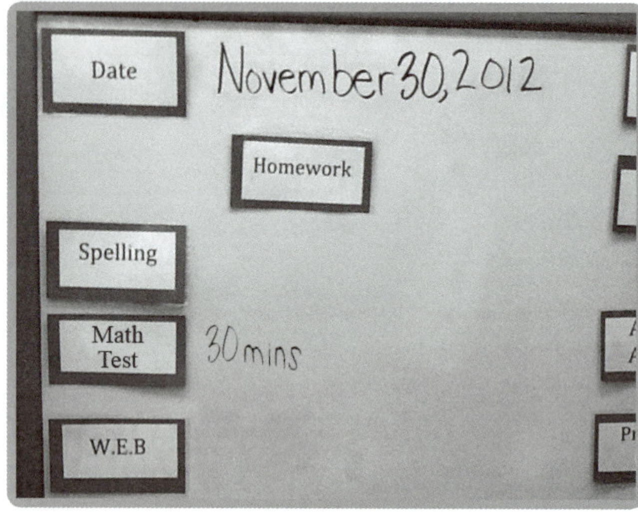

解决方案

课堂上的每一分钟都非常宝贵。每天都是学习的大好时机。当学生知道应该做什么时，考试日就会变得富有成效；教师也因此在课堂时间的安排上占据主动。

这个程序能解决以下问题：

1. 考试日出现混乱
2. 课堂时间的浪费

背景

当教学计划书翻到了写有“今天考试！”的一页，说明考试日到来了。教师们把考试日当成一个小假期，而学生们则把这天当作学习进程中的一关。

早早答完试卷的学生在座位上躁动不安、东张西望，想看看还有谁也做完了。尽管禁用了移动设备，但美容小工具奇迹般地出现在了考场上——学生在提前做完卷子等待其他同学时很少有人抓紧时间学习。

教室里的每一分钟都是学习的最佳时机。这一点要写在每日日程上并张贴出来，包括考试日。有了日程，学生就清楚他们下一步该做什么了。

程序步骤

由于学生水平存在差异，有部分学生会提前完成考试。将提前计划好的自习和默读任务贴出来，可以使这些学生在完成考试后有事可做。课堂上的每一分钟都得到了充分利用，使学生的学习收获最大化。

在考试日贴出的日程应该包含以下内容：

- ❑ 考试的开始时间；
- ❑ 考试持续多久；
- ❑ 完成考试后需要做什么。

讲解

向学生解释考试程序，其中包括以下步骤

- ❑ 只允许看自己的卷子。

- 在考试期间保持安静。
- 一旦你把卷子背面朝上放在桌子上，你就不能再继续答题了。
- 当完成答题后，把所有的试卷背面朝上放在课桌的右上角。
- 当所有同学都完成答题后，试卷将被统一收回。
- 继续坐在座位上并马上开始完成规定的任务。
- 把相关材料放在课桌中，在答完试卷后拿出。

演练

告诉学生在考试日仍要遵守所有的惯例程序。在早上进入教室后，仍要保持安静并开始做热身作业。

通过示范告诉学生在做完试题后如何将试卷背面朝上放置在桌子的右上角。提醒学生一旦这样做，就不允许再次回到考试中。

强调日程也要按惯例要求执行。学生应坐在座位上开始做日程上写出的任务。

强化

在第一次课堂考试中，再次讨论考试的程序以避免出现误解。

提醒学生即便提前答完了题目也要安静地坐在座位上，因为其他同学还在考试。

在日程上将考试完成后需要做的任务画出来让学生注意，并对学生的问题予以解答。

创建个人空间

在贝斯·费瑟斯顿的教室里，学生们的课桌都拼在一起，集中就坐。为了给学生们创建个人空间，又不用将桌子分开，贝斯用胶水把两个文件夹粘贴成一个三面的小屏风。

学生把姓名和自我激励的话语写在上面。

头脑灵活一点	尽最大努力
努力学习	集中精力
认真检查作业	积极向上

贝斯将写好字的小屏风塑封并进行装饰。

它们存放在教室的特殊位置。在考试日或有其他特殊活动需要独立思考的时候，学生助理就会把小屏风们拿出来放在摆在桌子上。隔出了个人空间，学生们就不容易分散注意力了。

要坚强

这是贴在苏珊·格林办公室门上的一句话，她现任纽约阿兰·洛克学校的校长，“今天的努力会带来明日的辉煌”。

学生们常会抱怨，“这太烦了。我们能做点有趣的事儿吗？”他们渴望享乐，而非坚苦的工作。他们对学校的态度是：如果上学没什么可玩的，我就不想去了。在当今的年轻人中，努力学习的价值已经不复存在了。

这个故事的起源已经说不清了，但它对于在生命中如何成功的意义是众所周知的。一位先生找到了一个蝴蝶蛹。一天，他发现蛹上出现了一个小洞。他静静地坐着观察蝴蝶如何奋力从那个小洞中将身体挣脱出来。它挣扎了几个小时但仍然不见有任何进展。它似乎已经尽了最大努力，再也出不来了。

于是，那位先生决定去帮助它。他拿来一把剪刀剪掉了无法脱下的蛹壳。

蝴蝶终于出现在眼前了。他继续观察着蝴蝶，希望它随时张大翅膀、身体缩小，然后扑闪着飞起来。

结果什么都没有发生！事实上，这只蝴蝶只能拖着干瘪的翅膀和臃肿的身体爬行到死。它永远不能飞翔。

这位善良而心急的先生没能理解，只有在身体通过蛹上的那个小小的洞口的过程中，它体内的溶液才能转移到翅膀上，正是坚硬的蛹壳使蝴蝶的翅膀变得强壮。也只有这样，蝴蝶才能展翅飞翔。

任何人在成长和学习过程中遇到的阻碍都是前进的机会。我们为克服这些困难而付出的努力会使我们变得强大，会激励我们不断前行。一帆风顺的生活会让人变得懦弱，我们永远无法强大，永远不会飞翔！

在教学的过程中，一定要有坚持不懈的精神、坚强的意志并时刻保持警惕。

黄绍裘 ■ 山景城 加州

程序33

学生互判作业

教师不必对每次作业都进行检查评分，可以让学生承担部分批改作业的责任。

解决方案

在恰当程序的指导下，学生之间可以互相检查和批改作业。这减轻了你的工作量，你可以把空下来的时间去履行其他职责。

在教师严格的监督下，这个程序提供了如下条件：

1. 减少了教师的作业批改量
2. 使学生学会为同伴批改作业并对此负责

背景

这个程序并非对任何年级或任何作业都适用。但在学生学习此程序后，部分作业可以交由他们批改。

学生每天需要完成很多作业，但并非所有的作业都要由你进行批改和评分；的确，有很多作业如写作、草书书法和大部分试卷都需要你亲自批改，但有些作业可以在课堂上让学生自己通过互评完成。这个过程也是对学生学习效果的一种检测手段。

每位学生在做作业时都十分投入并引以为豪。因此在互评作业前，要求学生要尊重他人的劳动成果。

❑ 学生们在为同学批改作业的同时也学会了承担责任。

程序步骤

在第一次让学生互判作业时为他们讲授这个程序。特别强调在批改过程中一定要公平、诚实。

为班级购买一套颜色相同的记号笔，供学生在课上批改作业使用。

让父母知道，本学年这种颜色记号笔批改的作业都是由学生自己完成的。

讲解

1. 分发学生的作业，确保每位同学手里拿到的那份是另外一名同学的。

2. 分发彩色记号笔。

3. 让批改作业的学生把自己的姓名写在作业纸的右下角。这样做能使学生认真、严肃地对手中的作业进行批改。

4. 告诉学生只在错误的答案旁边做标记。引导学生在错误答案旁边划“X”（或规定其他符号），不允许在作业纸上做其他标记。

5. 复述正确答案以便学生能进行批改。

6. 在你对答案的同时问学生是否需要讲解。

7. 请学生计算总分并写在作业纸右下角他们的名字旁边。

8. 回收所有批改后的作业并进行核查。

9. 回收所有的记号笔。

演练

在第一次全班同学互判作业时，需要把判完的作业在同桌之间交换进行二次核对。

让同桌把自己的名字也写在这份作业的右下角。

提醒学生他们是在判同学的作业，所以需要格外注意，反复核查。

如果发现有错误，需再次重申作业的批改要求。第二轮批改使用的符号要与第一轮的区别开。

让学生统计作业中错误答案的个数并写在右下角自己姓名的旁边。

请同桌两位同学对比他们的批改结果。

回收作业和记号笔。

查看所有的作业并记录最终成绩。

强化

在学生批改作业时，在班里进行巡视并指出发现的问题。对学生互判作业表示感谢和肯定，并希望下次你需要他们帮助时遵循同样的正确程序。

如有必要再次教授程序。

下一次全班同学互相批改作业时，对此程序进行复习。

自我调整，终获成功

如同众多的新任教师一样，俄克拉何马州普莱尔的教师杰夫·史密斯对自己的学科从里到外非常精通，但他的班级却毫无秩序可言。每天对他来说都像打仗一样，一段时间之后他濒临解雇。就在那时，有人给他介绍了“高效能教师”系列视频短片，他开始做课堂管理计划。

杰夫通过固定的课程计划、组织和管理技巧把学生引向成功之路。他所有的学生之前都有各种失败的经历，但在他精心的规划下最终都取得了成功。

在开学第一天，杰夫把教室规章制度和程序清晰列出，他用程序来讲授行业标准，这使学生们具备了在现实世界取得成功的行为和态度。

杰夫的班级保持着职业技术学生一次性通过焊接行业标准证书考试的记录——33人的突出成绩。此外，职业技术部曾透露给他另一个让人振奋的消息，他的学生的平均工资在全州高中毕业生中位居榜首。

杰夫的课堂实践并非一成不变，他不断地从其他高效能教师那里汲取经验，让学生有更大的机会获得成功。

从濒临被解雇到引导学生走向成功，杰夫成为了第一位被选入“美国焊接学会名人堂”的人。

❑ 课程计划、组织管理同样适用于职业教育。

❑ 积极评价与短暂交流可以提高学生的参与度。

进行短暂的交流

学会短暂的交流可以帮助你劝说学生更好地完成作业，为不开心的学生提供帮助，或化解潜在的课堂混乱。与学生快速、真诚的交流能处理好很多类似的问题，并能使你在明白状况之后继续教学。

1. 倾听。

劝说别人最有效的方式就是倾听。注意学生说的每一句话，并在此过程中说“我知道了”、或用点头等类似的动作进行回应。

2. 展示积极的肢体语言。

站直，扩肩、挺胸。你在帮助情绪低落的人，因此你要看上去精神饱满。不要显得坐立不安，这会让人觉得你也感觉不舒服并且对自己缺乏自信。更不要交叉双臂，这会使你看上去架子很大、盛气凌人。你应该将双手手掌向上，这意味着“我没什么事情隐瞒你，我向你敞开心扉。”

3. 保持眼神交流。

不要将目光转向别处。当你进行强烈的眼神交流时，别人会被你打动。

4. 微笑。

微笑使学生觉得你很友好自信。真诚的微笑不仅让你感觉良好，也会让学生在交流时觉得放松。

5. 对某物进行观察。

对你观察到的某个事物进行积极的评价，比如，一件衣服，桌子上的一本书、学生在用的一支铅笔等。你的评价会让学生知道你关注着他们和他们的需求。

培养社交技能

社交能力是创建积极课堂氛围和使学生拥有成功人生的必要条件。让我们教室中的每一位学生都学会以礼相待、相互尊重。

解决方案

讲授恰当的社交技能有利于构建积极的学习环境。学生学会合作和以礼待人将使他们一生受益。在你跟学生的互动过程中，要对这些技能进行言传身教。

这个程序提供了以下条件：

1. 口头和肢体语言的有效交流
2. 提高课堂效率
3. 创造积极的课堂环境

背景

如果学生缺乏相互合作的社交技能，在课堂小组活动时可能会遇到困难。缺乏有效的交流能力、问题解决能力、决策能力、人际关系处理能力等可能会成为学生成功路上的最大障碍。

通过帮助学生掌握最基本的社交技巧，为今后的人生发展奠定基础。

程序步骤

学生可能还不清楚社交技能对学业成就和人生成功有多重要。通过头脑风暴的方式列出社交技能并讨论在各种情形下使用这些技能的重要性。

- ❑ 倾听
- ❑ 表现出良好的习惯
- ❑ 尊重他人
- ❑ 有合作精神
- ❑ 乐于助人
- ❑ 有耐心
- ❑ 有礼貌
- ❑ 善于分享
- ❑ 有参与精神
- ❑ 恰当地吸引他人注意

- 使用轻柔的话语
- 注意礼貌用语（如使用“请”“谢谢”和“不客气”）

学生们可能意识不到这些行为作为社交技能对提高课堂效率的重要作用。

不要认为学生对这些技能的理解和你一样，和他们就此进行讨论。比如使用“请”“谢谢”等礼貌用语时，你的语气和方式与礼貌用语本身同样重要。

在教室的情境下示范并展示恰当的行为，避免将情景与所讲内容割裂开。如在安排学生进行小组学习之前，问问学生合作学习意味着什么。让学生进行头脑风暴。如果“倾听”是你要教的社交技能，那么可以让学生列出一个“好的倾听者”所具备的素质。在老师和同学讲话时，好的倾听者会怎么做呢?

在一位学生发言时，教给学生如何成为好的聆听者。

让学生进行场景角色扮演练习社交能力。这为视觉、听觉和动觉学习者提供了区分受欢迎行为和不受欢迎行为的机会。

为每一项要讲授的社交技能列出一张“如何做”清单。比如好的倾听者会：

- 聚精会神地端坐在座位上；
- 注意力始终在讲话者身上；
- 尽量保持静止以免分散讲话者和其他人的注意力。

在下完定义后，把它们汇集成指南让学生记录在笔记本上随时参考。

如果有学生忘记好的倾听者应该如何做，你可以走到学生身边说：“凯尔西，请你再读一遍你笔记本上有关好的倾听者这部分。”课后再次询问凯尔西是否还存有疑问。

在你和学生进行互动时可以对社交技能进行示范，亲自展示希望他们学会的社交技能。

讲解

每天选择一项社交技能并在课堂上使用，要求学生在课上进行实践。

告诉学生当天要学习的社交技能。

与学生讨论如何通过对社交技能进行有目的的训练来创设积极的学习环境。

强调在未来的工作场合和社会场合如何使用所学技能提高效率。

在快下课时，再次重复当天所学社交技能对课堂气氛和学习效果的影响。

重复这个过程直至学生们把列出的社交技能全部掌握。

演练

如有必要，应对社交技能进行不断练习直至成为班级惯例。也可以在某节课使学生练习指定的技能。

如全班同学对使用某一技能仍存在困难，要对该项技能进行专门训练直至学生完全掌握。

如有个别学生仍存在问题，需进行个别指导。

强化

对学生针对某项技能的展示表示肯定并鼓励他们再次使用。

帮助学生培养能创设高效学习环境和使未来受益的社交能力。在教室中使用恰当的社交技能一定要有一致性。

不存在模棱两可的情况

我在英国任教。我利用暑假制定了一系列的程序和课堂管理计划。

现在已经开学近三周了，我花费了大量的时间讲授这些程序。

我的课堂上不存在模棱两可的情况，每个学生都确切地知道事情该怎么做。

这样做的结果？

这是我教过的效率最高的课堂，从头至尾最平静的一学年，我和学生从中获得了最大的快乐！

乔恩·伊顿 ■ 德文郡，英国

简单的程序，加上礼貌用语

学生们来自纽约州新罗切尔的一个小城市社区，组成了有着不同人口构成和学习需求的班级。然而，这些差异并未影响到法耶·费曼学生们的学习劲头。

法耶·费曼的三年级班级中充溢着能量和目标。每天清晨，孩子们微笑着走进教室准备学习。全天的学习安排写在班级书架上方的白板上。

当学生们聚集在教室中间准备开晨间会议时，感觉就像排练有素的管弦乐队。法耶对上课的程序进行过认真的讲解，得到了学生很好的响应。这种一致性让他们觉得舒服且有目标感，因此他们很乐意履行惯例。

在为写作作业做准备时，学生们通过头脑风暴讨论如使小组学习变得高效。法耶熟练地对讨论进行指导并把学生的建议写在黑板上：“每个人都要分享。要合作，共同学习。有时候我们需要做出妥协。要尊重每个人的想法。”

很明显，法耶已经创设了让学生学会独立进行小组学习和分享的班级文化；这个班级中不存在“自我”。

在小组学习时，他们知道使用最简单的礼貌用语：“谢谢”，“不客气”，“劳驾”和“请”。法耶在学生完成学习任务的同时让他们学会尊重。他对学生和对自己的期望值都很高。

家长认可法耶·费曼，学生在她的班上学习劲头十足。取得良好教学效果的因素很明显：

- 明确的程序和结构
- 大量有趣的学习任务
- 充足的练习和成功的机会
- 大量想象和创造的机会

教学与美国未来国家委员会1996年的文件中提到了法耶，我们也是在那时与她结识。之后我们一直与她保持联系，她的来信总使我们感到激动。

不幸的是，法耶在职业生涯的早期就离开了这个世界。但是，她所做的一切将永远留在她学生们年轻的心中和脑海里。谢谢你，法耶·费曼，你将如此多的职业成就作为遗产留给了我们。

有特殊需求的教室

我们的工作不是培养医生或律师，教师或护士，工厂工人或销售人员。
我们的工作是让年轻的脸上挂满微笑，年轻的心中盈溢着希望，年轻的头脑中充满梦想。
其他的目标自然会实现。
丹·索弗特 ■ 特教教师，北卡罗来纳州

所有的孩子都是有能力的

特殊教育对教师提出了严峻的挑战。这项工作压力大，工作量繁重，使人身心俱疲。它需要教师有足够的耐心忠于这一使命，有足够的能力将混乱的状态变得有条理。它需要教师拥有和善的性格和理解的心，一视同仁地对待所有的孩子，相信他们的能力和价值。

特殊教育往往能获得有价值的回报——让有各种困难的孩子学会在竞争激烈的社会上生存。

一个学前特殊教育班级的一天

罗宾·巴拉克是俄亥俄州一所幼儿园的特教教师。她每个班里都有八名有特殊需求的孩子和四名年龄相仿发育正常的孩子；她需要对这24个孩子进行全天看护。

罗宾的学生们面临着各种困难——自闭症，语言障碍，严重的行为障碍，身体残疾以及各种发育问题。特殊教育的学生比正常学生更需要条理化的管理——一套一致性的程序和每日惯例能使他们的生活变得熟悉而不存在威胁。

为了给孩子们创造一个充满关爱，安全的环境和积极的学习氛围，罗宾制定了一套课堂管理计划。

她在开学第一天就给学生讲授程序并不断进行强化。一名助教，三名护士，和两名治疗师每周都会来罗宾的教室协助她工作。这个小组的共同努力使孩子们都爱上了上学，"我喜欢上学，因为大家都知道该做什么。没人对我们大喊大叫，我们可以好好学习。"

为一天进行规划

罗宾的学生全天都根据日程安排展开学习活动。

上午 8：20-9：15　自由活动

- ❑ 学生们进行适合他们发展的活动。在这段游戏时间里，以孩子驱动为主，教师进行辅助提高语言、社会和认知能力。
- ❑ 进行美术或手工活动

- 开展TEACCH项目，这是由北卡罗莱纳大学开发，帮助患有自闭症的孩子在结构化的环境中开发各种能力。
- 进行语言障碍矫正卡片练习。
- 角色扮演
- 在沙箱中玩耍

在自由活动时间即将结束时，罗宾给孩子们两分钟的时间让他们为下一项活动做好准备，顺利完成过渡。

上午9:15　扫除

罗宾唱起了“扫除之歌”：

打扫，打扫，每人都来打扫。

打扫，打扫，每人都来打扫。

孩子们都动起手来，把玩具放回到架子上。

上午9:17-9:30　圆圈教学时间

罗宾每天都唱相同的欢迎歌曲。学生们也会跟着她唱，并为圆圈教学做好准备：

你好，很高兴你在这里；你好，很高兴你在这里。

你好，很高兴你在这里；一，二，三，让我们欢呼一下。万岁！

圆圈教学时间的安排每天都一样，学生们不会感到任何意外。

- 唱日历之歌
- 随歌跳舞
- 进行动态活动
- 学习一首诗
- 练习一项社交技能，如倾听，礼貌待人和分享
- 学习本周的单词

上午9：30-9：50　做操时间

做操时间快结束时，罗宾给孩子们两分钟时间为下一项活动做准备，并提醒他们要在哪儿排好队。有的孩子需要有额外的视觉提示——一幅学生们排队站好的图片或一幅点心的图片，提醒他们零食时间马上到了。

上午9:50-10:00　零食时间

学生们在成人的帮助下把手洗干净，当都在固定座位坐好后，全班开始唱点心之歌。

吃点心的时间到了，吃点心的时间到了。

我们该吃点东西喝点东西了；吃点心的时间到了。

- 每个孩子都喜欢吃点心。有些学生可能需要使用他们的文字或图片交流板。

上午10:00-10:20　圆圈教学时间

学生们围坐在一起进行不同的活动或学习。

上午10:20-10:45　分小组活动

每隔7到10分钟，孩子们在教师的帮助下在小组间进行轮换。

- 三个学生在教室的电脑上学习
- 四个学生在桌子上或地上做活动
- 四个学生进行自由活动，如在沙箱中玩耍，玩积木，或橡皮泥。

上午 10:45-10:50　放学

学生们唱再见之歌。

该向朋友们说再见了，

（拍手，拍手）

该向朋友们说再见了，

（拍手，拍手）

Oh，该说再见了，请微笑眨眼。

该向朋友们说再见了。

（拍手，拍手）

学生们排好队后走到校车上。

日程贴在教室里，以便学生和班级助手提前了解课程安排。

活动之间的过渡

罗宾使用视觉图像、动作、物体和歌曲帮助学生们从一项活动过渡到另一项。师生都严格按照日程安排进行，并通过程序进行强化。程序为学生提供了一致性。

罗宾说："很多特教教室中，助教，治疗师和护士们每周每天都会进进出出。使用固定的程序能保证成人和孩子保持同一进度。"

"程序可以使同一个活动得到强化"，罗宾说，"这意味着我不必浪费课上时间每次进行重复"。

三项固定的程序

罗宾在她的班上始终如一地贯彻以下三项程序：

1. 在与学生交流时参与他们的活动

2. 确保所有的教学材料都齐备

3. 给学生两分钟提示

1. 在与学生交流时参与他们的活动。有自闭症，认知延迟和行为问题的学龄前儿童在活动间过渡时会有困难。除了使用如口头提醒、视觉提示和播放歌曲等过渡信号之外，罗宾还在活动内容上下了功夫。活动内容要有意义、有诱惑力，学生才有动力过渡到下一项活动中。

她对活动的节奏进行了调整，以确保所有的学生一直处于情绪高涨的状态。通过参与学生的活动，她能感觉到什么时候学生开始坐立不安。教师必须能够感知学生什么时候需要站起来活动，这时候需要对他们有正确的引导。否则学生会自己站起来在教室里走来走去，不服从你的指挥。

2. 确保所有的教学材料都齐备

罗宾把所有活动所需的材料都放在手头。如，如果在圆圈教学时间需要播放音乐，伸手就能拿到播放器和想放的音乐。

你就不用走到教室另一头去拿播放器又花费时间去找那首歌曲。这个做法太浪费时间，更糟的是，你在前十分钟就令学生开始走神了。

在上课前，所有教师和学生使用的材料必须准备齐全以便随时使用。

3. 给学生两分钟提示

如果突然间给学生发出命令让他们停下手头的事情去做另外一件事，他们肯定做不好。因为要同时做三件事，有特殊需求的学生在活动间过渡时可能会出现困难。

- 结束一项任务。
- 准备另一项任务。
- 集中精力完成新的任务。

为了帮他们顺利完成过渡，罗宾通过发出一个两分钟提示使学生们做好准备。这为学生们能毫无压力地开始下一项工作留出了时间。

与学龄前有特殊需求儿童的家长进行交流

在入学前需要对有缺陷的学龄前儿童进行评估。学校心理辅导教师和评估小组需要对孩子的精细动作能力和大动作能力，语言能力，自理和认知能力进行评估。这个评估会通过游戏、观察和对家长进行问卷调查的方式完成。

一旦孩子经过测试并能够参加学前特教课程，家长就需要进行配合为孩子上学做准备了。对一些家长来说，在第一个孩子上幼儿园时，他们都感到非常紧张焦虑。也许他们第一次清楚地知道自己的孩子有缺陷。当然，也是第一次让孩子坐上了校车。

与有特殊需求孩子的家长保持联系能使家长和孩子都获得积极的学前经历。可以通过以下途径与家长进行交流：

1. 欢迎明信片
2. 家长和学生共同参与的新生报到会
3. 报到会之前电话沟通
4. 开学第一天电话沟通
5. 幸福留言卡（Happy Gram）
6. 开学第一周后电话沟通
7. 聚会
8. 周时事通讯
9. 班级网站
10. 通信记录文件夹
11. 家长见面会
12. PPT演示

1. 欢迎明信片

在开学前往学生家里邮寄一张明信片。明信片上可以简单写上欢迎信息：

你好，苏茜，

我盛情期待你的到来。

我们在幼儿园会做很多有趣的游戏。

我们9月1号见。

真诚的

罗宾小姐

2. 家长和学生共同参与的新生报到会

在开学前，你和所在学校可以考虑开一个由家长和学生共同参与的新生报到会。这个简短的报到会可以让学生和家长提前了解一下学校的情况，以免在开学第一天出现不知所措的情况。

利用这次机会认识各位家长并解答家长关心的各种问题。为每位家长准备一个信息袋并请他们带回家，信息袋中包含以下内容：

❑ 班级的运行方式
❑ 课堂程序
❑ 学校程序
❑ 如何与教师取得联系

当孩子们在教室中玩耍熟悉新环境时，向家长介绍信息袋中的内容。

3. 报到会之前电话沟通

在家长-学生报到会之前，给班上每位学生的家长打个电话。这次通话可以使你：

❑ 向家长进行自我介绍
❑ 对家长是否收到报到会通知进行核实
❑ 了解家长是否能参加报到会
❑ 消除家长的紧张情绪
❑ 了解学生的有关信息，比如“杰尼在暑期进行了耳内置管手术”或“格雷戈里正在节食减肥”。

4. 开学第一天电话沟通

在孩子第一次乘坐校车时，一些家长可能会不放心。家长们希望收到学校的电话或邮件告知他们孩子已经安全到达。

5. 幸福留言卡（Happy Gram）

为了进一步让家长放心，可以在开学第一天让孩子们带回家一张“幸福留言卡”。留言卡上可以简单写上：

切尔西今天过得非常愉快。

6. 开学第一周后电话沟通

如果能在开学第一周即将结束时给家长打个电话，他们会非常感激的。你可以通过这次电话：

❑ 告诉家长孩子第一周的表现。
❑ 了解家长关注的问题。
❑ 提醒家长需要返回的各种重要文件。

在电话中，你可以这样说：

史密斯太太，我只是想告诉您查里在学校适应的很快。他已经习惯了课堂程序，在教室中会玩玩具，参与圆圈教学。

您对查里还有什么问题或不放心的事情吗？

另外，别忘了把蓝色的卡片和紧急联系卡片交给我们。

7. 聚会

在九月末，可以考虑在到校日安排一次聚会。这能让家长互相认识了解，通过交换信息对以下问题达成一致。

❑ 拼车安排　❑ 玩耍时间安排　❑ 后援小组安排

8. 周时事通讯

建立周时事通讯并于每周一寄送给家长，其中包括以下内容：

❑ 本周主题　❑ 生日提醒
❑ 本周新单词　❑ 特殊事件
❑ 本周学习理念　❑ 休息日

9. 班级网站

也可以通过创建和维护班级网站替代每周的时事通讯。但同时也要考虑家长是否方便上网。

10. 通信记录文件夹

设立一个每天来往于家庭和学校之间的通信记录文件夹。家长可以将

为你提供了部分“幸福留言卡”的模板。

手写便签放入文件夹中与你进行交流，反之亦然。你也可以将给家长的重要文件放在文件夹中。

11. 家长见面会

告诉家长他们可以在任何时候通过电话、邮件或手写便签与你取得联系。最重要的是，要为个别化教育计划（IEP）安排见面会。

需要注意的是，有些家长可能从事轮班工作，因此要与他们商议见面的时间。有时受家长工作时间，家庭事务或交通因素的限制，面对面的见面会不得不被电话交流取代。

根据每个学生的需求，你会发现有必要多次和家长进行会面。

12. PPT演示

在特殊的场合，如开放日和颁奖日，可以制作一个PPT让家长了解自己的孩子在一年中参与了哪些活动以及典型的到校日是什么样子。当家长在PPT中看到自己的孩子与其他小朋友互动的照片时，也能感受到极大的快乐。

攀登到更高的位置

特殊教育往往能获得有价值的回报——让有各种困难的孩子学会在竞争激烈的社会上生存。每天，罗宾·巴拉克和无数特教教师们都在付出自己最大的努力。他们渴望存在差异，鼓励学生们打破陈规独立思考——就像所有伟大的领袖，发明家和发现者那样。这是所有教师的职责——发现每个学生的潜力并帮助他们攀登到更高的位置。

30 学习辨别患有自闭症和儿童多动症的孩子以及如何帮助他们获得成功。

指定座位

我的一名学生下午去另外一位教师的班里上课。那位教师说在进行圆圈教学时，有位学生在地毯上坐得很不自在。

我告诉那位老师上午在我的班上进行圆圈教学时，那个学生没出现任何问题。

学生们每天在圆圈教学时间都坐在自己固定的位置。这是他们的“指定座位”，在这个特殊学生就座的地方放着一个“紫色的圆圈”，用来提醒他应当坐在哪里。

下午上课的老师说他的学生们没有指定的座位，想坐哪里就坐哪里。由于找不到自己的位置，也不知道该遵守什么座位程序，那个学生只好挪来挪去。

这一切都与程序有关，它让我和学生的生活变得更轻松。

罗宾·巴拉克 ■ 帕尔马，俄亥俄州

程序 35

洗手

洗手是学生在教室内外应该养成的良好卫生习惯。使用洗手程序可以有效利用课堂时间和资源。

解决方案

即便是微不足道的事情也要有计划地教给学生，这样会使他们在做事时产生成就感。一项简单的任务，比如洗手，如果缺乏相应的程序，可能会因学生过度兴奋而将教室变成一片汪洋。

这个程序可以解决以下问题：

1. 学生们都挤在洗手池边，推推搡搡
2. 学生玩起了肥皂，水，以及纸巾架
3. 手没洗干净或没擦干净

背景

洗手是一天使用多次的程序。在摸过不干净的物品或抓取食物之前都需要洗手。

“零食时间”是学前特教学生早间安排的一部分。需要学生们在取食物之前把手洗干净，这对学生来讲是可以带回家的好习惯。

一致性对特教学生极其重要。程序使他们知道事情的基本做法，这能让他们在教室里保持快乐。

程序步骤

在开学第一天教给学生洗手的程序。在讲授的时候，告诉他们为什么要洗手以及养成良好卫生习惯的重要性。

讲解

在第一次需要洗手时，向学生宣布“该洗手啦”。

学生们排成一队随同你走到教室洗手池边。请班级助教站在队伍最后，确保站在后边的学生遵守“列队前进”程序。

学生依次开始洗手。排在第一位的学生走到洗手池前，你要帮助他/她做如下事情：

- ❏ 打开水龙头。

❑ 挤出少量的液体肥皂。

❑ 提醒每位学生认真搓手，然后把肥皂沫冲洗干净（如有需要，帮助学生完成）。

❑ 为学生递上纸巾。

学生们要做的事：

❑ 用纸巾把手擦干。

❑ 把用过的纸巾丢进垃圾桶。

对学生遵守洗手程序表示感谢。

请班级助教指给学生下一项活动的地点。

不断重复此程序直到所有的学生都洗完并在助教的帮助下准备开始下一项活动。

演练

采用角色扮演的方式练习程序。假装“零食时间”到了并让学生排好队等待轮流洗手。

不需要使用肥皂，水和纸巾，只需让学生模拟洗手的过程。

对程序进行多次练习，直到你觉得学生们都已掌握。对学生认真遵守程序的做法给予表扬。

强化

当学生们需要洗手时，提醒他们洗手的重要性。对每天正确执行洗手程序的学生提出表扬；对偏离程序及需要个别帮助的学生给予温和坚定的指导。

程序 36

零食时间

可以利用零食时间提高语言技能，社交能力，耐心和独立性。给孩子们创造一个社交环境并在其中就座就餐，同时告诉他们在第二次索要食物时要用礼貌用语。

解决方案

零食时间是学前课程安排中的重要组成部分。用餐过程需要在有序、友好的气氛中完成。这是学生补充营养的时刻，同时也是培养社交能力和学东西的时机。

零食时间程序可以解决以下问题：

1. 学生们拿着食物和饮料在教室里走来走去
2. 学生用手去摸别人的食物
3. 就餐时因为座位问题发生争吵

背景

零食时间在培养学生语言能力和社交能力的同时，也锻炼了表达能力和自理能力。在罗宾·巴拉克的班里，学生家长在第一年都需要轮流为班上的孩子们准备一份健康的零食（够全班同学一周食用）。

程序步骤

在开学第一天就讲授零食时间程序，并在之后每天进行练习，让学生们享受共同用餐的乐趣。

对于执行程序有困难的学生，则需要对他/她的习惯进行调整使其能够与大家一起享受用餐的过程。

讲解

提醒学生在教室内外吃东西前首先要洗手，并和学生一起执行洗手程序。

在学生洗完手并坐在指定位置之后，教学生唱“零食之歌”：

该吃点心啦，该吃点心啦。

我们该吃东西，该喝饮料啦，我们该吃点心啦。

告诉学生你和班级助教会为他们每人倒一小杯果汁并给每人发一份当

天的零食。

鼓励学生在吃零食时与同学和老师聊天，并鼓励他们用自己的话，画板或沟通板第二次索要食物。

告诉学生如果他们不喜欢吃当天的零食，可以选择不吃。但是，教室不是餐馆，他们不能索要别的食物。他们必须坐在自己的座位上等待老师的指令。

在学生们吃完零食后，他们要将用过的杯子和餐巾扔到垃圾桶里。

让学生看一下日常安排表并进行下一项活动。

31

听一听罗宾·巴拉克的学生唱“零食之歌”。

演练

为学生示范程序，从洗手开始到去餐桌就餐，假装你在吃点心。

告诉学生在索要更多零食时应该怎么说。“巴拉克太太，我能再要一片苹果吗？”

然后告诉学生在得到第二份零食后应该怎么说。“巴拉克太太，谢谢你的苹果。”把“请”和“谢谢”作为程序的一部分。

当零食时间结束时，为学生示范如何收拾用过的餐具和纸巾，如何知道下一项活动是什么。指向白板上的图片日程并告诉学生他们现在正在做什么，一会儿要去哪儿进行活动。

示范如何从零食时间到下一项活动进行过渡。

在你第二次示范各项步骤时，请一位学生跟着你做，一步一步模仿你的动作。每完成一步都要停下来进行讲解。

然后问班里有没有同学可以不在你的帮助下为全班进行展示。如果学生在展示时犹豫不决，你需要立刻介入并对他/她进行纠正。

在成功的练习后，提醒学生零食时间到了，大家可以坐在一起享用美食了。

强化

每天在零食时间对该程序进行讲授和提醒。在开学第一周即将结束时，使零食时间成为每个孩子熟悉并期待的程序，因为他们可以坐在一起唱着“美食之歌”，享用着营养的美食。

一致性带来的安全感

新学年有了良好的开端。我在暑期做的规划帮助我和助手为开学第一天做了充分的准备。

计划和惯例帮助有特殊需求的学生茁壮成长。每日程序给了学生安全感，使他们可以安心学习。

在开学仅七天后，我的学生已经对程序和惯例非常熟悉。他们和我都没有压力！

中学生的早间程序

朗达·托马斯是亚利桑那州一所高中的特教教师，她制作了一张巨大的早间程序海报并贴在教室门旁边。这样，她的学生每天在教室进进出出时就能看到它并了解到当天的安排。

海报上的程序是用文字和图片按时间顺序进行排列的，这样做的目的是让一些有特殊需求的学生也能看懂。有时朗达和班级助教也会把图片的说明文字读给学生听。朗达的学生在吃完早餐走进教室的那一刻就知道当天有哪些任务了。

朗达说，作为一名有经验的特殊教育者和有特殊需求孩子的家长，“特需学生需要遵照类似日程或早间惯例之类的东西做事。他们都需要简洁易懂和结构化的说明来帮助他们变得有条理，并学到日常生活中需要的知识。”

走到另外一个地点

教特需学生如何在正常秩序下在校园中走动能使他们的行为问题和身体缺陷不被他人注意。

解决方案

在特教教室之外是正常的校园生活。从安全的特教教室换到其他的地点可能会造成学生的紧张和不安。使用恰当的程序可以让学生安全专注地从校园中的A点走到B点。

这个程序可以创造以下条件：

1. 学生们有序地在走廊中走动，不会伤到自己，不会引起别人的注意也不会打扰其他教室的学生。
2. 避免在准备和变换地点的过程中浪费时间。

背景

尽管特教学生大部分时间都在教室中，但他们通常也需要参与一些体育活动，集合或去多媒体中心。在每次变换地点时使用相同的程序能使这个过程安全有序。

程序步骤

提前带领学生学习一遍程序。将程序拆分成几个步骤并带领学生逐个完成，这能让他们在每个步骤体会成功。一个步骤学会后才开始下一个，直至掌握整个程序。

讲解

当需要离开教室时，要在班上大声宣布。这样做的目的是提示学生们:

1. 站起来（或让有身体残疾的孩子做好准备）。
2. 等待教师叫他们的名字。
3. 被叫到的学生在门口排好队。

当学生们都排好队时，告诉他们要去体育馆、礼堂、多媒体中心或其他的地点。在学生们出发前，要提醒他们：

1. 跟着前面的同学。

2. 把手放在背后。

3. 保持安静。

这样，学生在出发后就能够专注走路了。

带领学生走向目标地点。在行进过程中保持缓慢的步速。根据学生的个别需要，使行走有困难的学生走在队伍前面，走的快的学生在队伍后面。班级助教在队伍最后为那些偏离程序的学生提供帮助。

到达目的地后，告诉学生当活动结束后，他们要做以下事情：

1. 听老师的指令。

2. 在指定位置排好队。

3. 等待老师把他们带回教室。

让学生在指定的位置排好队，检查他们是否已经理解了你的意图。

让学生继续他们的活动。

活动即将结束时宣布："两分钟后大家在指定位置排好队，要回到我们的教室。"

两分钟后宣布，"请大家在指定位置排好队，我们要回教室了。"

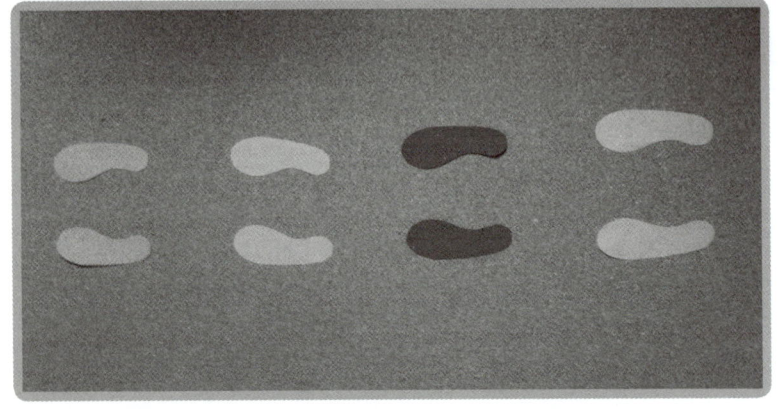

❑ 贴在地上的脚能使学生知道去哪里排队，同学之间的间隔多远。

在回教室之前，提醒学生注意过渡程序。

1. 跟着前面的同学。

2. 把手放在背后。

3. 保持安静。

在这个过程中对学生进行观察，如有人偏离程序，要给予温和坚定的纠正；请班级助教协助监督。

对学生正确遵守程序表示感谢，并提醒学生在每次离开教室时都要执行相同的程序。

演练

提前对此程序进行练习。由于在开学初学生需要记忆的东西太多，可以在开学一段时间之后再选取恰当的时机让他们学习。

在其他班的学生都在上课时，对此程序进行练习。这样你的学生就不会受到外界干扰了，他们会集中精力看你的正确示范。

反复进行练习直到你认为他们彻底掌握了从校园中一个地点换到另外一个地点时的正确做法。在练习过程中一定要有耐心并保持前后连贯。

强化

尽可能在学生执行程序时多进行观察，并对表现出色的学生表示感谢。要面带微笑并肯定地说："谢谢大家一直跟着前面的同学，没有聊天也没有影响到其他班级。"

告诉学生他们刚才正确地执行了程序，并鼓励他们在以后每次离开教室时都采取同样的方式。

我能为你提供……

我能为你提供知识和技能。
我能为你提供安全感和避难所。
我能为你提供信心和动力。
我能为你提供让你崇拜的人。
我能为你提供尊重和肯定。
我能为你提供成功和对未来的愿景。

阿里·汉 ▪ 坎顿，乔治亚州

一切都恰得其所

在德克萨斯州2012年度的优秀教师**斯蒂芬妮·斯托比**的学生中，有的面临辍学，有的学习英语有困难，有的是有特殊需求的学生。然而，在程序的规范下，她所有的班级都运行有序。

“有自闭症的孩子需要惯例。他们做的每一件事都需要有固定的位置、固定的程序、固定的过程。洗手间通行条必须挂在国旗的右下方。耳机必须挂在电脑显示器后面。如果这些都放错了位置，班里就会乱成一团，孩子们会大喊大叫并不停地问，‘为什么有人会把耳机放在桌子上？’‘我能过去把耳机放到该放的位置吗？’‘斯托比小姐，你觉得下一位同学看到耳机放错了地方会不会生气？’

如果我的班上有自闭症的学生，我们需要马上学习当课堂程序被不停打断时应该怎么做。在上阅读课时，我可不希望学生们总是被迫转移注意力。

杰西是个患有自闭症的年轻人，在我的班上三年了。起初，他需要在辅助人员的陪同下上所有的课。他在我的课堂上感觉很舒服，因为笔记本总是放在同一位置，课桌上都贴着标签，当天的日程都会写黑板上。

杰西第一次独自上课是我的阅读课。他对辅助人员说，‘你看，我从今天就可以独自上课了。’从此以后，杰西就自己来上我的课了。

开始他只在我的课堂这样做，很快在别的课堂上也没问题了。高三时，杰西当上了我的学生助手；他负责跑腿，张贴每日日程，确保所有的物品都井井有条。如果有哪个班没有正确遵守课堂程序，他也会跑来会告诉我他很失望！”

程序 38

处理学生焦虑问题

在普通教室中学习的特需学生可能会产生焦虑和挫败感。在恰当的支持和程序的帮助下，这些学生也能取得成功。

解决方案

当特需学生在普通教室中学习时，容易产生焦虑和挫败感。常见的表现有叫喊、哭泣、退缩或乱扔东西等。

在学生不知所措时为他们提供相应的程序可以解决如下问题：

1. 减少授课过程被打断的次数
2. 使特需学生在不被负面关注的情况下获得帮助
3. 强化了合理的“替换”行为

背景

希望能像其他人正常一样完成任务可能是造成特需学生行为问题的原因。

当这些学生觉得被“落下了”或想跟别人保持同步时，往往会产生失控的感觉。在恰当程序的帮助下，尽管不能彻底消除这种感觉，但却可以将它对特需学生或他人的伤害降到最低。

在焦虑或挫败感产生时，教学生按步骤完成程序能保持课堂秩序，并让学生在不引起负面关注的情况下获取帮助。同时也强化了合理的“替换”行为。

程序步骤

对学生进行观察并准确找到他/她的具体行为问题。用以下问题帮助你辨别学生的问题并作出假设。你需要问自己：

- ❑ 学生表现出的是什么行为?
- ❑ 这些行为何时何地会出现?
- ❑ 在此情形下，学生表达出对什么的关心?
- ❑ 这个情形都涉及到了哪些人?
- ❑ 这个情况是如何产生的以及为什么会产生?

如果可能，可以与学生共同讨论哪些行为在课堂上是恰当、可以接受的。在讨论之前，为以下问题备好答案：

- ❑ 你希望学生们做什么来代替叫喊、哭泣或乱扔东西?

- 怎样才能让特需的学生知道，他们的焦虑和挫败感已经被注意到了？

在学生产生焦虑或挫败感时，需要制定一个按步骤划分的程序帮他们克服困难。

对年级较小的学生来说，需要用第一人称叙事的手法描述程序。对年龄稍大的学生则可以从第三人称的角度描述。程序步骤需要正面、有意义、贴近学生。

以下是从学生视角制定的分步骤的程序：

有时，我的老师要求我在座位上或小组里进行学习。

我想好好表现并把任务完成。

有时，我会感觉害怕和焦虑，担心自己被落下。

我的老师说每个人完成任务的时间都是不一样的。

当我的朋友们都做完的时候，我还在做是没关系的。

如果我开始觉得紧张，

1. 我会把笑脸磁贴贴在课桌旁边。

2. 我会安静地继续完成任务直到老师过来帮助我。

可以通过视觉图像来呈现如焦虑或挫败感等抽象的概念。这些图片能使分步骤的程序更加简单易懂。你只需把这些图片插入程序的各步骤当中：

- 冷静，令人安心的教师
- 疲惫的学生
- 其他同学送来的正面鼓励
- 疲惫的学生表现出了平时最自信的状态

为学生和家长复印程序。在焦虑和挫败感出现之前向学生和家长讲授程序。如果有必要，把程序步骤的精简版贴在固定的位置让学生随时查看。

讲解

和学生一起朗读程序步骤。带学生按步骤进行学习，并对每步进行细致说明。

演练

通过角色扮演的方法进行练习。为学生示范如何通过遵守程序克服这些不良感觉，在示范的同时对程序进行详细说明。

让学生在无压力的情况下练习程序。

强化

时常和学生一起复习程序步骤。当此程序变成惯例后可以减少练习次数。告诉学生不要因向你请求帮助而感到紧张和害羞，你随时都乐意提供帮助。

价值

如何衡量一个人的品质？
看他是否能为他人提升价值。

琳达·利普曼 ■ 艾斯利普，纽约州

我相信你

我相信你。
无论你做了什么，
我都相信你。
无论你身上发生了什么事，
我都相信你。

无论人们说什么，
我都相信你。
无论你富贵或贫穷，
我都相信你。
无论你老幼或胖瘦，
我都相信你。

无论你智商如何，
我都相信你。
无论你住哪里，
我都相信你。
无论你社会地位的高低，
我都相信你。
无论如何，
我都相信你。

梅丽莎·克里斯普 ■
康姆福特，德克萨斯州

有效的行为管理策略

在特教教室中，预防比干预的效果要好。要从经验丰富的教师那里学习在特教教室中什么起作用什么不起作用。

一些特殊教育者发表在《防止学业失败》中的调查报告显示，以下是效果最差的行为管理策略：

- 因出现不良行为而把学生送到校长办公室
- 课后留下
- 开班会讨论问题行为
- 对良好行为给予分数奖励

以下是特教教室采用的最有效的行为策略：

- 制定课堂惯例和规章
- 对有特殊需求的学生安排个别任务或进行个别指导
- 对恰当行为予以肯定和鼓励
- 使用口头提示
- 对恰当行为进行示范
- 通过聊天、留言或日志的方式与学生保持沟通

该报告指出，教师在职前培训时学到的干预策略通常被认为太复杂，不实用。教师在花费很大精力对学生进行深度干预后却得不到理想的收效，这使他们不得不放弃这种做法。

在问题出现后才采取开班会讨论，威胁学生，课后留下或请家长等方式进行制止的做法是效果最差的。

该报告有一个显著的发现：

一切最有效的管理策略都是在早期对问题进行阻止或干预。

解决办法？

程序，程序，程序。

程序39

新生入班指导

在新生到来时请学生对他/她进行欢迎可以培养优良班风，也可以使教师的教学不被打断。

解决方案

新生的到来未必会影响到日常教学。有了新生欢迎程序，你就不用再为引导新生而浪费课上时间了。

这个程序创造了以下条件：

1. 为新生介绍班级的运行方式
2. 让新生感到欢迎的气氛
3. 使全班在少受影响的情况下继续学习

背景

通常班上被安排新生时，通知教师的方式非常简单。最典型的做法是在新生到来之前，学校办公室给你一张纸条或一封邮件告知学生的姓名。

在中学的班级，很多教师在没得到通知的情况下就不断地有新生出现在班里。学生的分班安排不断变化，有些班级被取消了，学生被分配到其他的班——这都在一天内完成。学生可能会在课前或课程进行当中出现在你的班里。有了合理的计划，新生一进教室便可获得所有信息，你就不必再浪费授课时间处理这些事情了。

程序步骤

欢迎新生是全校范围的事情，让学生参与其中帮助新生熟悉课堂惯例，你则继续进行课程教学。

充分的准备是做好顺利迎接新生的关键。

1. 为新生准备一个篮筐

在篮筐中放入几份学生们在开学初拿到的所有材料。这些材料包括：

- ❑ 教室规章和程序
- ❑ 所需物品清单
- ❑ 请假条
- ❑ 学校地图
- ❑ 一系列突发事件守则和程序
- ❑ 新生名单

❑ 指定班级成员帮助新生尽快适应班级惯例。

在篮筐中放入一些空文件夹或马尼拉纸信封，让新生用来装这些材料。

2. 把学生们训练成“新生接待员”

在小学，可以设置一个“新生接待员”的班级工作。所有的班级成员在一年中都需要对新来的同学进行欢迎。

到了中学阶段，可以为每门课安排一位“新生接待员”。

新生接待员需要有友好、外向的性格和出色的交流能力。他们负责从新生篮筐中为新生取资料。为新生和新生接待员指定固定的座位，让他们坐在一起进行交流。

安排班级成员欢迎新生能使教师集中精力教学，同时也能使新生在不干扰课堂秩序的情况下了解班级情况。

此外，这样做也能使新生在进入新的环境之后得到关爱，在用午餐时有人陪伴。

鼓励接待员与新生交换电子邮件或手机号码，以便随时解答新生在调整期的问题。

3. 指定班级成员

大部分学校的名单列表和学生学号都是按字母顺序排列的。这种排列方式便于完成以下任务：

- 作为学生写在作业纸抬头上的学号
- 用于制定座位安排表
- 作为计算机终端登录号
- 用于安排分组

通常，有学生转学或转班时，他/她空出来的学号可以由新生来填补，没有必要再改动全班同学的学号了。

当有新生到来时，可以：

- 让他/她的学号排在最后一位同学后面
- 使用转学或转班的学生空缺出来的学号。

这时要按序号排列你的学生名单，而非按字母顺序。

4. 准备有数码照片的座位表

如果班上的学生时常发生阶段性变化，准备有数字照片的座位表可以节省时间。告诉新生接待员如何对座位表进行更新：

- 用班上的网络摄像头为新生拍照。
- 把照片添加到座位表中。

5. 准备一份新生备忘录

为新生接待员准备一份新生备忘录。这份备忘录包含所有与新生相关的信息。接待员可以根据备忘录中的内容与新生进行交流。

新生备忘录中包含以下内容：

- 从新生篮筐中为新生取一套完整的材料。
- 在材料上划出班级网址及教师的邮件地址。
- 讨论学校规章。

- 讨论课堂程序。
- 讨论所需物品清单。
- 告诉新生如何使用课堂笔记本。
- 告诉新生如何写作业抬头。
- 告诉新生学号的用途。
- 对各种请假条进行解释说明。
- 给新生一份学校地图。
- 告诉新生紧急状况发生时的程序及疏散通道。
- 浏览班级家庭作业规定。
- 问新生是否还有其他问题。

新生姓名________________

备忘录使用时间________________

新生接待员姓名________________

6. 向全班介绍新生。

在课间或课后休息时，为班上其他同学介绍新生。

欢迎新同学

对学生来说，转学是一件可怕的事情。他/她要离开熟悉的环境、朋友们、学校和文化。新学校将会非常陌生，有各种团体和小派系很难融入其中。对青少年来说，同龄群体就像“社会家庭”，是他们获得幸福感的主要来源。

在迎新程序的帮助下，新生很容易结交新朋友。递过来的班级手册、温暖的问候会使新生很快放松下来。

“你想了解的关于我们班所有的信息都在这本小册子里。你只需注意观察其他同学怎么做，很快就会跟上的。如果你有什么地方不明白，直接问我或旁边的同学就可以，我们会给你讲解程序。你很快会和我们一样知道该怎么做。欢迎你来到我们班！”

当把新生介绍给接待员时，他们的友情很快就建立起来了。新生很快就能感觉到全班同学都在为他/她尽快适应新环境、取得学业成功而共同努力。

在缺乏秩序和程序的学校，青少年很难融入新的环境。他们由于担心被欺负而变得孤立不合群。

正如教室有迎新程序一样，学校也需要为转学者制定程序使他们尽快适应环境。

❑ 为本学年转来的学生制定手册。其中应包括校历，主要联系人的姓名和信息，以及全校的程序。如果可能，在新生到校之前就将该手册发给学生和家长。

❑ 请学生会组建一支迎新小组并委派专人为新生介绍学校的俱乐部、团体、其他学生组织以及加入方式。

❑ 为所有的转学新生组织一次迎新会，由校长主持并为学生解答有关学校领导层的一些问题。

在有规章制度、程序、程序的学校和班级，新生很快就会感到新家庭的热情和温暖。

程序 40

生气的学生

对正在生气的学生也表现出愤怒的回应无异于火上浇油。尝试着对学生进行了解和有效的沟通，有助于熄灭愤怒的火焰。

解决方案

当学生在课堂上表现出愤怒情绪时，有的教师会把他们送到校办公室；而有的教师制定了专门的计划并真诚地希望帮助学生控制情绪。对学生表现出关爱，学生也会予以回报。

这个程序可以解决如下问题：

1. 在学生愤怒地进入教室或在课堂上生气时不知所措
2. 如何避免学生情绪进一步的激化

背景

中学生一天中需要换很多次教室，他们需要在3 ~ 5分钟的时间内从一间教室到另一间，几乎没有时间休息。然而，学生有时需要一点时间来平复前一节课发生的不愉快的事。

当学生生气或有挫败感时，可以使用相应的程序帮他解决问题。

在你进行干预之前，可以先让学生自己选择接下来怎么做。

1. 规定一个动作，表达“我需要一些空间”的含义。当学生做出这个动作时，应尊重他的想法。

2. 专门找个地方让学生自我调整。每次只能有一个人并规定好调整时间。在学生自我调整时不要对其进行打扰。

3. 设定一个信号表达“我今天感觉太糟糕了”，并告诉学生当他们发出这一信号时你会怎么做。

学生希望在他们出现情绪波动时你能采取合理的方法解决。在学生情绪失控时，你的计划充分表达了对他们的尊重和理解。

你有责任控制好课堂并为所有的学生提供一个安全的学习环境。

程序步骤

学生在课堂发怒是宣泄情绪的一种反应；对他/她进行严厉的批评只能使事情更加恶化。你需要冷静地帮助学生舒缓情绪，尽快使全班回到学习状态。

1. 保持冷静，控制局面

学生在学校出现抱怨、欺负人、骂人、扮酷或表现顽劣等情况时，可能是在请求帮助。尽管这些表现很容易使你感到沮丧，但如果你能在互相信任的前提下与学生共同努力，问题就会圆满解决。

怒气冲冲进入教室或在课堂上发脾气的学生认为教师也会生气地回应他们。所以他们已经做好了和教师进行对抗的准备。因此你要保持冷静，避免：

- 威胁生气的学生
- 生气地回应他/她
- 表现出吃惊或无可奈何
- 对他/她大喊或大吵

以上做法会激发学生的情绪，让他/她坚信自己是有理的。你要表现出专业性，用冷静、理解和温和的态度控制局面。

2. 善于理解学生

高效能的教师不会强迫学生做这做那，他们的学生行为规范，遵守课堂程序和规章因为他们：

- 尊重教师
- 非常明确规章和程序
- 学习过社会行为规范

把学生送到学校办公室的方式不能从根本上解决问题，要尊重生气的学生并尝试了解他们的需求。其他的做法可能会让你觉得取得了胜利，但你是否考虑过学生接下来的表现？学生最终还是会回到教室，如果再发生同样的行为怎么处理？你难道能一次又一次把他/她送到校办公室？

生气的学生可能预料不到你会用冷静、积极的态度回应他们。这份吃惊可能就能让他们平静很多。

如果学生仍然很生气，要态度真诚地反复告诉他/她你完全理解。说话的语气非常关键，如果学生进入教室时很生气，说：“我看到你今天非常生气，但是请安静地坐下，等班上同学做热身作业时，我们好好聊聊。”

当让学生就坐时不要指着他/她的座位，否则学生会觉得这是攻击性行为。要用温和的手势指引他/她就坐。

3. 给学生冷静下来的时间

立即让学生开始热身作业会导致他/她产生对抗情绪，可以让学生在桌子上趴一会或做到稍远的位子上冷静一下。

几分钟后，让学生拿出一张纸并把当天发生的不愉快的事情写在上面。也可以让学生用电子设备列出他遇到的问题，这能转移学生的部分注意力。

趴在桌子上或写出问题的过程能让学生重新思考发生过的事情并开始冷静。

对年龄小的孩子，可以在教室里为他们留出一块空间，让他们在那里用蜡笔和纸表达出自己的感受。幼儿园的孩子无法用文字表达情绪，但他们可以用图画和颜色告知我们。通常到四年级就可以通过口头和文字描述事件了，但图画和色彩的方式能使他们更快地恢复冷静。

4. 要具备专业性

在让生气的学生冷静后，继续你的教学工作。不要把注意力一直放在生气的学生身上。高效能的教师会继续课堂教学，丝毫不会受到那位学生的影响。让生气的学生冷静一会儿有助于：

- 让他/她冷静下来
- 让自己分析一下情况

专业性是你最好的防御。

5. 与学生谈话

在其他的同学做热身作业时，轻轻地走到那位学生旁边。问问他/她想现在谈谈还是等放学后。这位学生有了一次选择的机会。有了选择，学生就不会觉得被逼得太紧了。

如果学生想要交谈，让学生和你去楼廊或安静的角落。不要在班里进行讨论，否则其他的学生就会因此分散精力，使问题得不到解决。

谈话的语速要缓慢，语气要温和。不要使用讽刺的口吻。要与学生进行不断的眼神交流但不要长时间盯着他/她看。要充满理解地询问学生是什么导致他/她如此气愤。

如果学生把生气的原因写了出来，问他/她是否可以和你分享。要做一个好的聆听者。

生气的学生已经做好了对抗的准备，因此你要保持冷静，表现出关爱。你有责任创建解决问题的气氛，而不是让大家都充满怒气。

如果和学生谈话的时间超出了你的预期，你可以建议该学生:

- 下课后留下来
- 放学后再过来
- 去学校指导教师那里继续讨论

6. 有效沟通

学生在生气时不想听到说教，他们希望有人倾听和理解。在跟学生谈话时，尽量用简短的句子，让他们觉得你理解他们。

在与学生谈话时，尽量多的提到他/她的名字。谁都不会每天闹情绪，生气也不是学生的正常行为，不断提起该生的名字能帮他尽快恢复正常。

如果学生对你说的某句话感到生气，不要反复纠结这个问题。叫学生名字并告诉他/她，“你也许是对的，但要记得课堂的程序。”然后继续上课。

采取专业的方式处理问题，教师的冷静表现会使学生印象深刻，也会使授课过程顺利抵进行。

7. 使用肢体语言

在与生气的学生谈话时注意使用肢体语言：

- 和学生距离过近侵犯了他/她的空间会被认为带有攻击性
- 双手叉腰同样会被学生认为带有攻击性
- 交叉双臂抱在胸前会被认为带有防御性
- 双手相扣放在背后会被认为缺乏信心
- 伸出手指是对抗性的表现

- 使用负面的肢体语言将无法打开与学生沟通的渠道。

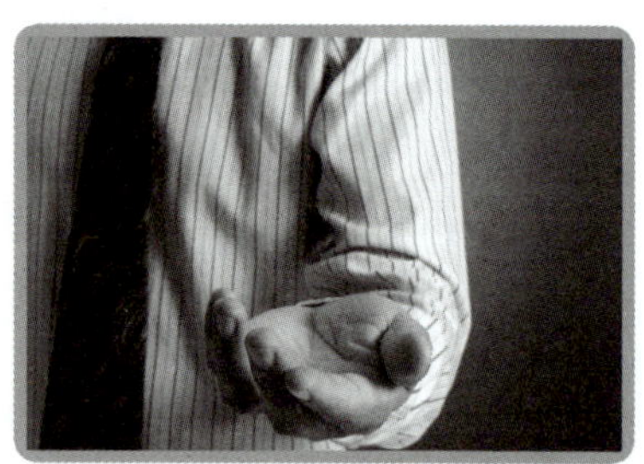

- 使用正面的肢体语言能告诉学生你想要帮助他/她。

要对气愤的学生表达你的真诚：

- 谈话时手掌张开表达真诚和公平
- 头部微顷表示你对谈话内容很感兴趣
- 微笑点头表达你的理解

8. 制定“暂停”程序

高效能的教师都会提前制定计划。如果课上有学生一直不断地闹情绪影响课堂秩序，需要采取“暂停”程序让该生冷静下来。

“暂停卡片系统”的效果非常明显。每张暂停卡能有5分钟的时间让该生：

- 坐在教室里并趴在桌子上
- 在下一节课也坐好（为同事提前安排好）
- 独自坐在走廊或学校指导教师的办公室

为学生发“暂停卡”能使他/她有时间和空间冷静下来，在不影响其他同学上课的情况下认真思考自己的行为。

程序41

学生的去世

同学的过世对全班学生来说都是一件很伤心的事情。学生们可能出现不同的反应。教师灵活的处理方式能产生关爱的氛围。

解决方案

当悲剧发生时，你要给自己和学生留出时间化解悲伤。调整课程计划，让学生进行哀悼，并时刻关注这个困难时期学生们的需求。你的行为会使学生获得安慰和支持，让他们度过失去同学的悲伤时期。

这个程序可以创造以下条件：

1. 处理好这件事情
2. 回到正常的课堂惯例

背景

一名受欢迎学生的过世会使全校陷入悲痛之中。不仅仅是他班上的同学哭红眼睛，还有学生聚集在走廊里，小声讨论着，流着泪，互相拥抱。学生们满怀悲伤，你也受到了他们的影响，无法继续教学。

在意外事件发生之前做好准备，可以使班级恢复到正常的教学秩序中。

程序步骤

有些学生在到校之前就知道了同学过世的信息，有的是到学校之后才得知。正常的课堂秩序会因此打乱。你的行为会帮助学生逐渐接受这个事实。

1. 灵活

当宣布学生过世的消息后，灵活处理课程计划：

- 如果安排了考试，将它推迟。
- 让学生安静的默读。
- 带领学生进行讨论，让他们表达自己的感受。
- 让校辅导员为全班讲话。
- 如果需要，让学生去辅导员的办公室。

2. 让学生说出来

为学生留出时间，让他们表达出对过世同学的感受。

有些学校有专门应对紧急事件的应急中心，学生们可以在聚集在那里接受校辅导员的咨询。让在课堂上表现出心神不定的学生去那里进行咨询。

在备课或午餐时间去应急中心，和学生坐在一起聊一聊。要让学生知道你很在意他们的感受。

3. 给学生留出时间哀悼

学生需要时间为过世的学生感到悲伤，但他们不能永远走不出阴郁时期。

不要假装去世的学生从来没出现过，要在教室中保留他/她的课桌。直到他/她的葬礼举办之后才挪动或重新摆列课桌。

不要把过世学生的课桌变成祭坛，要让学生知道这位同学再也不会来学校坐在那里了。鼓励学生为过世同学的家人送去一枝花或写张字条表示慰问。

给学生留出悲伤的时间，但尽量使他们保持教室惯例。

学生们可能在情感上受到的影响程度不同，因此，教师在继续教学活动时需要考虑到每位学生的需求，尽快回到正常的教学状态。

独处

有些学生不愿回到教室，因为那位过世的同学曾在此与他们共同度过美好的时光。

做一名体谅学生的教师。让这位学生在同学过世后的前几天停课去校辅导员办公室接受咨询，然后在教室没人上课的时候鼓励他/她回到教室。

这位学生需要在只有老师和辅导员的陪伴下在教室中呆一会儿。如果需要，可以让他/她坐在去世同学的座位上。在教师的帮助和支持下，随着时间的推移，学生会慢慢接受现实的。

茱迪 · 阿金斯 ■ 史密斯堡，阿肯色州
咨询部主管，绍斯赛德高中

4. 善于观察

随着时间的推移学生们又回到了教学常态中。要注意观察是否有学生成绩突然下降，课堂上昏昏欲睡，或非常容易生气。这些学生可能需要进一步的帮助以消除同学过世带来的影响。

5. 敏感

尽管一名受欢迎学生的去世常会在全校引起轰动，但在对待一名平凡的学生时，也要采取同样的做法。

与过世学生没太多联系的同学可能也会产生情绪波动，因为这会使他们联想到同样身患重病的家人。

对文化差异要有敏感性。在一些文化中，人们默默地表达对所爱之人的哀悼，而另一些文化中则要大声公开地表达悲伤。要理解和尊重文化差异并对家庭的精神信仰保持敏感，不要认为所有的学生都会用同一种方式表达悲伤情绪。

6.照顾好自己

学生的离去对你来说也是不小的打击。要让学生看到你难过——这有助于学生认识自己的情感。

你需要花时间化解悲伤、解决问题。校辅导员或同事们能帮助你走出这段困难时期。

7.为这件事画上句号

当回到教学常态后，把过世学生的相关文件收拾好并交给校辅导员，让辅导员把该生衣帽柜里的东西整理好后一并交给家长。

尽可能参加学生的葬礼。尽管这对你来讲很困难，但学生们需要看到一个充满关爱的老师，家长也希望孩子的老师能出席。这不仅是一种姿态，而是表现出让家长们永远难忘的一种关爱。在留名簿上署名该学生的老师，并写上所教学科。比如，写上“琼斯太太，约翰二年级的英语老师。”

教师表现出的尊重能让过世孩子的家庭感到安慰，也为自己这段时

间画上句号。

8. 回到正常的课堂惯例

学生去世后的第一次课对你来说是很困难的。其他学生会说话、哭泣、伤心，相互寻求安慰。但他们终归还需要在教师的帮助下回到正常状态。

学生去世后的第二天为恢复常态做出努力。

在葬礼后第二天就要彻底恢复日常教学。在学生进教室之前，把去世学生的桌椅拿出教室，重新排列一下座位。制作一份新的座位表，哪怕只能使用很短一段时间。

和学生共同复习一下需要强化的惯例。

对教学材料要选择谨慎，不要包含能让学生联想起最近发生的这起悲剧。

危机迹象

以下是人们在经历危机时表现出的一些症状。你要根据学生的表现采取相应措施。

长时间的悲伤	恐慌
突然出现行为问题	畏缩不前
饮食问题	缠人行为
睡眠问题	肠胃问题
听到警报声出现恐惧反应	返童现象
害怕听到巨大噪音	闷闷不乐
远离学校生活	

❑ 程序和惯例帮助学生和老师度过了艰难的离别。

教学在泪水中继续

比尔·奥卡福是德克萨斯州一位初中校长，带领学校的教职员工一同度过了因一位学生的过世而带来的悲伤时期。这位学生生前为了改变人生而努力学习，备受学校老师和同学的喜爱。在一个周六傍晚骑车时出了车祸，再也回不到喜爱他的家人和师生中间了。

“我们有一位八年级的学生，他一直在努力改变自己的人生。他听说一位老师的儿子举办生日宴会，他步行八公里赶到宴会现场帮忙。这就是这个孩子的性格。

他在一个周六的早上得到一辆自行车，然后打算骑着它去参加我们每年一次的稻米节。在那天傍晚回家的时候，他被迎面驶来的一辆车撞到路边的沟里，死了。

周日的晚上，我给教职员工们打电话通知他们这件事，并打算在周一继续正常的教学。

当我看到了他的英语老师，她站在门口，满脸泪水。她把作业贴了出来；学生们拿出作业本开始做作业。每个人都在学习，课堂秩序照旧。

因为学校有程序和惯例，学生和老师们在程序的帮助下度过了这一天。

这位教师后来说，程序的和惯例的作用比我们教的还多。它们帮所有人度过了非常艰难的一天。”

程序42

家长的去世

学生家长的过世会使每个人都受到影响。随时做好准备为学生和家长提供帮助。同时也要照顾好自己。

解决方案

有学生家长去世或身患绝症时，知道如何正确处理有助于缓解悲伤。在尽快回复正常教学的同时，留出时间来缓解悲伤情绪。向有经验的人请求帮助和指导。

这个程序可以创造以下条件：

1. 缓解学生的悲伤情绪
2. 让学生集中精力
3. 帮助学生接受现实

背景

当有学生的家长过世时，班里所有的同学都会受到这件事的影响——特别是热心于班级事务，跟班级联系密切、相处融洽的家长。要通过加深理解、灵活处理、敏锐观察等方式帮助所有的学生走出悲伤。

程序步骤

了解处理意外的步骤能使你获得引导学生走出困难时期的力量和信心。

1. 灵活性

在事故发生后的最初几日要灵活对待学生和课程安排。推迟计划好的课程和考试，让学生在座位上做些阅读、讨论、画画或写作练习——这些都能帮助学生抒发情绪。

2. 让学生说出来

让学生说说对这位同学家长的印象和同学失去父/母的感受。允许学生表示哀悼并请校辅导员对全班讲话。

3. 给学生留出时间哀悼

让学生和其他的家长通过自己的方式进行哀悼。鼓励学生为失去父/母的同学送上字条或图画。这些留言和画作能让这个孩子感觉到来自其他同学的支持和鼓励。写字或画画的过程也能让学生们缓解悲伤的情绪。

学生们需要尽快回到正常的学习中，特别是在失去父/母的学生回到学校之后，推迟正常的教学会使学生们长期处于这个悲剧性事件的影响下。

4. 善于观察

注意对学生进行观察和倾听。有些学生不善于表达悲伤，但成绩却因此出现下降。这些学生需要额外的辅导，你需要联系学生的家人并把你观察的结果告诉他们。

5. 在情感上保持坚强

为自己留出哀悼和处理事情的时间。如果需要，可以和同事聊天获得他们的帮助。悲伤情绪持续的过程不可预测，所以要保持耐心。

参加葬礼可以帮助你走出悲伤情绪，失去父/母的孩子及家人也希望获得你的支持。在过世家长的纪念册上留言。把你个人对他/她的印象写在上面可以让孩子在未来对逝去的亲人有所回忆。

帮助学生疗伤

当我听到我的轮值家长意外死亡的消息之后，简直要崩溃了。我第二天极不情愿地走进教室，我心碎不已，却还要在学生面前故作坚强。

当你班上有学生的家长过世时，你可能不知道该对学生说些什么安慰的话。我发现让学生自由提问、说话、画画或写信的做法会帮到我们。

写在卡片上安慰的话语和回忆，我们在葬礼上出席，深深打动了失去父/母的孩子和家人。我从未觉得这件事已经“结束”了。这次经历影响了我并改变了我看待我的学生和他们家人的方式。

萨拉·乔达尔 ■ 布伦特伍德，加利福尼亚州

程序 43

代课教师手册

“代课教师手册”能够让你不在教室时让代课教师承担起教学职责，使学习过程一如继往地进行。

解决方案

这个程序创造了以下条件：

1. 能使代课教师简单了解课堂组织和运行的情况
2. 减少因教师不在而对学生学习产生的影响
3. 帮助代课教师获得成功

背景

汽车在半路上抛锚，孩子生病了，或出现了其他家庭紧急事件。教师是世界上工作最勤奋的群体之一，但有时也会被迫耽误几小时，一天甚至几天的工作。

学校会安排一名代课教师，但你有责任使学生在你不在教室时保持同样的学习状态。

通常代课教师可以得到一份上下课时间表，但如果不给他们提供课程计划，或不告知他们课程的进度，代课教师还是会产生困惑。这就是为什么一些代课老师会让学生去多媒体中心，延长体育课的时间，或者给学生播放视频打发时间。

代课老师也是教师，不是专门照看孩子的人。如果你为他们提前做好了计划，学生的学习将不会受到影响。

固定的程序和规章制度能让代课老师清楚地知道如何在你离开的情况下使班级正常运行并为学生讲授该讲的内容。

固定的程序即使在你离开的情况下也会起作用，学生会按部就班地继续学习，如同你在班里一样。

程序步骤

一本“代课教师手册”涵盖各种整理有序的班级信息。把相关信息材料放在文件夹中，并进行不断更新。用标签纸对信息进行分类以便查找，在文件夹里放入小袋子用于盛放写有特殊信息的纸条。

1. 欢迎信

为代课老师写封欢迎信对他替你上课表示感谢。重点强调即使没有人在教室监督，学生也必须遵守详细的程序和规章。

❑ “代课教师手册”可以让代课教师很快明白在你离开时班级的运行状况。

2. 学生名单和座位表

如果你使用的是电子工作簿，那么很容易就能打印出学生名单。学生名单上列出了各班学生的姓名并留有记录学生出勤状况的勾选框。可以根据实际情况，在“出席”、“缺席”、“迟到”的选项中做标记。如果你没有使用电子工作簿，则需要将手头的名单进行复印并放入“代课教师手册”文件夹中。

学生在每节课上的座位表有助于检查考勤和管理课堂。

告诉代课教师在检查完考勤之后把学生名单交到哪里。比如，如果学生名单需要送回办公室，则把负责此项工作的学生姓名告诉代课教师。

3. 关于学生的信息

列出关于学生的重要信息。

❑ 需要家长接回家的学生

❑ 随时可能去上演讲课的学生

❑ 患有注意缺陷障碍和注意缺陷多动障碍的学生

❑ 有行为问题的学生

❑ 有学习障碍，在某些方面需要额外帮助的学生

❑ 出于某种原因需要特别关注的学生

4. 每日时间表

简单列出每天的课程计划。包括班级需要参加的一些“特殊活动”，比如，体育课，图书馆，计算机教室或音乐教室。同时标注出下课时间、午餐时间、放学时间等。

5. 课程安排

复印周课程表并放入手册中。如果你不能提前把课程安排交给代课老师，他/她也能从手册中找到。

如果教学过程中需要发放材料，需要提前把材料准备好。如果需要收作业，则需要告诉代课老师将收好的作业放在何处。

总体课程安排对所学技能和活动进行了描述，可以在有空闲时间或缺少详细课程安排的情况下根据总体课程安排的要求设计活动。比如，数学教师可以安排一套习题，英语老师可以让学生根据提示写篇文章。课程安排中也可以为提前完成作业的学生准备一项额外的阅读任务或学习活动。

告诉代课老师教学材料的具体位置。

6. 课堂程序

复印一份课堂程序放入文件夹。这可以与年初发放给学生的那份相同。代课教师可以通过学习程序掌握班级的运行状况。他们了解有关程序，如削铅笔，去洗手间，提前完成作业后做什么，有助于在你离开这段时间维持课堂的稳定。

在文件夹中放入火警、遇袭等紧急演习的程序。同时要放入在紧急事件发生后标有疏散线路以及集合地点的地图。如果学校对紧急情况演习进行了编码，需要对这些编码进行说明。

7. 教室规章

把教室规章和相关的后果及奖励列出来。鼓励代课教师在你离开时对这些规章进行强化。

你就是老师

当你给代课教师留言时，要想想你对他/她有什么期望。

不要让“代课教师”几个字影响到你，当你成为这些孩子的教师时，你就有责任让他们的每一天过得有意义。把握每一天！

“我为你在课堂上的每一分钟都做了精心准备。请帮助这些孩子成长、学习。”

“谢谢！”

8. 转介纸条

很多学校都有提前打印好固定格式的转介纸条，教师用它来将学生转介到校办公室。当有学生挑衅、发怒或出现过激行为时，请代课老师使用转介纸条将学生转介到校办公室。转介纸条应放在文件夹内的袋子中。

9. 联系信息

把你的联系信息留给代课教师，在他有问题时可以向你咨询。同时把教同一年级同事的联系信息，学校秘书和校办公室的联系方式等都告诉代课教师。

10. 用来写留言或建议的白纸

在文件夹中放入几张白纸，提醒代课教师将当天的情况和对当天教学的建议写在白纸上。代课教师可以通过这种方式记录下所学的内容、完成的活动和学生的表现。这样能让正式教师回来后做好授课内容的衔接。

11. 检查班级状况

在回来后，对代课教师的记录进行查看并对学生们出色的表现提出表扬。重点解决代课老师提出的难点问题，如有必要，可以找表现较差的学生个别谈话。

缺少了什么

我刚开始教书是在纽约的一栋旧楼里，班级庞大，教学材料匮乏。我被扔进了一间凌乱不堪，之前是“商店”的教室里，在被别人“祝福好运”后，我就开始“教书”了。我当时真是一头雾水。两年后，我离开讲台去法律学校学习。在学习了一年后，我发现放弃教书去做律师并不是个很好的选择。

我在新泽西州的一所市中心的非传统高中继续教学生涯。大部分学生有都有情感或行为问题。很明显这些学生的生活中缺少了程序，惯例和一致性的计划。

我很快开始将黄绍裘博士的课堂管理技巧运用到工作中。学生们的学习成绩有了提升，学生的行为也有了大幅的改观。学生们重复我说的话……也许是我说的次数太多了！“做正确的事情（程序）。控制冲动就能控制行动。”

很多学生在教室内外的行为方式都发生了很大改变。我很高兴他们都意识到自己的潜力要远远超出之前的预期。

约翰·福尔 ■ 纽约州

32 帮助你的代课教师随时为各种可能发生的情况做好准备。

没有人可以替代你，但你可以在以往代课教师反馈和建议的基础上，帮助未来的代课教师和学生缓解紧张情绪，更加有条理，使你离开时的学习时光变得充实有意义。

高效能的教师懂得先发制人

教师分两种——先发制人型和被动反应型

高效能的教师是先发制人型教师。他们有防患于未然的课堂管理计划，如果问题真的出现了，每个人都知道该做什么。他们的课堂就好像是一架上满了油的机器，学生们快乐地、对教师满怀尊重地融入其中。即便教师不在教室，学生们也知道该做什么。

教师是有效的课堂管理者，他们

- ❑ 有精心策划的程序用于组织课堂
- ❑ 有教学程序使课堂学习效果最大化
- ❑ 系统地讲授程序

先发制人型教师在任何学校、社区，面对任何学生时都不畏惧挑战，他们知道只要有恰当的程序就能克服困难。他们的专业性不会受到现实状况的影响。他们非常有耐心并能积极适应新学年带来的变化。他们知道自己的敬业精神最终会取得回报。

低效能的教师是被动反应型的。他们花费大量的课上时间进行救火和损害控制。这是因为他们缺乏有组织的计划，所以他们只能采用大喊大叫，惩罚，威胁，强迫等方式使学生们顺从。他们带着一肚子气回家，深感疲惫。学生们也不知道老师究竟想要什么，每天也只好摸着石头过河。

低效能的教师总是不停地产生疑问，试图从答案中寻找使自己苦恼的原因。

- ❑ 我的学生们为什么都不听话?
- ❑ 为什么没人参与课堂讨论?
- ❑ 我做什么才能让他们不在上课时一直说话?
- ❑ 上课铃响时学生们为什么不开始学习?
- ❑ 为什么学生上课不带书?
- ❑ 我为什么不能只判作业而不去开会?
- ❑ 为什么学生总逃我的课?
- ❑ 我做什么才能让他们好好表现?
- ❑ 为什么学生在离开教室时总是乱糟糟的?
- ❑ 为什么没人喜欢帮我代课?

被动反应型教师把责任推给学校，外部环境和学生，或认为自己缺乏行政支持。事实上，他们的失败源于缺少课堂管理计划。

代课教师

当正式教师和代课教师相互合作时，学生的学习才得以继续。梅利莎·布恩是德克萨斯州一名出色的艺术教师，她把需要完成的任务列了一份清单交给代课教师。

当被邀请为其他教师代课时，代课教师有时欣然前往，而有时却充满顾虑。梅丽莎·布恩很容易就能找到替她上课的教师。作为她成功策略的一部分，她每次都会给代课教师留一张字条，上面写着:“这是一张课堂惯例列表,它能帮助你从头至尾顺利完成每节课。列表上还附了学生们熟悉的程序。”

为代课教师准备的每日程序

1. 在学生到来前站在门口迎接
2. 提醒学生快速安静地开始做热身作业
3. 介绍一天的课程

❑ 可能需要按照我们当前的进度继续往下讲

❑ 查看我为你准备的“代课教师需要讲授的内容”

4. 大声朗读课上需要使用的物品清单
5. 从每桌上选一名“安静的学生”作为“桌长”，并请他为本桌的同学取课上所需物品

❑ 桌长可以帮老师发材料，准备物品，并在下课后将物品放归原处。

❑ 用表格记下桌长是谁。

6. 如果是正在完成的作业，可以从架子上（教室北侧）取回学生的作业纸。
7. 想让学生安静下来，你只需说，“来击个掌吧。”
8. 提醒学生保管好物品——特别是颜料，画笔等可以重复使用的物品。
9. 打扫——根据教室的情况，你可能需要5～10分钟的时间在下课前对教室进行打扫。

❑ 告诉学生你要选出打扫得又快又好的课桌——这往往会让学生动起来。

❑ 可以由小桌长收拾好物品并将它们放回原位或放在操作台上（有些物品需要晾干）。

❑ 让孩子们尽量打扫彻底——这使你在放学后打扫教室时容易很多。

❑ 给学生留出时间清洗画笔等较难洗净的物品。

10. 查看哪个桌子周围的学生最安静。

让坐在这些桌子旁边的学生先排好队，然后按桌子依次让学生站好（桌号挂在桌子上方）。

11. 让学生们坐在地上，与电脑桌平行。这能使学生在等待下一位教师的到来时远离门口。

现在你已经熟悉了一天的惯例，祝你开心。新的一天开始了！

教师助手

教师助手能使你有更多的备课和教学时间。在你为教师助手在教室中的工作做好准备后，所有的人都会受益。

解决方案

与教师助手建立和保持良好的工作关系能使你从中获益。教师助手是在教室中为你和学生提供帮助的人。为此做好规划能使教师助手的效能最大化。

这个程序可以解决以下问题：

1. 教师助手在等待指令时会浪费时间
2. 教师助手不确定教师想让他们做什么
3. 教师和助手之间缺乏沟通

背景

教师助手，也称教学助手，助理教师或专职助手，是在教室里提供帮助的人。确保教师助手和你在工作上合作顺利非常有必要。

程序步骤

教师助手可能有高中文凭或者学过部分大学课程。有些教师助手需要至少两年的正式职业教育，有帮助特教学生的经验，或能讲一门外语。这些助手把他们的专业技能和对学生工作的渴望带到教室，你需要对他们进行了解并充分发挥其长处。

1. 准备教师助手笔记本

这个笔记本中有教师助手需要了解的全部信息，并能不断进行更新。这些信息包括：

- ❑ 对全体学生或个别学生进行帮助和监督的责任以及期望。
- ❑ 批改作业时使用的符号，字母分数的计算方式及如何使用红色印刷体。
- ❑ 如何把百分制分数换算成作业中要求的字母分数。
- ❑ 查看考勤，复印及维持教室秩序。
- ❑ 课程安排，课堂程序及规章

此外，这个笔记本也可以作为交流日志使用。鼓励教师助手在每天放学后记下所学课程，与学生发生的摩擦以及提供的帮助。为教师助手写出相关评价和建议，并让他/她在第二天上课前进行阅读。

2. 定期开会

选取固定的时间和教师助手定期开会，逐步形成良好的工作关系。

3. 考虑周全

与学生保持紧密的关系能收到明显的效果，但这会使教师助手感到身心俱疲。因此，在给助手分配工作时一定要考虑周全，灵活变通，并对助手做出的努力表示感谢。

团队合作

当你和助手各自做自己的工作时，对学生来讲，都是一股股单独的力量。看看下面的组合并思考他们组成团队后的影响。

安迪·泰勒	巴内·菲费
史莱克	驴子
夏洛克·福尔摩斯	华生医生
露西·里卡多	埃塞尔·梅茨
蝙蝠侠	罗宾
寇克船长	斯波克
帕特·撒杰克	瓦纳·怀特
罗宾逊·克鲁索	星期五
韩·苏罗	丘百卡
独行侠	唐托
泰山	猎豹
船长	吉利根
你	你的助手

程序45

家长志愿者

正确的指导家长志愿者们按程序做能使他们对班级有所贡献。

解决方案

恰当的程序将帮助家长志愿者们更好的理解他们作为志愿者在班级里的角色，同时也让教师有效地利用家长们的时间和经验。

这一程序提供了以下机会：

1. 明智地借助家长志愿者的力量
2. 帮助家长志愿者们更好的理解他们在班级中的重要作用

背景

家长负责子女的教育并希望用他们的时间和经验支持志愿工作。家长的课堂参与能够积极影响学生在课堂上的态度和行为。研究表明，那些在学校有家长帮助的学生在课堂上的态度更端正并能取得更好的成绩。而那些乐于在课堂上帮忙的家长，在家时也能为子女提供更充分的帮助。

通常，家长们在中学阶段做志愿者不再像小学阶段那么积极。但是，如果他们是受邀前往并能得到简单的指导，多数中学阶段的家长会乐意帮忙。

程序步骤

让家长们知道你欢迎他们来教室帮忙并为他们提供多种多样的参与机会。为上班族的家长提供多种时间选择。邀请成年人走进孩子的生活是教育过程的一部分。

1. 创建工作清单

用清单列出家长能参与的课堂教学任务并在返校夜或开放日发给每一位家长。询问家长清单上的哪些项目能提供帮助，并且做上标记。一些家长可能选择幕后工作，例如复印、收集资料或者捐赠图书角；而另一些家长可能想直接参与某个项目来帮助学生。请提供多种多样的任务。

- ❑ 给学生提供帮助
- ❑ 组织课堂作业
- ❑ 劳技助手
- ❑ 课堂项目助理

- ❑ 组织写作讨论课
- ❑ 管理图书角
- ❑ 处理订书单
- ❑ 复印资料
- ❑ 家长课堂演讲
- ❑ 做家长课堂演示报告
- ❑ 维护板报
- ❑ 数据录入
- ❑ 钢琴表演
- ❑ 监督艺术活动
- ❑ 创建、维护、更新网页
- ❑ 捐献所需资料
- ❑ 担任家长联络人
- ❑ 文件管理
- ❑ 学生导师
- ❑ 担任家庭作业助手
- ❑ 提供软件技术支持
- ❑ 购买设备
- ❑ 陪同班级实地考察旅行

记得在这个列表中，提供“其他”这一选项。家长们可能有不在这个列表上的其他领域的专长，能够做出出人意料的贡献。

把这个清单贴在网页上。

2. 家长调查

不是所有家长都能够参加返校夜或者家长开放日的。设计一份调查表并让学生带回家请家长填写，并在填完后回收。其目的是询问他们分别擅长班级服务的哪些领域，这会夯实班级志愿者的服务的质量。

那些在本地报纸当编辑或记者的家长们可能喜欢帮助小作家们开一场写作研讨会。一位在社区剧院担任角色的家长能帮学生学习戏剧。大多数家长都拥有帮助学生学习的宝贵知识和技巧。请这些家长前来帮忙并分享宝贵经验。

3. 制订时间表

当家长们把标记完的调查表返回后，创建一张家长志愿者时间表并包括以下内容：

- ❑ 日期
- ❑ 时间
- ❑ 擅长的任务
- ❑ 详细的工作描述

让学生把这张表带回家交给家长，同时把这张表贴到网页上。

致电给家长们并邀请他们参加志愿家长启动会。

4. 安排家长志愿者启动会

在会议上，讨论以下细节：

- ❑ 家长志愿者的职责
- ❑ 课堂程序和规章
- ❑ 学校着装规范
- ❑ 何时和如何表扬学生

家长们需要明白他们在课堂上的首要目标是提高学生的学习效果并且协助日常教学工作。指导他们如何做才能成为出色的家长志愿者。

让家长们知道他们很受欢迎，学生们都希望得到他们的帮助。

5. 制定待办事项清单

基于工作清单的反馈和对家长的调查，为每位家长志愿者列一个详细的待办事项清单。以下是这个清单的样本：

- ❑ 复印150份《尤里乌斯·凯撒的悲剧》的学习指南

- ❑ 把图书角的图书上架
- ❑ 在第三节课，帮布兰迪修改稿子
- ❑ 在第四节课，给简和莫娜做词汇补考
- ❑ 海报过塑
- ❑ 把学生的作品贴在走廊
- ❑ 机打教师家长联络信

按事情的优先次序列表以确保最紧急的任务能够先完成。列出工作完成的详细时间和期间。

如果有几位志愿家长计划同一天活动，在你感谢他们的时候告诉他们这种状况，并且按次序安排每位家长的任务。

6. 安排一次答谢活动

如果学校开展在全校范围的家长志愿者项目，可以安排一次有咖啡、果汁、水果和甜点的早餐，或者一次答谢所有志愿者的曲奇下午茶。还可以在活动期间颁发感谢证书。

让学生给家长志愿者写感谢信，一张举着“感谢你”牌子的集体照，都是对志愿者的小小心意。答谢品不必很贵重，这些花了心思的礼物才能真正让志愿者觉得受到了重视。

程序帮助教师们成为更好的家长

我们可以通过在课堂上应用教学管理实践的研究结果来帮我们成为更好的家长。

我们的孩子可以证明这一点，他们一个20岁，另一个17岁了，看到他们喜欢学校，像同伴和成年人那样严格要求自己（在社会实践和礼节众多方面），他们出色的表现让我们感到惊喜！

程序帮助我们成为“人生导师”！

希尔顿和拉里 ■ 萨斯卡通，金于萨斯喀彻温省

有效教学的基础

露西·克萨达在德克萨斯州的圣·马可教学。她把她擅长的制作陶器的技术作为创建有效课堂的必备技能。

“要完成一件陶瓷作品有许多个步骤或者程序。首先是从调和粘土的粘稠度开始，然后把它扔到转轮上。你得随着粘土在转轮中间的转动，控制着让它不摇晃。关键是你要知道如何移动你的手让它拉出你要的形状，并且不断重复这一过程直到成功。

就像制作一件陶器需要程序一样，管理一个班级也需要。

随着程序的推进，一件陶瓷作品渐渐变得完美并且得以使用。当程序被应用于课堂时，孩子们的学习和功课变得有效率了。孩子们都很专注并且独立工作而不再混乱无序。当教师构建了程序的基础后，有效的教学产生了。

一块新鲜的粘土在制作过程中被丢弃、因手不稳偏离中心，或延展性不够时会发生什么？这会产生四分五裂的一坨垃圾！好在这只是一块泥而非一个学生；但是粘土是有弹性的，可以被重塑。同样的，偏离正轨的学生也可以通过再造程序来被重新教育。

随着程序的推进，学生将会得到强有力的结构支持，使得他们无论在学习任何科目时都能获得成功，成为班级的骨干。

当有效的教学出现时，更快乐的孩子们和更积极的学习氛围也会应运而生。这才是一个成功的课堂！又或者是，一件非常酷、非常精美实用的陶瓷作品！”

班级访客

将班级的访客视为展示出色的教学和组织技能的机会。时刻准备好迎接计划内和计划外的来访者——学校管理层、家长和校外的参观者。

解决方案

班级访客的到来并不是对课堂教学的打扰。建立保持班级正常运行的班级程序可以确保班级时刻准备好迎接所有参观者——包括那些被事先告知的参观者或者突然到访者。这个活动可以使教师为学生感到骄傲，并且可以展示有效课堂管理的力量。

这一程序可以解决以下这些问题：

1. 在压力下教学
2. 欢迎意料之外的来访者

背景

在访客到访之前并不总是提前通知教师。无论教师有没有被预先告知，课堂教学都不能被打断。在课堂上，你的学生才是第一优先级而不是访客们。

放轻松。自如的呼吸。如果你按程序规划课堂，你和你的课堂就不会出任何差错，哪怕有一百个人出现在门口。这些完美的程序会使课堂正常运转，看起来毫不费力。

按计划完成课堂教学并且为来访者展示在管理良好的课堂里教学效果是多么明显。

程序步骤

1. 介绍并欢迎来访者

如果访客是计划中的，教师需要向学生介绍访客并告知参观课堂的目的。事先决定访客坐哪儿，在你桌子旁边腾出地方，放上一张学生书桌，或者在教室一侧放置一把椅子。

如果访客是计划外的，要暂停教学，在对访客进行简单欢迎后引导其走到座位或站立的位置以便进行课堂观察。

2. 按照教学日程行动

张贴教学日程的目的是为学生服务。不仅学生可以随时进行参考，访客也可以通过它了解课程的结构。教学日志总能帮你聚焦以及进行平

让学生为来访者展示规划合理、组织有序的课堂。

稳过渡。记住，当有拜访者出现在课堂的时候，即使有经验的教师也会感到压力。

3. 参考目标

来访者对教学目标一清二楚。有时候，他们希望和学生交谈来了解所学知识掌握了多少。让学生了解教学目标有助于让他们在压力下接受来访者提问时应答顺利。

4. 分发课堂时讯及课堂程序和规则

手头备好多余的课堂时讯、课堂程序和规则供来访者了解。

如果参观活动是计划中的，在来访者走进教室的时候，就把这些材料发给他们。

如果参观活动是计划外的，在来访者走出教室的时候花一些时间跟他们简短交谈，递给他们这些材料并且感谢他们来视察课堂。你充分的准备会给他们留下深刻印象。

5. 闪光点

不论访问是否是事先安排的，这是一次为你增光添彩的绝佳时机。要自信，别怕学生问很难的问题。按计划完成课程。

不要为了迎合来访者而对教学程序进行变更。访客们是来参观日常课堂构建的——而不是那些生搬硬套或者排练过的东西。

保持和学生的眼神接触并且温暖的微笑——这样会向学生传达课堂将照常进行的意思。高效能的教师总是做他们该做的：他们只是教学。

家长会

家长会的作用在于通过学校和家长在会上的交流，共同为帮助学生在课堂上取得成功而做出努力。

解决方案

家长会不存在压力，也是非对抗性的。你组织家长会的目的在于让家长们在本学年关注学习目标，并和你一起关注他们子女的成功。一次令人愉快、富有成效的家长会能够强化你们的工作关系。

这一程序提供了以下机会：

1. 有效利用会议时间
2. 提供了会议内容构成
3. 非常自信、有序地展示了专业性

背景

家长会通常是家长们第二次与你见面。返校夜上，家长们对你的和你的工作效率有了第一印象。你会在家长会上加深或改变这一印象。重要的是要在家长会中保持最佳状态。

是否让学生参会，这个选择通常在你。无论邀请或者不邀请学生参会，都要在你主持的所有会议上保持一致。

作为一名高效能的教师，你一定会做好完善的教学计划，其中会包括课程目标，热身作业，有效率的教学计划和为家长会做的准备。

学生们在不知道将要发生什么事时不喜欢来教室；家长们不喜欢来开会也是因为这个原因。

你的准备工作将为家长会定下基调，要避免太长时间的高谈阔论。你可以避免这样的事情发生：一位家长迈步走进教室，接着接过成绩单，说："我女儿说她不知道她为什么在你班上得了个C。你能告诉我为什么给她一个这么低的分数吗？"这时候这位家长是态度生硬而沮丧的。她坐下来，交叉双臂，等着你的回答。

你猝不及防地遇到这场面并且准备为保卫自己而战斗。

程序步骤

你要为一次成功的会议做如下准备：你的自信心，举止以及条理性会使家长明白你了解学生，避免出现对抗场面，同时也为你掌握会议主动权打下了基础。

1. 计划和准备

第一次会议通常在第一学期6～9周之后举行。这次会上要和家长分享以下内容：

- 教授的课程内容
- 都做了哪些测验、项目或活动；学期的平均成绩
- 接下来的9周学校将会教什么
- 接下来学生需要完成的项目和活动

家长会之前，要通过邮件或信件为家长们说明会议的时间和议程。同时，让家长们知道会议时长，感谢他们按时出席并且礼貌地等待会议开始。事先让家长们知道你的会议议程能使他们有备而来。

家长会之前，把会议主要内容与学生分享。家长会不是秘密会议，它能帮助学生获得成功。事先让学生知道他们的家长将从你这里听到什么。

一些学生可能需要和你一对一会晤，你可以借此机会告诉学生，家长可能对哪些方面比较关注。这样学生可以在父母来开会之前先就自己的表现进行解释。

可能有的家长一进入会场就希望立刻讨论孩子的成绩。你可以微笑着说："我真高兴看到您为你孩子的成绩而来。在我们讨论您孩子的成绩之前，让我们先看看我们都在课上学到了些什么，以及造成这个成绩的原因吧。"

这种方式的反应可以释放家长们的紧张情绪，平息他们的怒火。让生气的家长冷静下来讨论成绩并且按照你的议程继续。

2. 微笑着和家长打招呼并和他们坚定有力地握手

当一位或者多位家长走进教室的时候，跟他们打招呼，给他们一个友善的微笑和一次坚定有力的握手。自信而热情的欢迎他们。

3. 准备一张签到卡

要求家长们在签到卡上写上自己的名字和他们孩子的名字，联络电话、电邮和家庭地址，以及联络他们的最佳方式和时间。在家长们等待开会时请他们进行填写，并在家长会开始后回收并核对联系信息的准确性。

如果有家长填写卡片有困难，可以通过口头询问的方式代其填写。

学生姓名：______
您的姓名：______
与学生的关系：______
______
电话：______
电邮：______
地址：______
最佳联络方式： 电话 电邮 到府拜访
最佳联络时间：______

4. 准备一个记事本

做好记笔记的准备。家长们可能会分享他们认为重要的信息——记下这些信息。记笔记这一动作会让家长知道你非常重视他们分享的信息。

把这些笔记保存在安全的地方以备未来之需。

把这些会议记录当做机密处理。

5. 打印成绩单

大多数学区都使用电子成绩系统，用户能用它为每位学生生成包含以下信息的作业报告单：

- 每次作业情况

- 每天作业情况
- 阶段作业情况
- 每次作业的班级平均分
- 该名学生的作业成绩

这份作业报告单为学生的成绩提供解释依据。如果家长对某个低分心存疑虑，看一眼这份报告单可能就会得到如下解释：

- 没完成作业得零分
- 错过的测验
- 没完成补交的作业
- 没做研究与实践活动
- 过多的缺勤

事前将作业报告单进行打印能提高家长会的效率。

如果一位家长因为一次的成绩而不安，你可以这样说："我不会主观地随便给分，不过我们可以看看您的孩子在哪些地方得分了。"你需要对作业报告单进行一些说明——这样能使结果清晰公正。

再上课的时候，把作业报告单告发给父母未能按时出席家长会的学生，并由他们带回家交给家长。

6. 设置定时器

设置定时器以保证会议按计划进行。会上，大多数家长只希望知道他们怎么做能帮他们的孩子进步，准备好为各种问题提出建议；为家长们提出能使其子女提高成绩行之有效的办法。

当定时器哔哔响的时候，站起来，继续讲话；但是慢慢开始引导家长们出门，即使这时候家长会还没完全结束。家长会照着做的。

感谢家长们能来讨论他们孩子们的进步，但是让他们知道还有其他家长在等待。如有需要，可以为进一步讨论孩子们的成绩安排下一次会晤。

设定的定时器时间要比时间表上所写时间短一分钟。你可以用这段时间：

- 做会议总结
- 感谢家长
- 送家长到门口
- 跟下一个等着的家长打招呼

7. 邀请建议

在收回作业报告单之后，问问家长们有没有什么能帮助学生成功的建议。把这些信息记在你的笔记本上。

8. 跟踪反馈

回顾家长会中的记录。安排接下来的家长会时间表，打感谢电话，或按家长会中讨论的结果与相关学生进行谈话，并把谈话内容记录在笔记本上。

对于课堂和你的印象

家长会是一个展现你最好一面的机会。家长们都被邀请到班里来。

花几分钟整理文件，摆好书籍，以全新的环境欢迎家长们进到孩子们的学习的空间里来。

你的态度和衣着也会传达欢迎的信息给家长们。无论你压力有多大都都要面带微笑；并且穿着职业装。

这是一次讨论孩子们未来的会议。你的态度要与家长会的重要性匹配。

程 序 48

返校夜

通过从思想、行动和环境三方面的准备，来消除第一次与家长们会晤的恐惧和由此产生的蝴蝶效应。

解决方案

返校夜决定了你和学生家长的关系。你需要微笑、放松、自信并且积极交谈。必要的话，先预演一遍。在家长面前展现出你对教学工作的热爱，也让他们看到你是教学的能手。

这一程序回答了如下重要问题：

1. 穿什么？
2. 怎么准备？
3. 家长们想听什么？

背景

你的每一个动作、想法和行为都会被仔细观察。这是你本学年最重要的一晚。在今晚的10～15分钟里，家长们将对你产生印象，并且对你是否能胜任教导孩子这项任务做出判断。他们对你的印象甚至在你开口说话之前就开始形成了。

程序步骤

返校夜为家长们在学年接下来的时间采取的态度设立了标杆。如果你是位新调来的老师或者是个新任教师，可以就返校夜的情况向其他老教师进行咨询，让他们指导你应该怎么做。你准备的越充分，返校夜活动对你来说就越容易。

1. 衣着得体

第一印象是基于外在的穿着。一位衣着不职业的教师给人不能胜任工作的印象。衣着职业的教师会受到尊敬并且给人留下值得信任和专业化的印象。

男士们合适的穿着如下：

❑ 一件领子硬挺、平展的衬衫和一条领带

❑ 一条西裤配皮带

❑ 正装鞋

女士们合适的穿着如下：

- 一套色彩、图案柔和的套裙或裤装
- 一套定制礼服
- 正装鞋

要避免鲜艳的色彩、大胆的图案，皱巴巴的衣服、流行服饰、夸张的珠宝以及任何华而不实或令人分心的服饰。

2. 在门口和家长们打招呼

带着温暖的微笑在门口和家长们打招呼、握手。感谢家长们前来并且邀请他们在教室散放的签到表上签名。

准备一些签到表，表上要求家长写上名字、电子邮件地址及孩子的名字。把签到表分散开放置以避免家长们排队等太久。

准备三折页的小册子，在你跟家长们打招呼的时候递给他们。小册子里包含了如下信息：

- 课堂程序和规章
- 课程概况
- 联络方式

家长们可以在等会议开始的时候阅读这些信息。

3. 做好准备

家长们可能会问以下这些问题，仔细考虑一下，并在你的讲演中做出答复。

- 家庭作业的原则是什么?
- 这个学年计划有哪些项目?
- 学生完成作业需要多长时间?
- 教学会用到哪些技术手段?
- 学生都用哪种软件?
- 学生需要读哪些书?
- 学生会去实地考察吗?
- 如何处理迟到问题?
- 如何处理缺勤问题?
- 评分标准是如何设定的?
- 在家如何帮助孩子学习?

4. 制定谈话要点列表

返校夜涉及到教师，但并非是针对教师的。可以用自我介绍作为开场白，但是要简短。家长们希望知道一些你的情况。介绍一些你的教学背景——什么时候来的学校，教书多久了，以及你都教过几年级之类。

你讲话的内容和方式能表明你的敬业程度和对学生的关心程度。要让家长们知道你是：

- 发自内心的关心学生
- 公正
- 用尊重的态度对待学生
- 重视对学生的教育
- 会最大限度的保持学生的学习兴趣

家长们想得到保证。告诉家长们你已经为上好每一天的课做好了充分的准备。同时，也希望学生们能够完成作业，每天都努力做到最好。这是在返校夜上家长们希望听到的。

5. 提供联系方式

向家长们说明怎么能联系到你。如果家长们在门口拿到了小册子，那就提醒他们上面有联络信息。和他们分享以下信息：

- 这学期的计划
- 学校网址和邮件地址
- 班级的网页
- 你的地址和电话

❑ 制作一种写有你联系方式可以带走的小物品。例如，一个写有地址的冰箱贴。让家长们把这个小物件带回家贴在他们的冰箱门上，以便随时查看。

33 在辛迪 · 王的班上，家长在返校夜时得到了孩子给的惊喜。

6. 分享讯息

如果你有班级网页，教家长们如何进入和浏览网页。向家长们展示如何：

- ❑ 在网上做家庭作业
- ❑ 进入重要的链接
- ❑ 查看学生作业范例

解释家庭作业和构成作业的项目内容。展示练习册和学生作业的样本。

7. 提问题

给家长们问一般问题的机会。提醒家长们那些关于他们自己孩子的个人问题留待以后私下的场合提问或者再安排会晤，或者通过电子邮件或电话向你询问。

如果会议计划得好，家长们不会有太多疑问。然而，给家长们提问的机会是重要的——它意味着教师在课堂上也会给学生们提问的机会。

8. 感谢家长

感谢家长们从他们繁忙的日程安排中抽时间来出席会议。

告诉家长们今晚的会议进行得很愉快，在今后的每一天里，他们的孩子每天都会过得丰富多而满载收获。

工作经验分享——两全其美的事

工作经验分享可以使两位教师在课堂之外坐在一起为学生的进步进行合作。工作经验分享可以让一个老师在成长为一位好教师的同时也成长为一名好家长。

工作经验分享可以让你在课堂上保持教学热情；同时能让你在课外积累家庭经验。你在课外时间可以去子女的班上做家长志愿者，尽量多参加孩子学校的工作和日常活动，或者做些研究提升自己。

参加工作经验分享的教师兼职讲课，但在跟学生在一起的时候要全力以赴。

参加工作经验分享的教师至少要在开学前两天共同进行课堂规划。开学初的日子对于建立良好的学习环境，与学生和睦相处，以及课堂管理计划的未来实施非常关键。

两位教师必须要对返校夜、开放日、家长会，班级音乐剧表演等场合进行规划。

当两位教师共同为他们的学生取得成功这一目标进行规划时，他们的工作经验分享过程才会取得最大的效果。为学生们设定相同的程序和预期有助于两位教师在不同的岗位之间切换。作为父母的恐惧和担心也会因此而减少。他们很快会发现自己的孩子既是最棒的学生也是最棒的子女！

程序49

家庭和学校的联系

教师为家长提供了随时了解学校的任务、活动及子女信息的各种途径，希望他们能积极与校方沟通并提供支持。

解决方案

为家长创建畅通的沟通渠道，告知他们课堂和学校发生的事情。家庭与学校的联系越多，两者之间的关系就越紧密，就越有助于教师的成功和学生的成长。

这个程序提供了以下机会：

1. 通过各种交流工具建立家庭和学校之间紧密的联系
2. 鼓励父母随时了解课堂活动

背景

时间对每个人来说都弥足珍贵，我们应该合理使用。在很多家庭，双亲都从事全职工作，因此你必须提供不同方便有效的沟通方式使父母与子女的学校生活保持同步。父母关于学校任务，活动，问题和事件了解的越多，他们与班级的关系就越紧密。

程序步骤

有很多工具可以用来建立家庭和学校的联系。在开学前，选择出最适合的交流工具。

在你给学生和家长寄的第一封欢迎信中，把交流方式的相关信息也写在信中。家长们在看到你采取了恰当的沟通渠道使他们随时了解子女在学校的表现时，会对新学年充满信心并更加放心。

1. 每周课堂时讯

每周课堂时讯会在每星期结束时由学生带回家。通常只有一页，简要概括了以下内容：

- 接下来的一周每门课所需的材料
- 未来重要的日子
- 提醒家长需要知道哪些事情

课堂时讯可以打印出来由学生带回家，也可以是电子版通过邮件发给家长。家长知道在每周末进行查看。

2. 班级网站

创建一个简单的班级网站以便学生和家长随时了解班级的最新信息。班级网站可以包含以下内容：

- 家庭作业
- 未来事件
- 考试时间
- 与当前学习内容有关的重要链接
- 每周所学

家长可以在任何时间、任何地点轻易的登陆网站并获取最新班级信息。

班级网站是绝好的交流工具，家长们只需看一眼就能了解课堂上发生的一切。

每周末对网站进行更新。应在学生每周任务清单，所有给家长的信件中，以及所有电子邮件底部你的电子签名处注明班级网站的地址。

班级网站不需要添加任何声音。保持简洁的风格有利于你在全年进行更新，也便于家长访问及阅读。

3. 电子邮件

大部分家长在家里，工作时或用便携电子设备都能登录邮箱，你可以采用这种方式快速与家长取得联系。尽早把你的邮件地址告诉家长，并请他们随时就自己的疑问，担心或建议给你发邮件。就像管理信件一样，把每次发出或收到的邮件保存好，并在学年末把所有的邮件整理到一个文件夹。

4. 语音邮件

对于无法使用电子邮件或更喜欢口头交流的家长，请他们留下语音邮箱的地址。这样既可以满足交流的目的，也不会打断课堂教学。

每天放学后检查语音信箱并及时予以回复。

5. 周报告

每周末，要通过信件或邮件的方式向家长发一份周报告，报会对本周未完成的家庭作业、课堂作业或出现的其他问题进行说明。家长在收到周报告后必须在邮件中予以回复或在纸质报告上签字并于周一交回。报告单上必须留有空白用来写你的建议和家长的反馈。周报告能让家长掌握子女的学习进度，以及需要及时补交的作业。

读一些家长联络信的样本。

写一封家长联络信

很多家长都希望了解其子女的受教情况。研究表明家长的参与能提高学生的学习成绩。

家长联络信能使你与家长取得联系并让他们知道可以对你有哪些预期。这封信可能会是你全年寄给父母的最重要的文件。按照以下七个步骤写一封有效的家长联络信：

1. 个人简介

个人简介能让家长了解你的教学经验以及教育背景。其中包括：

毕业学校及所获学位；

证书及特殊技能，如外语；

与教学相关的其他培训。

2. 你对学生及学生对你的预期

学生能期望你做哪些事？反过来你又希望学生能做些什么？家长希望知道你的预期以便与你一同努力让其子女获得成功。设立积极预期并通过列出以下内容作出承诺：

这是学生期望从你这里获得的：

- ❑ 每天高质量的教学
- ❑ 额外的帮助
- ❑ 组织有序、积极的学习环境
- ❑ 为学习和实践进行打分和成绩评定
- ❑ 公平
- ❑ 每天为学生做到最好

以下是你希望学生做到的：

- ❑ 每天来学校做好认真学习的准备
- ❑ 带上所需的书籍和物品
- ❑ 彻底、工整地完成作业
- ❑ 遵守张贴出来的程序和规章
- ❑ 保持积极的心态
- ❑ 尽最大的努力
- ❑ 认真听讲，注意力集中

3. 为整个学年设立清晰的总体目标。

很多学校都有使命宣言。为全年设立一个总体目标是对使命宣言的践行。

- ❑ 学生每天到你的课堂上课的目的是什么？
- ❑ 学生在学年末能学到什么？完成了哪些任务？

在制定总体目标时，你可以考虑以上两个问题。总体目标能让家长了解你的专业性，有明确的教学目标和预期。

4. 制定全年的学习内容概要

全年概要为达到各教学目标绘出了路线图。很多中学把教学时间划分为四段，并根据大纲指导方针安排每段时间的学习内容。

你要通过对具体内容的讲授达到大纲的要求。把每阶段讲授内容的概要列出来，让家长有个大概了解。以下是英语课的内容概要范例：

1～9周：短篇故事，传记，和记叙文写作

10～18周：戏剧和说明文写作

19～27周：诗歌和议论文写作

28～36周：小说和研究论文

如有需要，可以把以上概要进一步细化，具体列出要学习哪些短篇故事，传记，戏剧，诗歌和小说。

5. 提供联系信息

家长需要知道如何联系你。请家长保留联络信以便随时查看你的联系方式。告诉家长何时、如何与你取得联系。

- 邮件地址
- 计划准备期
- 班级网址
- 学校电话
- 学校传真

要知道有了联系渠道，家长才不会感到忧虑和沮丧。

6. 讨论出勤和补交作业程序

告诉家长学生的出勤和分数有直接关系。学生的缺勤会使他/她损失宝贵的学习时间。

当出现缺勤情况时，家长应知道补交作业的程序。与家长分享以下内容：

- 缺勤情况
- 因缺勤而未完成的作业
- 迟交的作业——要特别指出迟交的作业是否有效

这些程序为所有的学生提供了公正一致的标准，能避免产生误解。

7. 选择恰当格式

要知道中学生可能在开学第一天带回家多达七封家长联络信。要选择整齐、精确的格式使你的联络信清晰易读。

你的联络信应当具备如下特点：

- 文本段落清晰
- 尽量保持句子和段落简短
- 也可以使用三折页的小册子代替信纸

要准备以上信息需要花费时间和精力。可以制作一个联络信模板，以后根据每年需要进行修改即可。

35 看一看奥瑞莎·弗古森在开学第一天时如何向家长呈现这些信息的。

程 序 50

教室中的技术

帮助学生了解在教室中使用技术时所应承担的责任，能使他们在浏览大量在线信息时保证自身的安全。

解决方案

信息技术为课堂教学打开了新的大门。然而，在使用新技术的同时也伴随着责任。你需要帮助学生在利用新技术学到东西的同时保证自身的安全。

这个程序解决了以下问题：

1. 浏览可疑网站
2. 上网的安全性

背景

很多学校在教室中配备了计算机，或配有计算机实验室或移动实验室供学生使用。万维网为我们提供了无限量的信息，学生可以利用不断变化的技术辅助学习。

你有责任为在教室中恰当使用技术及浏览互联网建立程序。

程序步骤

教室中各种设备都可以按照以下步骤进行使用。你也可以根据教室中的设备要求将步骤细化。

1. 制定一份上网安全保证书

把学校和你对安全使用教室中的电脑和其他设备的要求告诉学生。你和学生对“安全”的概念可能差别很大！当学生浏览网页时，不需做任何假设，但要做好一切准备。

制定一份上网安全保证书，在学生使用教室中的设备前由你、学生和家长分别签字。把这份保证书存档并在需要使用互联网进行搜索时对学生进行提醒。

我的上网安全保证书

我不会使用或暴露我的

- ❑ 全名
- ❑ 地址
- ❑ 电话号码
- ❑ 所在学校

❑ 类似密码等私人信息

在未经老师和家长同意的情况下我不会把自己和其他人的照片传到网上。

我不会在网上填写任何有关个人信息的表格。

我不会在网络上讲脏话。

我不会参与任何伤害他人，违反法律或学校制度的活动。

在学生上网前请家长和学生在保证书上签字。

2. 准备一份家长弃权声明

准备一份家长弃权声明，上面列出学生在教室中使用的技术。可以包括如下内容：

❑ 电子邮件

❑ 留言板

❑ 聊天室

❑ 博客

❑ 维基

❑ 网页浏览

在声明上写明，你、学校和学区不为互联网给用户带来的任何直接和间接伤害负责。

在学生上网前让家长在声明上签字。

3. 帮助学生了解其责任

告诉学生他们有权在教室中使用计算机，同时也提醒他们权利与责任并存。

让学生知道他们值得信任，但他们使用电脑的过程还是会受到监视。你越是信任学生，他们就越不会让你失望。

36 了解并下载奥瑞莎·弗古森为学生准备的“上网安全保证书”。

让学生知道如果他们辜负了你的信任，你会根据事情的严重程度剥夺他们这一权利甚至得到更严厉的惩罚。学生要了解在这个问题上违纪是绝对不能容忍的。

每次学生使用教室的技术设备时，都对他们进行提醒。

在教室中贴出设备的重置价格。让学生知道因他们使用不当而造成的设备损坏将由其个人赔偿。

4. 监视使用过程

很多学校都安装了过滤可疑网站的软件。然而，在没有安装过滤软件的学校，你可以用敏锐的眼睛及时发现情况。在学生上网时来回走动来监视学生浏览的内容。

要对健康的内容和语言进行严格的界定。告诉学生如果他们对浏览的网页有疑问，不知道它是不是健康，那它极有可能属于不健康范畴。对各台电脑的上网记录进行随机检查。

让学生在全学年使用同一台电脑。出现问题时可以直接找到使用者。

时常提醒学生他们的责任和技术使用不当的后果。坚决不允许在教室滥用网络。

学生将会应对自如

我的学生喜欢在可预测的环境中学习。他们知道每天该做的事情，所以他们会有安全感。他们希望在多变的环境中找到一种连贯性。即便你对学生提出了更高的要求，他们也会应对自如。看似简单的程序却有巨大的作用。

切伦达·瑟罗亚 ■ 亚特兰大，乔治亚州

计划：为开学第一天做准备

PLANS: FOR THE FIRST DAY OF SCHOOL

我个人的开学第一天备忘录

杰西卡·麦克莱恩是明尼苏达州的一位双语小学教师。
这个计划是她为学生们在开学第一天进教室之前及进入教室开始学习之后准备的。

上课前

❑ 在门边挂一张指示牌写明进教室之前该做什么：

1. 去吃早饭
2. 挂好书包
3. 开始工作

❑ 把名牌放在桌子上好让学生们找到他们对应的位子

❑ 每张桌子上放上文具盒

准备一张课堂行为表现评价表，贴到警告栏旁边

1. 黄色=警告
2. 橘色=坐反省座位
3. 红色=取消课间休息
4. 两条红色=两门课上坐反省座位，书面报告家长
5. 紫色=移送教导处

❑ 做张海报上面写上班级纪律：

1. 要注意安全
2. 要对人友善
3. 要有责任心
4. 说话要举手
5. 要听从教导

❑ 按学生姓名编号，每个学生都有自己对应颜色的一套卡片

❑ 把早间作业也放在每位学生的桌子上

❑ 在门外边的墙上挂一个“本日值班”指示牌

❑ 在架子上放一个篮筐，在纸上写上“做完的作业”并贴在上面，这样学生就知道把写完的作业放在哪里了。

❑ 制作一张写有“我做完了！”的海报，挂在教室里：

1. 红色文件夹里是尚未完成的作业，需要继续做
2. 安静的坐在椅子上，从你的书箱里拿本书进行阅读

❑ 在单词墙下面悬挂洗手间使用说明

❑ 写张积极听讲的说明海报，挂在单词墙低一点的位置：

1. 看着讲话的人
2. 听听他们在说什么
3. 想想他们说的话
4. 回应（说话之前要举手）

❑ 制作一张座次表贴在简报板上

❑ 在黑板上写上今天的日期

❑ 在每位学生的桌子上贴上姓名签

❑ 取一把冰糕棍并在上面写上每位学生的名字放在杯中，学生进教室时取走自己那根，用这种方法来查看考勤。

❑ 根据工作表制作一些卡片，一部分写上每个人的姓名，另外一部

分写上具体工作名称。

1. 考勤文件夹管理员
2. 小队长
3. 门扣负责人
4. 洗手液管理员
5. 负责打扫图书馆
6. 负责打扫厕所

制作一张写有日程安排的小海报，挂在画架上，让学生在晨间会议时查看。

- ❑ 制作写有每位学生名字的贴纸（白色标签）
- ❑ 看学生们谁还没有书箱，发给他们
- ❑ 在纸上写上“我会分享”，做很多份，贴在课本上

7:50　在门口迎接每位学生

- ❑ 跟每个人说“早上好！”
- ❑ 询问新生的名字（把姓名贴纸给他们）
- ❑ 送他们去吃早餐（带着书包，穿着外套，等等）
- ❑ 回来后，让他们把写有姓名的冰糕棍放在杯子里
- ❑ 问问他们是否知道班车号
- ❑ 请他们选一个钩子挂上背包，随后找到自己的座位
- ❑ 告诉他们课堂作业在桌子上；铅笔在铅笔盒里（放在最上面）
- ❑ 所有学生都到了以后（8:10）开始点名（用签到簿，不要用电脑）
- ❑ 请学生把签到表送到办公室（参考学生工作表）

8:15　到晨间会议的过渡期

- ❑ 介绍铃声信号

听到铃声后要做出以下反应：

1. 停止
2. 眼睛看
3. 耳朵听
4. 手空空，放头上
5. 坐直
6. 嘴巴闭起来

- ❑ 让一个同学示范正确姿势；两个同学示范错误姿势，并请示范正确姿势的同学予以纠正
- ❑ 一旦学生们理解了铃声信号，就对过渡时间该做什么进行说明
- ❑ 让一名学生示范如何安静的收拾物品，走到地毯上并坐下来（围坐成一圈）
- ❑ 收拾桌子（注意桌号），走过去，坐下来
- ❑ 在过渡时期如果出现错误，按以下步骤进行练习：

1. 安静的收拾
2. 走到地毯上
3. 安静的坐下
4. 等待

8:20　晨间会议

- ❑ 解释我们为什么要开晨会
- ❑ 解释晨会纪律：

1. 双手空空
2. 交叉双腿
3. 举手回答
4. 积极听讲

5. 问候他人

- ❑ 请每位同学自我介绍，其他同学对他/她进行问候
- ❑ 对同学们说：这周要与大家分享的信息是我们将学习如何遵守纪律和程序。我们下周会有分享的内容。
- ❑ 向同学说明课堂纪律以及违反的后果
- ❑ 告诉学生们学习的重要性：我们来学校的目的是为了学习。我们用纪律来保障每个人都能在安全和愉快的环境中学习。

复习这些纪律：通过几个案例帮学生加深理解。

- ❑ 家长们会得到一份纪律的复本
- ❑ 解释反省座位：
  - 座位在哪?（楼梯平台上）
  - 怎么走到反省座位那儿?（径直且安静的）
  - 坐在反省座位上该做什么?（安静的坐着，如果事情发生在做作业期间，就继续做作业）

怎么才能离开反省座位? 安静的举手（说话，大喊老师名字，或者玩耍只能延长你在反省座位的时间）

8:40 休息和游戏时间

- ❑ 介绍游戏规则

1. 不要毛手毛脚
2. 不要到处乱跑
3. 不许讲话

- ❑ 介绍一个晨会游戏（沙滩球问候）
- ❑ 演示怎么滚动皮球（不要扔）
- ❑ 如果没有被轮到，请“举手”
- ❑ 如果违反了规则，就不能再玩了
- ❑ 如果3个或者3个以上学生们违反了规则，游戏结束

8:45 日程安排

- ❑ 说说今天和本周的安排
- ❑ 说说我们将在一起学习什么
- ❑ 介绍明天的户外科学课安排（简短的晨会，步行到户外的帐篷，认真听讲）
- ❑ 告诉学生们，“在老师讲话时，我们都是积极的倾听者。”
- ❑ 解释“积极听讲”的概念，做示范（听讲，记忆，反馈），然后和学生一起练习

9:00 阅读

- ❑ 告诉学生们：
  - 我们将用西班牙语阅读。
  - 我会戴上bufanda（围巾），你们要转身说，“es-pa-niol.”
  - 你们要安静的起立坐下。（这是一个课堂转换）
  - 课上你们要认真听讲。

9:05 第一课——我会分享!

- ❑ 告诉学生们：
  - 作者写东西的时候，就是他有些东西想与我们分享。他们总在传达信息。
  - 作者在向我们展示，故事中的人物怎么做，我们在自己的生活中也应该怎么做。
  - 阅读时，让我们思考：作者究竟想告诉我们什么?

❑ 阅读故事前，先让学生猜测；简要讨论人物的感受：

- 你认为作者想告诉我们什么？
- 现在，我们要自己编个故事，通过它提醒自己和其他人分享的重要性。
- 我们能分享什么事情？（在黑板上一一列出）
- 下面是我们将要做的事情（用书的某一页举例）：

1. 姓名
2. 日期
3. 写：我能分享____________（完成这句话）
4. 画幅画并涂上颜色
5. 交上来，如果还有时间，再写一页

9:20　独立做作业

❑ 学习“我能分享____________”这句话

❑ 告知学生们课堂转换的程序：

1. 走到座位
2. 安静坐下
3. 立刻开始
4. 分享资料
5. 使用手势——如果需要上厕所（不要大喊或者站起来）

❑ 我会按桌号请学生们过来为自己的书箱选书（按照学生的水平选择，这是他们最感兴趣的活动之一）

9:45　休息和练习

如何排队

❑ 分享排队的程序：

1. 双手放两边；要安静
2. 眼睛向前看
3. 肩膀前倾
4. 嘴巴闭起来
5. 靠近你前面的同学
6. 要保持像棍一样直，不要扭的像蛇一样
7. 脚步要轻

❑ 怎么排成一队：

1. 等候老师的指令
2. 站起来，安静的出门
3. 站到队尾（不是队中间）
4. 全程站在同一位置

❑ 示范，练习

❑ 去上美术课的时候，再做一遍

❑ 你走，我看着。

10:00　第二课

好朋友们知道分享的重要性。

❑ 让我们回想一下做一个“积极倾听者”的含义。

- 身体怎么做？
- 眼睛呢？
- 耳朵呢？
- 双手呢？
- 大脑呢？

❑ 我们一起读《鸽子发现了一个热狗！》

❑ 为了加深对这个故事的理解，我们读完之后要复述一遍。注意故

事中以下要素：

1. 角色
2. 场景
3. 开头
4. 中间
5. 结尾

- ❏ 阅读这个故事，在“鸭子的入口”的位置暂停
    - 都有哪些人物？
    - 他们在哪儿？
    - 谁有问题了？
    - 他有什么问题？
- ❏ 继续阅读和讨论，包括解决方案和结尾
- ❏ 和学生一起回忆“我们是积极的倾听者吗？”

10:15 休息和练习

如何等校车

- ❏ 告诉学生们以下程序：
    - 保持安静
    - 挨桌去你的座位
    - 最安静的桌先走
    - 等车的时候保持安静

1. 趴在桌子上，保持安静
2. 听到叫你桌号，走去拿书包
3. 带着你的书包坐回座位，保持安静
4. 安静的等到排队
5. 听到我叫你的桌号，把椅子翻放到桌子上
6. 走出门，站成两队
7. 较安静的队列先走，第二队跟着
    - 记着如何在队伍中行走

- ❏ 练习（直到他们学会遵守程序）
- ❏ 把东西放回原位，回到地毯的位置
- ❏ 这一天结束的时候，我们会再做一次

10:25 午餐和休息的程序

❏ 告知学生们午餐的程序：

1. 走进餐厅
2. 听从午餐老师的指导
3. 安静呆在椅子上，等着叫你去取食物
4. 把垃圾收拾干净
5. 在我回来后，在我前面站安静地站成两队
6. 要走步前进，不要奔跑

❏ 告知学生们午间休息的程序：

1. 安全的做游戏
2. 友好的做游戏
3. 听到哨声，到我这来
4. 休息时间结束，停止游戏

得到我的允许后才能跑步

中途离开或者休息回来的时候，站到两队中的一队里

如果有人独自一人，就去邀请其他/跟你一起玩

如果你被罚坐反省座位，别打扰其他正在做游戏的同学

如果有同学坐在反省座位，别去打扰他

如果你没听见我的哨声，但是看见其他同学朝我走去，就跟着他们

站队的时候不要再玩了

如果还有时间，介绍日程5

10:40 美术课

我们每周都有美术课

记得怎么排队

一些美术课的程序跟我们在正常教室上课时的程序相同

11:40 午餐

去吃午餐；记得午餐程序

根据工作表指定负责洗手的学生

12:15 午间 休息

先回到教室，再次强调相关要求

去外面玩

12:30 回到教室

12:35 数学课

- [ ] 分享对数学课的要求：

1. 只讨论数学
2. 做一个积极的倾听者
3. 说话时要举手
4. 爱护教具
5. 尽力思考

- [ ] 复习使用洗手间的规定
- [ ] 数学课日程 1 ：口袋日（Pocket day）（10分钟）
- [ ] 介绍数学游戏1（15分钟）
- [ ] 玩数学游戏1（15分钟）
- [ ] 回顾一下整个班级程序的执行情况
- [ ] 介绍工作坊时间
- [ ] 介绍工作坊时间用的工作板
- [ ] 分享对工作坊时间的要求：

1. 集中注意力
2. 分享心得
3. 爱护工具
4. 做完再玩

- [ ] 进行轮换

1:30 清理并坐下

- [ ] 复习回家的程序

1:35 打包回家

- [ ] 记得椅子要翻到桌面上

1:45 回家

- [ ] 安静的队伍先离开
- [ ] 说“再见！”
- [ ] 明天又是令人期待的一天。

开学第一天备忘录（节选）

泰里·诺里斯遇到了在她整个职业生涯中最差的一个班，她曾经想过放弃甚至跑到大卖场跟植物说话！之后，她凭借25年的教学经验完善了这份备忘录。在她制定了课堂管理计划并实施了5年后取得了巨大成功。

每个学生的桌子上有：

- ❑ 编好号的数学书
- ❑ 编好号的复印件
- ❑ 杂志
- ❑ 橡皮和削好的铅笔

我桌上的材料有：

- ❑ 杂志第一页的幻灯片
- ❑ 晨间日程的幻灯片
- ❑ 写着“来击个掌吧”的海报和幻灯片
- ❑ 班级架构的幻灯片
- ❑ 写有程序的海报
- ❑ 句根图表
- ❑《西蒙的钩子》
- ❑ 规章制度的复印件
- ❑ 生物字形（3）
- ❑ 打印好的活页夹选项卡（夹在按科目打印的文件夹中）

一开始必须做的事：

- ❑ 杂志《西蒙的钩子》
- ❑ 生物字形
- ❑ 欢迎来到新的学年！黑板上是我的名字：诺里斯太太

你们的课桌上有些这学年要用的书和教具。请把它们放在桌上，稍后我会告诉你他们怎么用。

❑ 你们的每本书上都有同样的一个编码。这个号码就是你这学年的学号。请把你们的书和杂志放在桌上，铅笔橡皮放在桌子上方。

我一直盼望成为你们新学年的老师。放轻松。我当老师有25年了，有丰富的教学经验。另外，我还参加过各种工作坊、研讨会、咨询会和进修课程。我读过大量的书籍。我是一位有责任心、有知识、教学经验丰富的专业教师。

让我来聊聊我和我的家庭吧。我有一位非常优秀的丈夫和四个儿子，他们的年龄分别是25，24，23和22岁。一个毕业于田纳西州立大学，另外三个还在大学读书。

我有许多喜欢做的事儿。我喜欢玩电脑和上网。我喜欢阅读，听歌和去音乐会。我周末大部分时间都呆在花园里种蔬菜，并且我有“电视瘾”，我超爱看电视。

就像我爱看电视和玩电脑一样，我真正的爱好，也是给了我最多享受的事情，是教学。我热爱教学。我以身为教师为荣。我很高兴今年能教各位。所以，放轻松。你们的运气也不错，由我来担任你们的教师，诺里斯太太。

你们将经受人生中最伟大的教育。我们不仅学习我能想到的每一件事，而且我还会和你们分享一些生活技巧，这会帮助你们成为成功的公民。

我保证，如果你25年后在商场遇到我，你会对我说："您说的对，诺里斯太太。那是我经历过的最记忆深刻，最激动人心的美妙的一年。"

所以，欢迎来到四年级33教室！

在我们开始复习我们的程序和纪律之前，我们先来看一个故事《西蒙的钩子》。请拿起你的杂志，在封面上尽量干净好看的写上你的名字，用手写体。

❑ （重复）在第一页写上你的姓名和今天的日期（重复并且用幻灯片做演示）

❑ 复习句根图表

晨间日程

❑ 现在，学习的时间到了。诺里斯太太和上课铃声都无法让你真正开始学习，只有你自己静下心来才行。

这是你每天来上课要做的事情，你需要遵守一系列惯例。你要立刻走到座位上，打开书包，拿出你的笔记本和日程表，还有你的家庭作业。（用幻灯片）

我检查作业的时候，你开始做你的"每日必做"。"每日必做"在这儿（指点）。

早晨的"每日必做"意思是你们必须独自完成！要保持安静。

早晨的日程就是一个安静的时段。意思是，绝对不能讲话。也意味着你也不可以跟我说话。早上非常忙，我必须做许多工作。如果每个人进来之后都按照早上的日程安排做，我就能很快完成我的工作。

幻灯片上一直显示晨间日程。（示意学生注意）

让我们一起开始今天的程序。你们进来教室之后第一件事该干什么？（打开书包）请行动。

打开书包之后，把背包放在壁柜里。打开书包的时候你必须确定把你需要的每样东西都拿出来了。直到今天结束你们都不许再回到壁柜去拿东西。

打开书包之后你们该干什么？（拿出家庭作业和日程表）

这时候我正好发给你们临时的日程表（分发和解释）

让我们回顾一下。早晨要做的第一件事儿是什么？（安静的进来，打开书包）

早晨要做的第二件事儿是什么？（拿出家庭作业和日程表）

早晨要做的第三件事儿是什么？（开始做自己的"每日必做"）

❑ 分发生物字形并且介绍

❑ 现在，是"每日必做"时间。有人还对晨间日程有疑问吗？好的，我们似乎已经准备好可以开始了。

❑ 开始"每日必做"时间，等待15分钟。

❑ 请将你的规章和目录放在一边。有人还对晨间日程该做什么有疑问吗？

按照晨间日程的步骤，你做的棒极了！谢谢！是时候该进行接下来的事情了。

程序脚本

现在大家都坐在四人组成的小组里，也就是你们的"村子"里。花几分钟的时间了解一下你村子的名字和它的含义。

每周我们从组员中选一名同学做"村长"。（通过幻灯片演示）"村长"有责任检查"村民"们是否做到以下几点。（指向幻灯片）如果都做到了，你可以得分：

- 注意力集中
- 认真听讲

- 按时开始学习
- 锻炼自控力
- 上交完成的任务
- 保持桌面整洁
- 上交优秀的作业

同时，我们也有相应的课堂程序需要学习。

我们来到这里是为了学习，所有这些程序能帮助我们达到这一目标。

老师们也是为你们而来，因此你会享受学习的过程并取得成功。我不会允许你做任何阻碍你获得成功的事情。

本学年我们将共同努力。我们需要创建一个能使大家感到安全的班级环境。因为我在乎你们所有的人，所以我不会允许做任何影响他人学习的事情。

我是教师，程序是由我创建的。我热切地期盼着跟大家一起度过这一学年。我为大家准备了令人振奋的学习计划，因此我不允许你做任何影响我教学的事情；也不允许你做任何影响我们愉快学习的事情。

因此，如果你在这里认真学习，所有的人就能认真学习，我也能安心讲课。我这里有一系列程序能帮助我们创建有序的课堂环境。（分发程序复印件）

第一个程序是认真听讲。有谁能告诉我它的含义？（请几位同学回答）

我来举几个例子吧：

1. 我讲课的时候，你的注意力应该在我身上
2. 当你的同学参与课堂讨论时，你的目光应该在他们身上
3. 你不能在课堂上看闲书，取学习用具，传纸条或跟其他同学眼神交流
4. 我们在集会时，要注意听主持人讲话
5. 当发布早间公告时，要停下手中的事情认真听

当我说“注意了”的时候，大家应该按照以上例子中的要求做。

第二个程序是听从指令。有谁能说说这是什么意思呢？（请几位同学回答）

它的意思是，如果我没有马上请你回答问题，你应该继续举手而不要喊我的名字。我会尽快叫到你，而大声喊叫违反了课堂程序，也会影响我。

下一个程序是听从第一次给出的指令。谁知道这是什么意思？（请学生回答）

每个人都有机会从中获得加分。给大家举几个例子：

1. 当我说“拿出你的数学书来”，它意味着你需要马上照做，不要等我说第二遍。

2. 当我说“把东西收起来”，你要马上停下手里的工作，并把它放到一边，不要再让我要求第二遍。

3. 在33号教室一项通用程序是先举手，然后等待我叫你回答。

4. 所有的日常数学作业都要用铅笔来做，所有的期末作业都要用钢笔完成。

现在，谁能复述一下当我说“听从指令”时，我是什么意思呢？

非常好。下面我们学习第三个程序“进入状态并且要按时准备好”。“准时”很好理解，但“按时准备好”是什么意思呢？（请学生回答）

是的，意思是你要在早上8:00铃响之前来到学校。

什么是“进入状态”呢？（请学生回答）

恩，例子举得不错。下面我来说说。“进入状态”意味着你要做如下事情：

1. 在学习时间学习
2. 在课上认真听讲
3. 在讨论时开口说话

“进入状态”的意思是你不要在教室上课的时候想着操场上的事情。

“进入状态并且要按时准备好”的意思是什么呢？（请学生回答）回答的非常好！

下面一个要学习的程序是自我控制；不要在课堂上玩耍。我的意思是你不要在教室里晃来晃去，想干什么就干什么。你要坐在座位上。如果你想削铅笔，就像这样把它举起来，我就能看到你了。得到我的允许之后才能去削。自我控制的意思是不要在教室里大喊大叫，像在操场上一样。谁能演示一下这种行为？（请学生演示）

下一项程序是**按时交作业**。这一点很关键。我们来到这里是为了学习，因此你必须把你的学习成果上交，也就是说你必须按时交作业。

如果你选择不交作业，那么你在学校将被剥夺某些优先权并被禁止参加有趣的活动。到时候你会非常可怜——相信我。充分利用课上时间，认真完成作业，按时上交。

为什么你需要按时交作业呢？（请学生回答）哇，回答的真棒。

下一个程序让我们的学习村变得更美好。它要求**保持课桌，周围的地板，笔记本，文具盒干净整齐**。这个程序看似简单，但对四年级的学生来说不容易。你不能往书桌里面塞纸张。任何东西都有固定的位置，我希望你们能把作业和物品放归原位！这是什么意思呢？“杂乱无章”是什么意思？（请学生回答）很好，很好的例子。

我们最后一个程序是你必须**上交高质量的作业**。为什么上交高质量的作业那么重要呢？（等待学生回答）说的对，你们都想把最好的自己展现出来，所以尽全力写好作业并上交。

现在，我们来学学我让全班恢复秩序的方法。第一个方法是”击掌”。（在黑板上写出）

1. 停止说话、走动、学习
2. 放下铅笔、蜡笔、钢笔，合上书
3. 保持安静
4. 眼睛注视莫里斯太太
5. 认真听

或者，如果你听到我拍了两次手；请照以下要求做：

1. 目视前方
2. 大家保持一致
3. 按节拍击掌

有人有疑问吗？既然大家都没有问题了，这意味着我们已经掌握了一些重要程序。

我们继续往下讲。

文件夹

❑ 现在，我们开始整理自己的文件夹。请把你带来的文件夹拿出来。我给每位同学发张个分隔卡。我们把所有的文件夹整理到一起。你在课堂上使用到的任何材料，完成的任何作业都要放在文件夹中。

- 不要把作业纸塞到书桌里，把它们放在文件夹中。
- 不要把作业纸团在背包中，把它们放在文件夹里。
- 不要把作业纸夹在书里，把它们放在文件夹里。
- 作业纸必须在文件夹里，放在文具盒下面，或上交；没有任何例外。

我之前告诉过大家这是学生的责任。这个文件夹是你的学习工具。你要爱护它，不要在上面乱写乱画，不要贴其他东西，要保持它的干净整洁。

❑ 把标签发给学生并让学生放入文件夹中。

❑ 你们的笔记本由五部分组成。标签上分别写有：

1. 杂项
2. 阅读
3. 数学
4. 社会科学
5. 科学

开学第一天开始了。

中学第一天备忘录

卡拉·摩尔是俄亥俄州科尔·格罗夫的一位社会科学教师，
她制定了一份计划帮她记住在开学第一天需要与学生分享的所有重要的事情。

总体概要

❑ 及早到学校并确保一切就位（教室装饰好，桌椅摆放好，创建一个温暖、积极、热情的环境）

❑ 在门口迎接学生

1. 分发用于储物柜的黄色索引卡片
2. 准备写好编号的彩色即时贴
3. 让学生按照即时贴上的号码找到自己对应的课桌
4. 请学生快速找到自己的座位

❑ 分发《学校手册》和文件夹

❑ 分发大纲，指南，和学生/家长联系卡（为学生解释每个条目）

欢迎词

欢迎各位！我是摩尔太太，将成为你们本学年的社会科学教师！我希望每个人都度过了愉快的假期，并为即将到来的令人激动的新学年做好了准备。我们将踏入充满挑战但意义非凡的旅程。毫无疑问，如果你努力学习并发挥最大潜力，你一定能成功。

课堂程序

❑ 进入教室

- 进入教室时保持安静
- 坐下来
- 拿出学习材料
- 查看日程板
- 开始做热身作业

❑ 当你迟到时

- 安静地走进教室
- 事出有因：把写有“理由”的纸条放在桌子上

❑ 让你集中注意力时，我会

- 站在教室前面
- 举起手
- 等待所有人安静下来

❑ 学生责任卡“粉色记录单”

如果你没有在课前完成作业，你必须填写这张记录单并签上名字和日期。把它放入作业筐。校长、你的家长或监护人会看到这张记录单。记住——他们会看到这个文件。

❑ 如果你提前完成了作业该去做什么呢？

- 做未完成的作业
- 复习笔记或词汇
- 从书架上拿本历史书开始阅读

- ❑ “事出有因”的缺勤
  - 查看笔记本板
  - 将未记录的东西补上
  - 从发放材料文件夹中找出你落下的作业
  - 没有理由的缺勤没有补作业的机会
- ❑ 交作业
  - 在每节课开始时，把作业放在桌子中间
  - 由一名学生收集所有人的作业
- ❑ 课堂讨论
  - 积极参与
  - 我想要听听你的观点
  - 所有的问题和评论都要与我们当前讨论的主题相关
  - 如果你的问题跑题了，可以写下来晚些时候再问
- ❑ 在教室内走动
  - 要请求允许
- ❑ 要有条理
  - 条理性是取得成功的关键
  - 保持文件夹整齐
- ❑ 不允许使用手机！
  - 不允许在教室里使用手机
  - 如有违反将会被没收并交到校长办公室
- ❑ 放学
  - 老师说放学才放学，不以铃声为准
  - 铃响之前，不允许收拾东西
  - 直到老师正式宣布“祝大家今天快乐！”才可以放学。

家长的任务

- ❑ 提醒学生把装有文件的信息袋拿回家
- ❑ 提醒学生填写联络信息
- ❑ 提醒学生让家长或监护人签好文件并带回
- ❑ 为学生朗读签名部分：

家长须知——我知道学生已经拿到了8年级社会科学的信息袋。我了解信息袋中放有所需材料清单，课堂程序，指南和学生行为规范。

我已经和儿子/女儿共同阅读了其中的信息。（签名）

学生须知——我已经拿到并和家长/监护人分享了8年级社会科学信息袋中的内容。我了解信息袋中放有所需材料清单，课堂程序，指南和学生行为规范。

我有责任和父母或监护人共同学习这些信息。（签名）

教室情况介绍

- ❑ 告诉学生衣帽柜的位置
- ❑ 让学生根据进门时拿到的黄色索引卡上的编码找到自己的柜子，并用所给密码打开暗码锁。
- ❑ 在教室里转一圈：
  - 篮筐——每门课都有自己的篮筐，用不同的颜色区分。它用来放姓名卡和交上来的作业。
  - 卡片——可以让我简单快速地查看考勤。
  - 白板——每天在你走进教室后查看白板上的内容，并按要求完成上面的作业。
  - 铃声——你需要在铃响之前做好，并开始做热身作业。
  - 学生补给站——学生在这个区域可以拿到铅笔，使用订书机，

打孔器和其他用品。还有两块记事板：

1. 一个记事板用于写当天的日程和目标，因此需要每天查看。

2. 第二块记事板列出了你笔记本中应当记录的内容。如果你在哪节课没来，不要问我都落下了什么内容。看看记事板上的列表，从黑色托盘中找到你缺少的材料。所有的作业，试卷和其他分发的材料都在托盘里。

- 绿板是用来张贴特殊信息的。这是我们大家的教室。请大家把图片，诗歌，杂志文章和你想跟大家分享的东西带过来，贴在绿板上。

介绍

❑ 自我介绍（个性化一些）

我叫卡拉·摩尔。我将在本学年担任大家的8年级社会科学教师。我毕业于俄亥俄大学并取得了学位，同时我也是这所高中的毕业生。我当时就是在我们这间教室里面学习了社会科学课程。

尽管这是我在科尔·格罗夫任教的第一年，但去年我已经在南点中学教过一年8年级社会科学了。我是高中拉拉队助理教练以及中学年鉴的顾问。我有三个姐妹和一个漂亮的小外甥女。

如果你努力，这将是充满乐趣的一年。我设计了很多互动课程和学习活动。我们将在课上重现内战时期的一些大事件，其中还会用到粘土和其他手工材料。

我为大家准备了好多内容，但大家一定要按照活动要求和指南行动。当然，我对这点丝毫不怀疑。

❑ 认识学生

好了各位，现在我想认识大家了。当我指到你，请站起来告诉我你叫什么，介绍一下你自己，并回答“如果你有超人的力量，你会做什么？为什么？”

❑ 在铃响前，告诉学生听到铃声并不意味着下课，只有我说下课才可以。

❑ 告诉学生，记住，我相信大家的潜力。我也希望你们自己相信自己！

组织带来成功

为学生创建高度有组织和效率的学习环境使我感触很深。在这样一个考虑周到的教室里，我能够让学生在学习中锻炼独立性和责任心。

我教过幼儿园，一年级和五年级，开学第一天的安排也随年级的不同进行调整。但是有一件事一成不变——为学生设定明确的期望。告诉学生你的目标。如果没有意料之外的事情，学生会知道你期望他们怎么做，该做什么，他们每天都应有哪些收获。

我会预先花时间为学生提出期望并制定规章。随着时间的推进，你会发现之前花时间做这件事非常值得。学生会很快学会成功地管理时间以取得学业和社交能力的进步。

艾瑞卡·罗杰斯 ■ 橡树溪，伊利诺伊州

高中第一周计划

凯伦·罗杰斯是堪萨斯州的一位高中科学教师，
这份计划展示出她是如何在教授教学内容的同时管理并加强程序的。

第一天

课堂管理

1. 介绍热身作业程序
- ❑ 查看桌上的热身作业
- ❑ 坐在固定座位上
- ❑ 开始做热身作业

2. 讲授三个重要程序
- ❑ 进入教室
- ❑ 使教室安静
- ❑ 放学

教学程序

1. 热身作业
- ❑ 制作名字牌
- ❑ 读课程信息单

2. 欢迎及介绍
- ❑ 教师介绍
- ❑ 学生介绍

3. 课程信息，第一部分（概况）
4. 结束/放学

全校公告时间（30分钟）

1. 分发学生课程表，地图，备忘牌，分配学号
2. 学习指南
3. 学校价值=组织

第二天

课堂管理

1. 强化热身作业程序
2. 强化使教室安静程序
3. 使用备忘牌强化所有的学校程序
4. 学习上交作业程序
5. 强化放学程序

教学程序

1. 热身作业
- ❑ 放置姓名牌
- ❑ 填写“变得有条理”工作表

2. 背诵学生姓名
3. 使课堂变得有条理（适合所有的班）
- ❑ 如何变得有条理，如何使用备忘牌
- ❑ 了解学校

4. 结束/放学

全校公告时间

1. 表示尊重的活动
2. 破冰活动
3. 学校价值=尊重

第三天

课堂管理

1. 强化热身作业程序
2. 强化使教室安静程序
3. 强化使用备忘牌程序
4. 讲授一般课堂程序
- ❑ 迟到和缺勤
- ❑ 取材料
- ❑ 离开座位
- ❑ 获得帮助
- ❑ 当作业做完时
- ❑ 紧急程序
5. 练习交作业程序
6. 强化放学程序

教学程序

1. 热身作业
- ❑ 把每日目标写在备忘牌上（课堂程序）
- ❑ 填写“开始了解你”表格
2. 课程信息，第二部分（课程细节）
- ❑ 材料
- ❑ 分数
- ❑ 规则
- ❑ 列出标题（指标）
3. 课堂程序（做笔记并上交）
4. 结束/放学

全校公告时间

1. 讨论社交技能
2. 社交技能活动
3. 学校价值=社会和谐

第四天

课堂管理

1. 强化热身作业程序
2. 讲授考试程序
3. 练习交作业程序
4. 练习当做完作业时程序
5. 强化放学程序

教学程序

1. 起始作业
- ❑ 把目标写在备忘牌上（综合预测）
- ❑ 把姓名和时间写在答题纸上
2. 进行综合预测
- ❑ 介绍预测的目的
- ❑ 介绍如何进行预测
- ❑ 让学生开始预测
3. 结束/放学
- ❑ 感谢学生有良好的开端
- ❑ 激发兴趣的科学演示

全校公告时间

1. 讨论融入校园生活的重要性
2. 课外活动和机会
3. 学校价值=学校精神

第五天

课堂管理

1. 强化热身作业程序
2. 强化使教室安静程序
3. 强化使用备忘牌程序
4. 练习返回作业程序
5. 讲授实验室安全程序
6. 练习交作业程序
7. 练习取材料程序
8. 强化放学程序

教学程序

1. 起始作业
   - ❑ 把目标写在备忘牌上（实验室设备和安全）
   - ❑ 填写实验室设备查验单
   - ❑ 进行实验室安全测验
2. 查验实验室设备
3. 实验室安全
   - ❑ 核对测验答案并打分
   - ❑ 就实验室安全问题展开讨论
4. 熟悉实验室
5. 结束/放学

学生们喜欢来这所学校

在萨姆塞尔小学高年级，我们对开学前两天的教学计划都做了调整以便老师们有更多的时间为学生们讲授和练习程序，这样做有利于学生获得成功。

下午副校长要求提前半小时放学。我们教学生们放学的程序，找到正确的校车路线，走到校车那里并迅速在车上找到自己的座位。

我们制定了全校的程序并使之具有一致性。

教师和学生都喜欢来这所学校。这是一个让900名四年级和五年级学生都感到快乐的地方。

过来看看我们是怎么做的吧！

艾德·阿奎雷斯 ▪ 帕林，新泽西州

小学的前十天计划

莎拉·乔达尔制定了从开学第一天开始的一套完备程序，
在学生学习了这些程序后，她三年级的课堂变得极为高效。

第一天

课堂管理

- ❑ 程序的PPT
  - 排队
  - 背包
  - 小信箱
  - 考勤
  - 热身作业和工作坊
  - 洗手间通行条
  - 我的时间/你的时间
  - 班级工作
  - 数学限时测验
  - 周任务清单
  - 回家学习

教学程序

- ❑ 贴纸分享（喜爱的东西）
- ❑ 限时测验（数学）
- ❑ 名字艺术
- ❑ 介绍每日螺旋式复习（数学）
- ❑ 填写宾戈卡片
- ❑ 介绍学习目标板
- ❑ 开始写作任务
- ❑ 查看第一天信息袋
- ❑ 每日结束语
- ❑ 处理杂事

第二天

课堂管理

- ❑ 复习程序
  - 周任务清单
  - 热身作业和工作坊
- ❑ 讲授新程序
  - 作业纸抬头
  - 上交家长留言
  - 默读（随处读书时间）

教学程序

- ❑ 数学每日螺旋式复习（热身作业）
- ❑ 限时测验（数学）
- ❑ 数学，第一课
- ❑ 甜蜜的分享（喜爱的物品）
- ❑ 姓名的艺术
- ❑ 目标板
- ❑ 阅读《小小引擎能做什么》
- ❑ 随处阅读时间
- ❑ 玩BINGO游戏
- ❑ 每日结束语

第三天

课堂管理

- ❑ 复习程序
  - 周任务清单
- ❑ 讲授新程序
  - 晨间会议
  - 大理石罐
  - 未完成的作业
  - 午餐和放学发生调整时

教学程序

- ❑ 每日螺旋式复习（数学）
- ❑ 限时测验（数学）
- ❑ 数学，第二课
- ❑ 随处阅读时间
- ❑ 目标板
- ❑ 每日结束语

第四天

课堂管理

- ❑ 复习程序
  - 未完成的作业
- ❑ 讲授新程序
  - 计算机实验室
  - 班级图书分类

教学程序

- ❑ 每日螺旋式复习（数学）
- ❑ 限时测验（数学）
- ❑ 数学，第三课
- ❑ 第一单元，序言（文学）
- ❑ 目标板
- ❑ 每日结束语

37 查看更多高效能教师的十天计划，了解他们的做法。

第五天

课堂管理

- ❑ 复习程序
  - 晨间会议
- ❑ 讲授新程序
  - 考试（用纸板隔开）
  - 书法练习
  - 美术
  - 未完成/提前完成任务时
- ❑ 三年级的学生开始学习与人交往

教学程序

- ❑ 为下周选一名明星学生
- ❑ 年度考试第一部分
- ❑ Aa和Bb的手写体
- ❑ 关于我的一切（身体部位剪贴画）
- ❑ 每日螺旋式复习（数学）
- ❑ 限时测验（数学）
- ❑ 数学，第四课
- ❑ 目标板
- ❑ 每日结束语

第六天

课堂管理

- ❑ 复习程序
  - 晨间会议
  - 周任务清单
- ❑ 讲授新程序
  - 体育课
  - 工作坊
  - 家庭学习

教学程序

- ❑ 晨间会议
- ❑ 每日螺旋式复习（数学）
- ❑ 限时测验（数学）
- ❑ 数学，第五课
- ❑ 第一单元，第一课（文学）
- ❑ 家庭学习作业
- ❑ 体育
- ❑ 每日结束语

第七天

课堂管理

- ❏ 复习程序
  - 工作坊
  - 家庭学习
- ❏ 讲授新程序
  - 图书馆

教学程序

- ❏ 晨间会议
- ❏ 每日螺旋式复习（数学）
- ❏ 限时测验（数学）
- ❏ 数学，第六课
- ❏ 第一单元，第一课（文学）
- ❏ 家庭学习作业
- ❏ 图书馆
- ❏ 每日结束语

第八天

课堂管理

- ❏ 复习程序
  - 当日程安排需要调整时
  - 未完成的作业
- ❏ 讲授新程序
  - 全班大声朗读
  - 作家工作坊

教学程序

- ❏ 晨间会议
- ❏ 每日螺旋式复习（数学）
- ❏ 限时测验（数学）
- ❏ 数学，第七课
- ❏ 第一单元，第一课（文学）
- ❏ 写作（头脑风暴）
- ❏ 家庭学习作业
- ❏ 全班大声朗读（夏洛特的网站）
- ❏ 每日结束语

第九天

课堂管理

- ❏ 复习程序
  - 计算机实验室

教学程序

- ❏ 每日螺旋式复习（数学）
- ❏ 限时测验（数学）
- ❏ 数学，第八课
- ❏ 第一单元，第一课（文学）
- ❏ 写作（写作前的构思和初稿）
- ❏ 家庭学习作业
- ❏ 全班大声朗读（夏洛特的网）
- ❏ 每日结束语

第十天

课堂管理

- ❏ 复习程序
  - 书法练习
  - 未完成/提前做完作业时
- ❏ 讲授新程序
  - 查看阅读网站
  - 好朋友
  - 拼写测验
  - 文学测验

教学程序

- ❏ 晨间会议
- ❏ 每日螺旋式复习（数学）
- ❏ 限时测验（数学）
- ❏ 数学，第九课
- ❏ 第一单元，第一课（文学）
- ❏ 拼写测验
- ❏ 写作（编辑）
- ❏ Cc的手写体
- ❏ 好朋友（开始了解你）
- ❏ 未完成/提前完成作业时间

一位校长对教师开学第一天备忘录的指导

西塞顿中学位于南达科他州塔沃斯湖的印第安保留地。

凯伦·怀特尼面临历史遗留的美洲原住民的高退学率和低达标率问题。

面对这一专业性的挑战——凭着这个计划——她成功了。

一致性的文化

凯伦·怀特尼在当了14年教师后成为一名校长，她说“我热爱教师职业，我当校长后最喜欢的工作仍然是施教，我现在是指导教师们的老师。”

凯伦没有增加课程，也没有改变学校的构架，更没有在学校添加什么流行标语或专业术语牌子。相反，她告诉教师们程序的价值并教会老师们使用程序。

她为教师们配备了最宝贵的资源。凯伦建立了开学第一天的备忘录并且教会老师们如何开始开学第一天的工作。她为全体教师定制了一套学校程序，这套程序以开学第一天就打造学校“一致性文化”作为开端。

教师的准备工作

❑ 准备座位表

❑ 制定学生们一进入教室就需要完成的任务。

❑ 制定介绍你自己和教室的演示文稿（可以是PPT，介绍教室布置，小柜子以及存放背包的区域等）。

❑ 了解你需要在开学第一天讲授的一些程序。对学生将要学习的令其开心的事情进行介绍，制作一个贴有3～5条教室规则的标语牌。

建议于开学第一天使用的课堂程序

❑ 进入教室

❑ 热身作业 /快速开始

❑ 作业抬头：姓名、日期、科目、标题

❑ 每天都需要带来哪些东西

❑ 离开教室的程序——听到铃响并不意味着放学，在老师说放学后才可以离开

建议的课堂规则

❑ 听从每一次指令

❑ 回答问题时请举手并等待教师允许

❑ 在得到允许之前要安静的坐在座位上

❑ 不要搞小动作

❑ 不允许骂人或戏弄他人

开学第一天的教师程序

1. 站在教室门口并向每一位进来的学生打招呼。
2. 告诉每一个学生如何找到他们的座位，去哪里找他们的作业，之后

开始做作业。

3. 回答学生们在开学第一天都想问的7个问题。(参考《如何成为高效能教师》)这能使你充满热情的欢迎学生并介绍你自己。告诉他们将在你的课堂上做的事情，将会学到哪些东西，将会取得哪些成就。

4. 介绍“程序”这一单词

5. 解释并演示你将在每天上早站在门口（可以和学生一起完成）。告诉学生你将在他们走进教室时和他们打招呼并且也希望得到他们的回应。

6. 讲授晨间惯例（讲授、练习、实践）

7. 讲授使用日程时间表和热身作业的程序。告诉学生们在哪里可以找到第一份作业。

8. 指出作业抬头（姓名、日期、科目、标题）样本张贴的位置。在开学第一天的活动中，让学生们按照任务计划进行，指导学生们以使程序能贯彻整个活动。检查每一张样本，以使学生能明白。

9. 介绍教室规章并指给学生它的张贴位置。复习并检查是否学生已经理解。

10. 学习每天应带物品的程序。

11. 讲授走出教室的程序。

12. 在学生离开教室时，站在门口。与学生进行积极的互动。

课堂程序评价量规

凯伦创建了一份评价量规，教师们可以根据这个量规对自己的开学第一天备忘录进行自评。她也把这个量规作为评价工具（形成性评价）帮助教师们在执行程序时取得进步。

凯伦的成功始于她在为包括辅导教师在内的全体教师购买了《如何成为高效能教师》之后的两年。

教师们在每次教师会议都会观看“高效能教师”系列视频，并开始使用程序。在第一年他们都使用了书中建议的程序。这现在已经成为对每位老师的要求。

在学年末，凯伦在总结时说，使西塞顿中学名声大震的原因在于成功地实施了程序，并分享了如何通过程序使教师们群策群力，使学生们取得了学业成就。

学校的每个人都保持着同样的进度，测验成绩的进步证实了凯伦的想法：要在开学第一天就要为未来的一致性打下坚实的基础。

学校创建的一致性文化使教师们有更多的时间教学，也让学生们深信：老师们的爱和关心都只为了一个目的——他们的成功。

38 使用课堂程序评价量规创建全校的一致性文化。

教室应当是个令人愉快、放松的地方，学生在教室里以学习为第一要务，不断成长。学生应当完成一些特定任务。一系列明确的程序是建立高效、可信学习体系的基础。

卡洛琳·埃弗顿 ■ 范德堡大学

课堂程序评价量规

教师	日期	班级
应完成事项	分　数	评　价
教师站在门口迎接进入教室的学生		
热身作业已被贴出		
学生进入教室后马上开始学习		
当天日程已被贴出		
使用了早课或晨间惯例		
当天学习目标已被贴出		
课间过渡顺利，最低限度占用教学时间		
教师能很快使教室安静下来		
课堂程序很明显		
学生知道如何正确处理作业		
学生知道如何请求帮助		
由教师宣布放学		
学生走出教室时，教师站在门口		
1. 超出最低要求　　3. 未达到最低要求 2. 达到最低要求　　N/A　未进行观察		

结语：行动号召

EPILOGUE: A CALL TO ACTION

执行并坚持到底

"努力工作"是完成任务的关键。

成功人士都有执行力

能取得胜利的球队，能盈利的公司，能给学生带来学业成就的学校和课堂，它们都一个共同点——执行力。

执行力和结果之间有着直接关系。本书的目的在于帮助你用程序构建课堂，学生们在这样的课堂中执行任务并取得成功。

名人堂成员**杰里·瑞斯**被很多人认为是最伟大的橄榄球接球员。在平时训练中如果接到了传球，瑞斯不会就此停下来，他会继续跑向对方的阵区练习触地得分。

当他在赛场上手握橄榄球时，已经准备好了把平时一次次训练的结果展现出来。

人们有了执行力就能把事情做成并坚持到底。路易斯·郭士纳，在IBM危难之际使其起死回生的执行总监，在即将退休时告诉他的猎头公司，"给我找一个有执行力的人来！"在商业界，每个员工都应当具备完成目标的操作能力。

在橄榄球比赛中，每个人都注视着进球线。教练在场外大喊："执行！执行！"教练的意思是要求队员们进行比赛，坚持到底，完美地完成比赛。在比赛中可能只有一次机会组织有效进攻或阻止对手得分，但这次机会往往决定比赛胜负。无论如何，在比赛过程中都要正确执行比赛规则。

在很多学校里，既没有进球线，也没有比赛计划更没有重点——只有一大堆课程，教育理念，技术，措施和思想。**这是教学策略大杂烩而非执行。只有人才能执行，才能把事情做成。**

绩效水平高的学校意识到只有教师才是学生学业成绩唯一最重要的影响因素——至少是我们能为之做出努力的唯一最重要因素！

高效能的教师有执行力。有执行力的教师

❑ 让事情发生

职业道德

足球运动中，它被称之为"reps"，是repetition（重复）的缩写。运动员一次又一次地训练为的是能正确地执行技战术。

在音乐领域，它叫做"练习"。音乐家们反复练习目的是为了正确演奏乐曲。

在戏剧界，它叫做"排练"。演员们不断地排练是为了正确地呈现戏剧作品。

在数学课上，它被称为"训练"。学生们做大量的数学题直到非常熟练。

成功的教师和学生都非常努力，他们不断地进行记忆和重复练习。他们坚信汗水和坚持会带来回报。

成功人士不会为因实现目标而投入的时间而有所抱怨。然而他们却会为浪费的时间感到惋惜。

- ❑ 把事情做好
- ❑ 坚持到底

当学生知道该做什么、怎么做时，你已经为学生创建了最佳的学习环境。**教学生如何执行程序并坚持到底为形成成功的课堂惯例打下了基础。**

坚持到底并完成工作

在公司，员工们需要完成老板交给的计划或项目。他们的任务是执行该计划或项目。

你因能成功地执行任务和创造效率而获得报酬。

能有礼貌、有风度地正确执行任务的人会获得尊重和回报。当你作为顾客去银行办业务或去商场购物时，也希望获得这样的服务。

克里斯特尔·摩尔是乔治亚州精英学院的教师，在她的教室里贴出了这样的一条标语，“认为我做不到的人，接下来看我的实际行动吧。”

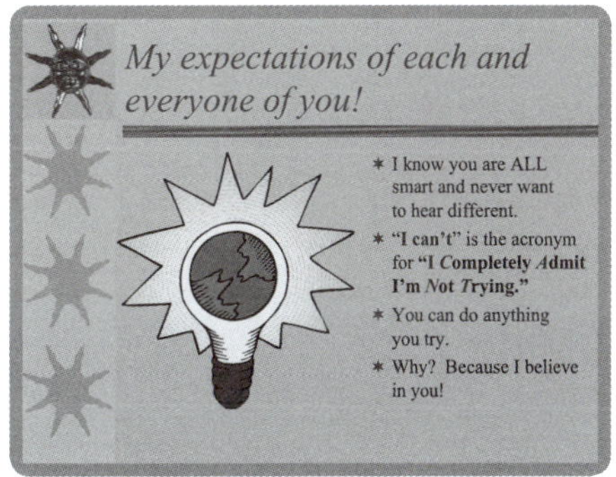

39 阅读，打印并张贴这些提示，它们使你相信，你具备成为高效能教师的潜力。

德克萨斯州康姆福特的**梅丽莎·克里斯普**在开学第一天的PPT介绍中写道，“‘我做不到’是‘我完全承认我没有努力’的同义词。”

你使用程序构建的课堂能使你的学生：

- ❑ 努力学习
- ❑ 完成任务
- ❑ 正确地完成任务

如果你是一个关注结果、专注、有梦想的人，这本书教你的独特的课堂管理技巧将使你对课堂、学校，教育乃至全世界都产生影响。

学校最重要的资产

教师的效能是学生学业成绩唯一最重要的影响因素。这不是火箭科学——教师教的越好，学生获得成功的机会越大。**教师是学校和人类最重要的资产。**

你身担重任。一个孩子只有一次童年。你的使命是让每个孩子学到技能，获得希望，走向更美好的明天；帮助孩子意识到自己的潜力和价值。

你能为孩子做出的最大贡献是相信他们每个人的潜力。课堂管理能为他们发挥潜力提供条件，每个孩子都会行动起来并终将成就自己。

这就是你为什么被称为教师——最高尚的职业。

坚持到底的毅力

这个场景发生在1968年墨西哥城举办的夏季奥运会上。奥运会体育场上最累人的全程达26英里385码的马拉松进入了最后一圈。

一小时前，埃赛俄比亚运动员马诺·沃尔德跑过终点并为他的国家和人民赢得了让人羡慕马拉松冠军，而曾两次获得此项比赛奖牌的运动员阿比比·比基拉因为赛中骨折而不得不退出比赛。

最后的一些观众正在离开体育场，这时他们突然听到了警铃和警察的口哨声。举眼望过体育场大门，观众们看到一个孤单的身影一瘸一拐跑上赛道。那人身穿坦桑尼亚队服，他就是约翰·斯蒂芬·阿赫瓦里，他的腿血淋淋的并且裹着绷带，他也每跑一步就会疼得直撇嘴。他在比赛中摔倒了，后膝盖严重受伤并且脱臼。

最后这群观众停下手里的事开始鼓掌为约翰·斯蒂芬·阿赫瓦里加油，就象他们在为一个胜利者欢呼。阿赫瓦里痛苦的完成了比赛，最终跑过终点。他缓慢的走出比赛场地，并没有向欢呼的人群致意。

后来当被问到在承受那么大的痛苦并且还没有得奖机会时为什么还不退出比赛，阿赫瓦里说“我的祖国花钱从5000英里之外派我来墨西哥城，为的不是只是让我起跑，而是要我跑到终点”。

写在退休前最后一天的信

雪莉·伯特·李退休了。在多年的教学生涯中，她一直用言传身教的方式，用一言一行感染学生。她以精湛的专业水平为这份高尚的职业带来荣耀。她的贡献将使学生们受益终生。

亲爱的同学们：

希望你们不要介意我用电脑打出这些文字，因为我知道对着它才不至于太过激动。

和大家共同度过的这一年是令人难以置信的，它给我留下了最美好的记忆，你们是我26年来教过的最棒的班之一。你们是所有老师每一年都梦寐以求的班级——一个协作、友爱、活泼并且令人喜爱团队，班里的每位同学都想告诉他们的老师，自己有多棒。

你们必须明白，你们的班级是独一无二的，因为我确信它跟你之前所在的班级有很大差异。程序使我们像一个真正的家庭，在过去一年里，你们用实际行动一次又一次证明了这一点。这使我更爱你们了。

每天醒来的时候，我都期待看到你们大家，看到你们灿烂的笑容和乐观的态度。你们给我带来很多欢乐。在我每天去上班的时候，都想着有一群出色的孩子在17教室门口等着我。

我希望你们所有人的未来都是这样的：

——希望你们每一个人都能尽己所能做到最好，并为社会做出积极的贡献。

——希望你们相信自己能达到任何心中的目标并努力去实现。

——希望你们快乐，同时也为自己做出的积极选择而感到快乐。

——希望你们高中毕业的时候，能告诉我，你为自己和自己的决定感到多么骄傲。

你们都被赋予了天赋，因此你们每个人都有无限潜能。当你知道你能得冠军的时候不要满足于第二名，因为在17教室中有一个人相信你们每一个人都能取得成功。在走到人生的新阶段的时候要仔细权衡你的选择。

说再见对我来说是如此之难，因为我好希望和你们在一起，年复一年。这一学年能成为你们的老师是件特别快乐的事情。请和我保持联络。

我爱你们所有人。

爱你们的

李老师

课程目录

【导读】

01 为什么这门课能帮你重塑课堂?

02 为什么高效能教师能提高学生成绩?

试听 01

【课堂管理模块】

03 课堂管理:纪律VS程序

04 靠习惯形成惯例,而不是靠吼叫形成对立

05 如何准备才能让课堂上的问题降到最低?

06 好的第一天=顺利的一学期

07 像教知识一样教程序

08 假如程序不起作用

09 程序、纪律、课堂管理,是什么关系?

试听 09

10 如何轻松搞定课堂纪律

11 班级管理程序:快速提高课堂效率

12 积极参与程序:提高参与度与学习兴趣

13 自主学习程序:迅速提高上课专注力

14 合作集中的程序:有效开展分组学习

15 保持一致性才能赢得学生信任

【掌握课程模块】

16 为什么掌握课程能帮助学生进步?

试听 17

17 别把教学目标混同于学习目标

18 教学理念:老教师也会掉入的坑

19 “反向”设计你的教学,教案只是第一步

20 如何布置作业才最有效

21 如何检测学生的学习

22 用评分指南代替“优良中差”

23 教师团队如何发挥最大价值

【积极期望模块】

24 积极期望:与学生一起高效学习的秘诀

25 如何表达积极期望

26 有意引导比空泛赞美更有效

【教师领袖模块】

27 高效能教师获得成功的4个秘密

28 新教师如何摆脱第一年的教学困境

29 与家长同行

30 如何创建高效能的学校文化